华中师范大学政治学 | 农村农民研究丛书
一流学科建设成果文库

规范村治与村治规范

唐 鸣 著

Rural and Farmer
Studies Series

中国社会科学出版社

图书在版编目（CIP）数据

规范村治与村治规范 / 唐鸣著. -- 北京：中国社会科学出版社，2024. 12. --（农村农民研究丛书）.
ISBN 978-7-5227-4429-2

Ⅰ. D638

中国国家版本馆 CIP 数据核字第 2024DS5887 号

出 版 人	赵剑英
责任编辑	李　立
责任校对	谢　静
责任印制	李寡寡

出　　版	中国社会科学出版社
社　　址	北京鼓楼西大街甲 158 号
邮　　编	100720
网　　址	http：//www.csspw.cn
发 行 部	010-84083685
门 市 部	010-84029450
经　　销	新华书店及其他书店
印　　刷	北京君升印刷有限公司
装　　订	廊坊市广阳区广增装订厂
版　　次	2024 年 12 月第 1 版
印　　次	2024 年 12 月第 1 次印刷
开　　本	710×1000　1/16
印　　张	18
字　　数	296 千字
定　　价	98.00 元

凡购买中国社会科学出版社图书，如有质量问题请与本社营销中心联系调换
电话：010-84083683
版权所有　侵权必究

华中师范大学政治学一流学科建设成果文库总编委会

总编委会负责人：徐　勇　陈军亚

总编委会成员（以姓氏笔划为序）：

丁　文　韦　红　文　杰　田先红

江立华　牟成文　闫丽莉　江　畅

刘筱红　张大维　陆汉文　张立荣

陈军亚　冷向明　张星久　郑　宁

袁方成　唐　鸣　徐　勇　徐晓林

徐增阳　符　平　雷振扬

目 录
CONTENTS

第一章　什么村民？什么村？ …………………………………… 1
　　一　什么是"村民"？什么是"本村村民"？ ………………… 1
　　二　"行政村""自治村"，还是"建制村"？ ………………… 5

第二章　建制村的数量和规模 ………………………………… 11
　　一　全国大多数地方建制村初始设立范围是自然村吗？ …… 11
　　二　1985年以来建制村数量和规模的变化情况如何？ ……… 16
　　三　建制村数量和规模变化的原因是什么？发展的趋势会怎样？ …… 25

第三章　探索不同情况下村民自治的有效实现形式 ………… 36
　　一　何谓"探索不同情况下村民自治的有效实现形式"？ … 36
　　二　为何开展以村民小组为基本单元的村民自治试点？ …… 38
　　三　全面实行以村民小组为基本单元的村民自治会怎样？ … 42
　　四　如何探索不同情况下村民自治的有效实现形式？ ……… 44

第四章　以村民小组或自然村为基本单元的村民自治 ……… 48
　　一　以村民小组或自然村为基本单元村民自治的试点情况 … 49
　　二　以村民小组或自然村为基本单元村民自治的问题分析 … 57
　　三　对以村民小组或自然村为基本单元村民自治的意见建议 … 64

第五章　村委会成员候选人资格条件问题 …………………… 69
　　一　现行省级法规关于村委会成员候选人资格条件的规定 … 69

二　对村委会成员候选人规定资格条件并不违宪……………… 73
　　三　对村委会成员候选人规定资格条件与村民自治并不冲突…… 77
　　四　规定村委会成员候选人资格条件与选举权和被选举权
　　　　统一的原则………………………………………………… 80
　　五　应从消极的否定的方面规定村委会成员候选人资格条件…… 82

第六章　我国直接选举候选人资格条件问题……………………… 85
　　一　县乡人大代表选举中的候选人资格条件问题………………… 85
　　二　村（居）委会选举中的候选人资格条件问题………………… 92
　　三　两种直接选举在候选人资格条件问题上的统一……………… 96

第七章　村委会选举中的委托投票问题………………………… 102
　　一　村委会选举委托投票的文本规定分析……………………… 102
　　二　村委会选举委托投票的实际状况考察……………………… 106
　　三　村委会选举委托投票的利弊得失探讨……………………… 111

第八章　农村村级组织负责人党政"一肩挑"…………………… 117
　　一　农村村级组织负责人党政"一肩挑"政策由来……………… 117
　　二　农村村级组织负责人党政"一肩挑"实践发展……………… 124
　　三　农村村级组织负责人党政"一肩挑"问题探讨……………… 138

第九章　村民会议的理想与现实………………………………… 150
　　一　承载着直接民主的理想……………………………………… 150
　　二　法定了多项重要的职权……………………………………… 153
　　三　现行的法定不等于应有……………………………………… 154
　　四　美好的理想要变为现实……………………………………… 158
　　五　美好的理想怎变为现实……………………………………… 161

第十章　关于村规民约的几个问题……………………………… 167
　　一　村规民约与自治、法治、德治相结合的关系如何？……… 167
　　二　村规民约是否可以规定惩罚措施？………………………… 169

三　村规民约如何规定和怎样实施惩罚措施？……………………174

第十一章　各省实施村委会组织法办法比较……………………176
　　一　形式比较：修订时间、体例结构和条文数量………………176
　　二　内容比较：关系和性质、职责和权限、运作和监督………182

第十二章　省级法规视角下的村民自治制度建设………………208
　　一　实施办法的制定或修订出台是否应有时间要求？…………209
　　二　为什么实施办法的地方特色不很突出、鲜明？……………210
　　三　实施办法贯彻"不抵触""一般不重复"原则的情况如何？……212
　　四　实施办法重点应当规定什么？………………………………215
　　五　实施办法可否在村委会组织法的基础上有创新和突破？…217

第十三章　各省村委会选举办法比较……………………………220
　　一　形式比较：修订时间、体例结构和条文数量………………220
　　二　内容比较：总则、机构、组织和程序………………………225

第十四章　健全基层群众自治制度与"两委"组织法的修订……255
　　一　以城乡融合发展统筹"两委"组织法的修订………………256
　　二　以健全党组织领导的村（居）民自治体系统帅"两委"
　　　　组织法的修订……………………………………………………257
　　三　以规范化的要求促进"两委"组织法的修订………………260
　　四　将信息化的内容纳入"两委"组织法的修订………………263

**第十五章　基层社会治理现代化、城乡一体化与"两委"
　　　　　　组织法的修订**……………………………………………265
　　一　基层社会治理城乡一体化与基层社会治理现代化…………265
　　二　基层社会治理城乡分治与基层社会治理城乡一体化………269
　　三　基层社会治理城乡一体化与"两委"组织法修订…………273

后　记……………………………………………………………………278

第一章
什么村民？什么村？[*]

"村民"和"村"是村委会组织法中的两个基本概念，如何解释和明确这两个概念是目前正在进行的村委会组织法修改当中研究和讨论得比较多的两个问题。

一 什么是"村民"？ 什么是"本村村民"？

"村民"是村委会组织法中使用得最多、最频繁的一个词。村委会组织法[①]全部30条，除第29条外，其他所有的条目都带有"村民"的字眼；正文总共3151字，带有"村民"字眼的地方多达121处，共计242字，约占正文总字数的1/13。村委会组织法所使用的有关"村民"的概念，除单纯的"村民"外，还有"农村村民""村民群众""年满十八周岁的村民""有选举权和被选举权的村民""本村有选举权的村民""本村十八周岁以上村民""被依法剥夺政治权利的村民"等。

由于村委会组织法颁布之后形势的快速发展、情况的急剧变化，原本人们意见一致，认为很明确、不会有什么歧义的"村民"概念，开始变得模糊

---

[*] 本章以《什么村民？什么村？》为题，发表于《河南师范大学学报》（哲学社会科学版）2010年第3期，被人大复印报刊资料《中国政治》2010年第10期全文转载。

[①] 指1998年11月4日九届全国人大常委会第五次会议通过的《中华人民共和国村民委员会组织法》。

不清起来。什么是"村民",什么是"本村村民",成为有必要重新探讨、解释的问题。

按照通常的理解和权威的看法,"所谓村民是指具有我国国籍,长期在农村一定区域内居住和工作的农民"①。"泛指具有农业户籍的中华人民共和国公民,与城市居民相对应。是相对与('与'似应为'于'——引者注)居民的纯户籍概念。"② 也就是说,村民具有户籍、地域和职业特征,即其户口为农业户口、居住在农村、职业为农民。"本村村民是指居住在本村、户籍也在本村并与本村发生土地所有关系的自然人"③,是"地域性户籍概念。专指具有农业户籍、生活在某一村庄,并与该村庄集体财务有密切联系的中华人民共和国公民"④。"判断一个人是否为本村村民,主要看两个条件:一是居住关系,二是土地所有关系。居住关系是构成本村村民资格的重要因素,但不是决定因素,起决定作用的是土地所有关系。"⑤ 按照这种理解,本村村民包含三个层面的意思,即户籍在本村、居住在本村且与本村发生土地所有关系。这种理解和看法,曾经是符合实际的,现在也大体不错,但在新的历史条件下,可能需要稍作修改。

先看"村民"的概念。在以前城乡二元结构还很稳固、城乡间人口流动还很少的情况下,农村居民或居住在农村的居民全部或基本上都是具有农业户籍的人口,都是所谓的农民。随着城乡改革的深入、市场经济的发展,城乡二元结构逐步瓦解,城乡间人口流动日益频繁、不断增多,这种户籍、居住和职业三位一体的局面逐渐发生越来越大的改变。一是人户分离(居住和户籍分离)的情况越来越多。从不同地区、不同村庄的情况来说,既有原本村村民离乡离村长期外出务工经商的,也有大量外来务工人员进入发达地区农村的,还有一些原户口和居住在城镇的人员流动到了农村的,如退休后回乡居住的城镇职工、到农村进行农业产业化经营的人员等。二是由农业户口

---

① 詹成付:《乡村政治若干问题研究》,西北大学出版社2004年版,第174页。
② 民政部基层政权和社区建设司编著:《中华人民共和国村民委员会选举规程》,中国社会出版社2001年版,第217页。
③ 詹成付:《乡村政治若干问题研究》,西北大学出版社2004年版,第175页。
④ 民政部基层政权和社区建设司编著:《中华人民共和国村民委员会选举规程》,中国社会出版社2001年版,第217页。
⑤ 詹成付:《乡村政治若干问题研究》,西北大学出版社2004年版,第175页。

所决定的"农民"身份与职业日渐分离。越来越多的农民进城或就地从事非农产业。截至2008年年底，这些通常被称为"农民工"的农村人口已经有2.25亿，其中外出务工的农民工有1.3亿。三是户口登记上的城乡差异日益淡化甚至被取消。许多省、自治区、直辖市已经取消了农业户口和非农业户口的二元户口性质划分，统一了城乡户口登记制度，统称为居民户口。在这种新的情况下，再继续强调"村民"的户籍、地域和职业特征三位一体、缺一不可，就不太合时宜了，因为它无法涵盖当下农村复杂多样的人口和居民状况的实际。

我国宪法第111条规定："城市和农村按居民居住地区设立的居民委员会或者村民委员会是基层群众性自治组织。居民委员会、村民委员会的主任、副主任和委员由居民选举。居民委员会、村民委员会同基层政权的相互关系由法律规定。"这里面虽有"村民委员会"的概念，但没有单纯的"村民"的概念，只有"居民"的概念。按照宪法的规定，"村民委员会"不过是农村居民按照居住地域设立的自治组织。换句话说，宪法明确规定了"村民委员会"的地域属性。由此推论，宪法中"村民委员会"概念里的"村民"两字实则就是指农村居民或居住在农村的居民。因此在村委会组织法修改时，如果将"村民"的概念界定为"农村居民或居住在农村的居民"，剥离其农业户籍和农民职业特征，一方面更符合当前农村的实际，另一方面也不违背宪法的规定，甚至更符合宪法的立法原意。

再看"本村村民"的概念。村民自治指村民在村庄范围内围绕着社区公共事务和公益事业进行自我管理、自我教育和自我服务。村民自治的主体是本村村民，也就是说，只有具备本村村民资格，才能在该村庄范围内参与自治活动，不是本村的村民原则上不能参与该村的村民自治。例如，关于村委会选民的确定，村委会组织法规定了三个要件：一是年龄，二是村民资格，三是政治权利。虽然村委会组织法没有明确界定村民资格，但是从省级村委会选举地方法规的规定来看，是否具有本村农业户口成为村民资格的主要判断标准。各省级行政区制定的地方法规在规定村委会选举选民登记时贯彻了户籍标准，除四川外，其他30个省（区、市）都规定村委会选举的选民在户口所在地登记。

应该说，以户籍作为认定村民资格的依据有其历史合理性。在广大农村人、户口（户籍）和土地合一，基本不存在三者分离的情况下，以户籍作为判断村民资格的标准简便易行。但是经过三十多年的改革开放，传统农村社区的封闭状况被村民的流出或外来人员的流入所打破，农村的开放程度越来越高。就具体的村庄而言，人、户口、居住地和土地分离的情况日益普遍，形式多种多样。而且随着户籍制度改革的加快和农村土地制度改革的深入，农村的村庄社区、人、户口和土地的关系会出现更复杂的情况。在这一背景下，继续沿用户籍作为判断村民资格的唯一标准就不一定十分恰当了。从当前的实践来看，关于村委会选举选民资格的纠纷和法律诉讼正在不断增多，有的影响很大，例如曾引起社会舆论广泛关注的叶阿金选民资格诉讼案等。从理论上讲，单纯将户籍作为判断村民资格的基本标准和只能在户口所在地进行选民登记的制度安排既不利于保障流动农民的自治权益，也不利于人口大量流入的村庄的长远经济发展和社区和谐。①

对此，一些地方在村委会组织法实施办法或村委会选举办法中已经做了改进。例如，针对人在村庄打工经商而户口却在原籍等一些情况，天津、山西、吉林等地，规定了附条件的登记办法，规定符合达到一定居住年限、履行村民义务、不得重复登记等条件的户口不在本村的人可以登记。北京市和辽宁省规定户籍与现住所不一致的，经住所村选委会确认，给予登记，但不得重复登记。此外，为了吸引人才到农村创业，吉林、河南、重庆3省（市）还规定：具有大专学历和中等专业技术职称的竞选村民委员会成员的可登记。安徽规定：农村需要的各类人才，自愿到农村工作、生活，竞选村民委员会成员的，可登记。但是这些改进仍然属于边际性的，其主要原因还是在于对"本村村民"的理解仍然囿于户籍、居住和土地三位一体的原则。

如果将"村民"的概念界定为农村居民或居住在农村的居民，那么"本村村民"是指本村居民或居住在本村的居民。参考《民法通则》第15条"公民以他的户籍所在地的居住地为住所，经常居住地与住所不一致的，经常居住地视为住所"和最高人民法院《关于贯彻执行〈中华人民共和国民法通则〉若干问题的意见》第9条"公民离开住所地最后连续居住一年以上的地方，为经常居住地。但住医院治病的除外"的规定，以及最高人民法院《关于适用〈中华人民共和国民事诉讼法〉若干问题的意见》第4条"公民的住

---

① 参见徐增阳、杨翠萍《村民自治的发展趋势》，《政治学研究》2006年第2期。

所地是指公民的户籍所在地"和第 5 条"公民的经常居住地是指公民离开户籍地最后连续居住满一年以上的地方。但公民住院就医的地方除外"的规定,"本村村民"似可初步界定为：户籍在本村的居民,户籍虽不在本村但现在本村居住且在本村已经连续居住一年以上的居民。

考虑到土地的村集体所有,原户籍村民因土地所有和集体经济而固有的经济利益,考虑到目前的村委会乃至村民自治共同体大多与村集体经济组织不分,仍然是个政治经济合一的组织,某人具备本村村民资格,便当然成为本村村集体经济的一员,便可分享村集体经济的权利和利益。为维护现有经济和社会关系的稳定,因此在现阶段,是否视"户籍虽不在本村但现在本村居住且在本村已经连续居住一年以上的居民"为"本村村民",还是应由户籍在本村的居民召开村民会议来具体讨论决定。

这样的规定一方面尊重了农村集体经济组织成员资格封闭的历史合理性,另一方面也体现了村民自治日益从封闭走向开放的发展趋势。从长远看,从改革的角度看,从统筹城乡发展的角度看,从推动城乡一体化的角度看,在将来村委会以及村民自治共同体与集体经济组织实现政经分离的情况下,在将来农民的土地承包经营权真正彻底物权化的情况下,"本村村民"的概念将完全成为一个纯居住的"本村居民"的概念。这既是一个发展的方向,也是一个努力的方向,因为它符合农村经济和政治体制以及社会管理体制进一步深化改革的要求,符合彻底消除城乡二元结构的要求,符合选举权普遍原则和平等原则的要求,符合市场经济条件下人口自由流动的要求。

二 "行政村""自治村",还是"建制村"？

村委会组织法在两种不同的意义上使用村民委员会这一概念,除在大多数场合指由村民选举产生的村民自治事务的日常管理机构外,还在一些场合指由广大村民组成的自治共同体或乡镇以下的区域划分单位、设立村委会的村。例如,村委会组织法第 2 条第 1 款规定："村民委员会是村民自我管理、自我教育、自我服务的基层群众性自治组织,实行民主选举、民主决策、民主管理、民主监督。"第 8 条规定："村民委员会根据村民居住状况、人口多少，按照便于群众自治的原则设立。""村民委员会的设立、撤销、范围调整，由乡、民族乡、镇的人民政府提出，经村民会议讨论同意后，报县级人民政府批准。"第10条规定："村民委员会可以按照村民居住状况分设若干村民小组，小组长由村民小组会议推选。"就是这种情况。

在同一法律甚至同一法律条款中，用同一概念同时指称性质完全不同的两种事物，很容易使人产生混乱和误解，是立法上的一大缺憾。① 例如，如果不仔细辨别，人们很容易根据村委会组织法第2条第1款字面上的规定，把村民委员会与村民自我管理、自我教育、自我服务的基层群众性自治组织完全等同。而实际上，村民自治组织是一个体系，除村民委员会外，还包括村民委员会必须对之负责、报告工作和执行其决议、决定的村民会议和村民代表会议。② 又如，如果我们把村委会严格界定为由主任、副主任和委员组成的村民自治事务的日常管理机构，就无法理解村委会为什么还可以调整范围，怎么还能够分设若干村民小组。因此，修改村委会组织法所要解决的一个问题，就是要消除概念上的混乱，就是要确定以什么名称或概念称呼乡镇以下的区域划分单位或设立村委会的村为宜。

对于这个问题，截至目前，人们已经提出了三种不同的解决方案，一是"行政村"，二是"自治村"，三是"建制村"。

一是"行政村"。尽管不是一个现行的法律用语或在现行的法律上没有出现，但"行政村"这一概念仍然得到了许多法规规章的认可和裁判文书的使用。不仅一些市、县的文件使用这一概念，而且有的省级的文件也使用这一概念；不仅一些地方政府的文件使用这一概念，而且有的省人大常委会批准的地方法规也使用这一概念；甚至最高人民法院民事审判庭在对一个纠纷案件的答复中也使用了这一概念。中共中央及其办公厅、国务院及其办公厅和各部门（包括公安部、交通运输部、商务部、自然资源部、民政部、科技部、财政部、发改委等）的文件都使用了这一概念。据此有人认为，"行政村"一词虽没有狭义的法律根据，但却有广义的法律根据；它在社会生活和政府文件中被广泛、普遍使用，已经约定俗成，可以继续使用下去。《人民日报》校

---

① 参见崔智友《中国村民自治的法学思考》，《中国社会科学》2001年第3期。
② 参见唐鸣、陈荣卓《村委会组织法修改：问题探讨和立法建议》，《社会科学研究》2006年第6期。

检组的张志环和赵伟还根据"成词原理"进行分析,论证了"行政村"一词的合理性。依照他们的说法,《现代汉语词典》把"行政"释为:"1. 行使国家权力的:行政单位,行政机构。2. 指机关、企业、团体等内部的管理工作:行政人员,行政费用。"《辞海》将"行政"解为:"泛指各种管理工作。"因此,"行政村"一词中的"行政"含有"管理工作"的意思,"行政村"就是"设有管理工作机构的村一级单位或组织。"①

二是"自治村"。法律文件和政策法规文件中都没有"自治村"这一概念。一个有意思的现象是,我国农村普遍实行村民自治,但"自治村"一词的使用却远较"行政村"要少得多,在日常生活中很少使用,在政府文件中几乎没有使用。即便使用,前面一般都加上了限制词,如"民主法制自治村""计划生育自治村"。主张使用"自治村"一词的人也很少,其代表人物为曾经长期在民政部门工作、从事村民自治实务和理论研究的余维良。按照余维良的论证,称"自治村",理由有四:一是正确地体现了村委会的性质和特征,即宪法和法律规定的村委会是基层群众自治组织的性质,村委会实行村民自我管理、自我教育、自我服务的特征;二是有助于明晰乡、村关系,即乡为政权组织,村为自治组织,乡、村关系不是领导关系而是指导关系;三是符合村委会设立的原则,即便于群众自治的原则;四是可以还原村的自然属性,即地缘关系和血缘关系的属性。②

三是"建制村"。"建制村"一词的使用,虽没有"行政村"普遍,但在日常生活中并不是十分罕见,并且在政策法规文件中也经常可以见到。值得注意的是,2005年12月31日颁布的《中共中央 国务院关于推进社会主义新农村建设的若干意见》和全国人大2006年颁布的《中华人民共和国国民经济和社会发展第十一个五年规划纲要》均使用了"建制村"的概念。从公开发表的文章来看,最早提出将村委会所管辖的区域单位称为"建制村"的是民政部基层政权和社区建设司农村处的伊佩庄。伊佩庄认为:"尽管村委会属于基层群众性自治组织,但其所管理的区域,与我国的省政府、市政府、县政府、乡镇政府所管辖的区域一样,应该属于我国行政区划建制单位的一个层次、一种类型。我国行政建制单位的共同特征是:有一套依法设立的相对

---

① 参见张志环、赵伟《"行政村"可不可用》,《中国地方志》2005年第6期。
② 参见余维良《还是称"自治村"好》,《乡镇论坛》2003年第11期。

独立的组织管理体系，有一定数量的人口，有法定的行政区域，有明确的边界，其设置、撤消、规模调整，都要经过一套法定的程序。而'建制村'也符合上述特征：其一，村党支部、村民委员会及其下属委员会、村民会议和村民代表会议、村民小组等村级组织，构成了一整套相对独立于其上级或同级区划建制单位的组织管理体系；其二，每个村委会都管理着一定数量的人口和土地，与相邻村委会所辖区域的边界也都非常清楚；其三，村委会组织法具体规定了其设立、撤消和规模调整的法定程序，即'由乡、民族乡、镇的人民政府提出，经村民会议讨论同意后，报县级人民政府批准'。因此，使用建制村这一概念是比较贴切的。"①

在上述三种方案中，笔者比较倾向于第三种方案。笔者认为，称"自治村"显然不太合适。这不仅因为"自治村"既不是一个日常生活用语，也不是一个政策法规用语，更重要的在于它不符合我们普遍的语言习惯。概念和称呼的相对性是我们的一个普遍的语言习惯。"自治区"是相对于一般的省和直辖市而言的，"自治州"是与一般的地区或地级市相对而言的，"自治县"是相对于非自治县而言的。正是由于我国农村普遍实行村民自治，所有设立村委会的村在一定的意义上都可以说是自治村，没有相对而言的非自治村，因此我们不称呼她们为"自治村"，不使用"自治村"的概念。

"行政村"的概念也不算很好。虽然"行政村"一词在日常生活和政策法规中使用得最为广泛和普遍，但将其上升为一个法律概念却不太妥当。从历史的情况看，"行政村"的概念曾经有确定的内涵，是指"我国革命根据地以及建国初期部分地区的农村基层行政区域。一般由几个自然村组成。1954年乡政府成立后，行政村撤消"②。从1950年12月8日政务院第62次会议通过的《乡（行政村）人民代表会议组织通则》和《乡（行政村）人民政府组织通则》，可以清楚地看出，当时的行政村设有政府或政府机构。而自1954年宪法与地方各级人大和地方各级人民委员会组织法颁布后，政府只设在乡级及其以上，村政府不再存在，行政村便已成为历史。从现实的情况看，"行政村"的概念不符合宪法和村委会组织法的规定，不符合现行的"乡政村治"的体制。按照宪法和村委会组织法的规定，村一级设立

---

① 伊佩庄：《"建制村"称谓是最好的选择》，《乡镇论坛》2003年第7期。
② 《辞海》，上海辞书出版社1979年版，第797页。

的村委会是基层群众性自治组织,乡镇政府对村委会的工作给予指导、支持和帮助,但不得干预依法属于村民自治范围内的事项。按照宪法和村委会组织法的规定所形成的"乡政村治"的体制,乡一级设国家基层政权,村一级设村民自治组织。村委会既不是一级政府,当然也没有政府的行政职能。在此情况下,"行政村"的概念已经无从谈起。特别是,我们现在所要选择、确定的概念是要取代村委会组织法中原含混、模糊之处,是要在一定场合可以指称由广大村民组成的自治共同体的概念,用"行政村"显然不太恰当。

比较"自治村"和"行政村","建制村"的概念可能更为适当一些。首先,"建制村"是一个相对的概念,是相对于"非建制村"也就是所谓自然村而言的,避免了"自治村"因无相对概念而不成立的情况。其次,"建制村"在日常社会生活和政策法规文件中的使用虽不及"行政村"广泛和普遍,但也并不是绝无仅有和十分罕见,在近年中共中央和国务院的文件、全国人大的文件中都可以看到其"身影"。关键在于,"建制村"的概念通常不会像"行政村"的概念那样引起很大的误解。再次,使用"建制村"的概念,可以明确地表明,设立村委会的村既是乡镇以下的区域划分单位,也是法定的建制单位。尽管宪法和村委会组织法均规定,村委会是基层群众性自治组织,但这种自治组织并不是基层群众想设立就设立、想不设立就不设立的与国家无关的自组织,而是国家宪法和法律规定必须设立的组织。村民自治共同体不是村民想参加就参加、想不参加就不参加的完全意志自由、意思自治的共同体,而是村民自出生即为其当然成员的共同体,是国家将村民组织起来的共同体。设立村委会是在农村基层进行现代国家建构的一项重要内容,设立村委会的村的建制是农村基层建制的一个重要方面。在此意义上,也只有将设立村委会的村称为"建制村"才最为恰当。此外,在一些场合用"建制村"的概念指称由广大村民组成的自治共同体,也还是可以的,不会造成理解上的混乱。

据此,修改村委会组织法,可以用"建制村"这一概念来取代原用"村民委员会"指称的由广大村民组成的自治共同体或乡镇以下的区域划分单位、设立村委会的村的地方。如将第2条第1款修改为:"村民以建制村为基本单位,进行自我管理、自我教育、自我服务,实行民主选举、民主决策、民主管理、民主监督。"第8条第2款修改为:"建制村的设立、撤销、范围调整,由乡级人民政府提出，经村民会议讨论同意后，报县级人民政府批准。"第10条修改为："建制村可以按照村民居住状况分设若干村民小组，小组长由村民小组会议推选。"①

---

① 唐鸣、陈荣卓：《村委会组织法修改：问题探讨和立法建议》，《社会科学研究》2006年第6期。

第二章
建制村的数量和规模[*]

建制村，是指设立村民委员会的村，也指乡镇以下法定的区域划分、建制单位。[①] 建制村的数量即全国以及各省、市、自治区建制村的数目。建制村的规模包括建制村的人口数量、地域面积、人口密度等。[②] 村民自治30多年来，建制村数量和规模的变化情况如何，直接的影响因素主要是什么？未来一定的时间，建制村的数量和规模将会如何变化？这就是本章要讨论的问题。

一 全国大多数地方建制村初始设立范围是自然村吗？

谈建制村的数量和规模，有必要从建制村初始的数量和规模讲起。我们曾经认为，村委会产生之初，设立在自然村。[③] 理由有二：第一，1980年村委会最开始自发产生之时，是设立在自然村，现在被称为"中国第一个村民委员会"的广西宜州合寨村村委会，其实最初产生之时是设立在果作屯、果

---

[*] 本章以《关于建制村数量和规模的几个问题》为题，发表于《当代世界社会主义问题》2016年第1期，被人大复印报刊资料《中国政治》2016年第7期全文转载。

[①] 参见唐鸣、徐增阳《什么村民？什么村？》，《河南师范大学学报》（哲学社会科学版）2010年第3期。

[②] 参见［美］罗伯特·A.达尔、爱德华·R.塔夫特《规模与民主》，唐皇凤、刘晔译，唐皇凤校，上海人民出版社2013年版，第17页。

[③] 参见唐鸣、陈荣卓《论探索不同情况下村民自治的有效实现形式》，《当代世界社会主义问题》2014年第2期。

地屯等自然村的村委会；第二，1987年全国人大常委会通过的《中华人民共和国村民委员会组织法（试行）》曾经规定"村民委员会一般设在自然村"。据此判断，在整个20世纪80年代，全国大多数地方，村委会应当是设立在自然村的。

全国各地自然村的情况有很大的差异，一般而言，少数地方自然村很大或较大，多数地方自然村不大或很小。人民公社时期，在少数自然村很大或较大的地方（主要是华北平原地区，也有南方某些地方的山区如贵州的千户苗寨，或因地理条件，或因历史传统），一个自然村就是一个生产大队甚或数个生产大队；在多数自然村不大或很小的地方，或者一个自然村就是一个生产小队，或者一个生产小队包括数个自然村。从全国总体情况看，在多数地方，生产小队往往是以自然村为范围建立的。因此，笼统地说全国大多数地方村委会初始的设立范围是自然村，也就意味着，全国大多数地方在村委会起始阶段、开始建立村委会时，应当是将其设立在人民公社时期生产小队的层级和范围，而不是将其设立在过去生产大队的层级和范围。

然而，统计数据表明，上述判断是不确切甚或是错误的。将各地1985年的村委会数与1981年的生产大队数进行比较，即可清楚地看到这一点。① 如果村委会数与生产大队数基本相同、相差不大，那么村委会全部或者大部肯定就是建立在原生产大队基础之上的；只有村委会数与生产大队数很不相同、相差悬殊，村委会数数倍于生产大队数，村委会才有可能是建立在原生产小队基础之上的。在全国各省、市、自治区中，村委会数低于生产大队数的有天津（-62个）、吉林（-76个）、江西（-3372个）、甘肃（-289个）；村委会数略高于生产大队数的有北京（384个）、河北（31个）、山西（565个）、内蒙古（962个）、辽宁（67个）、黑龙江（410个）、上海（16个）、江苏（341个）、浙江（562个）、安徽（5946个）、福建（876个）、山东（2770个）、河南（1127个）、湖北（669个）、湖南（287个）、广西（9个）、四川（309个）、贵州（272个）、陕西（1891个）、青海（195个）、宁

---

① 之所以是比较各地1981年的生产大队数与1985年的村委会数，而不是比较其他年份的生产大队数与村委会数，是因为"全国范围内村民委员会的普遍建立，主要集中在1982年至1984年"（赵秀玲：《村民自治通论》，中国社会科学出版社2004年版，第39页），"政社分开""大体在一九八四年底以前完成"（1983年10月12日《中共中央、国务院关于实行政社分开建立乡政府的通知》）。

夏（133个）、新疆（972个），这里面村委会数较之生产大队数增长最多的是安徽，但增长比例仅为19.76%，不到1/5；只有广东和云南，村委会数是生产大队数的5倍和7倍多①。数据比较告诉我们，在全国村委会普遍建立之时，也就是1982年至1984年，只有广东和云南有可能是较多或全部将村委会建立在原生产小队的基础之上；西藏的情况不清楚，因为没有其1981年生产大队的数据资料可供比较；其他地方则都不是。将各地1986年和1987年的村委会数与1981年的生产大队数放在一起进行比较，情况总体上没有什么变化。②

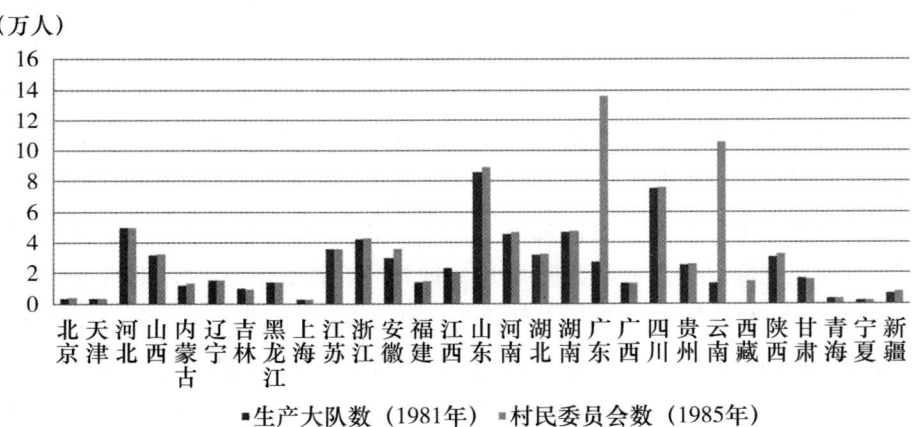

图1-1　各省、市、自治区1985年村委会数与1981年生产大队数的比较

一方面全国大多数地方未把村委会设在自然村，另一方面1987年全国人大常委会审议的村委会组织法（试行）草案却规定"村民委员会设在自然村"；后经修改，通过的村委会组织法（试行）仍然规定"村民委员会一般设在自然村"，尽管在此规定后面还有"几个自然村可以联合设立村民委员会；大的自然村可以设立几个村民委员会"的补充说法。对村委会组织法（试行）的这一条款无论怎样解读，至少有一点是确定无疑的，这就是在当时的立法者看来，多数或者大多数村委会应当设在自然村。然而，这一法律条

---

① 广东1981年生产大队数为27076个，1985年村委会数为136172个；云南1981年生产大队数为13756个，1985年村委会数为105587个。

② 如果说有什么特殊的变化，那就是这两年广东的村委会数一度急剧减少，1987年的村委会数甚至比1981年的生产大队数还少2485个。

款作为法律规定在立法通过的当时即不符合事实，作为立法构想在法律实施以后也没有变为现实。正因如此，1998年在全国人大常委会审议村委会组织法修订草案的过程中有人提出，"目前大部分地区的村委会没有设在自然村，而是若干个自然村设立一个村委会"，"关于村委会一般设在自然村的规定与现实不符，建议删去这一款规定"，"全国九十多万个村委会的格局，是多年来历史形成的，删去这一规定，更有利于农村基层组织的稳定"。① 全国人大常委会最终同意了这一意见。

当然，有少数地方（主要是华北平原地区和南方的某些地方）将村委会设在自然村并不意味着将其设立在过去生产小队的层级和范围，因为如前所述，在这些地方自然村的范围与过去生产大队的范围大体是同一的。另也的确是有个别省份曾一度或数度将村委会设在与生产小队的层级和范围大体相同的自然村。一是广西。广西是村民自治起步最早的地方，1984年底广西即已建立村委会14301个，全面完成了村委会的组建工作。1987年广西区委、区政府决定把原以生产大队为基础建立的村委会改为村公所，把村委会改设在自然村。② 1993年中央7号文件提出"为了减少管理层次，乡镇以下不再设置派出机构村公所"，在以后的几年里，广西开展了撤销村公所改设村委会的工作③，相应地村委会数由1994年的7万3千多个降低至1995年的2万8千多个、1996年的1万4千多个，村委会不再设在自然村。二是广东。1983年，广东将原来的公社改为区公所，原生产大队改为乡镇政府，原生产小队改为村委会，也就是将村委会设在自然村。1986年，广东又将区公所改为乡镇政府，将建立在原生产大队基础上的乡镇政府改为村委会，将建立在原生产小队基础上的村委会改为村民小组，④ 也就是不将村委会设在自然村。1989年，广东省委、省政府决定在农村进行"两改"工作，即将建立在原生产大

---

① 全国人大法律委员会副主任委员周克玉1998年8月24日和10月27日代表法律委员会在第九届全国人大常委会第四次和第五次会议上所做的《关于中华人民共和国村民委员会组织法（修订草案）初步审议情况的汇报》和《关于中华人民共和国村民委员会组织法（修订草案）审议结果的报告》。

② 参见白先经、李嘉伟《村民自治是农村稳定和发展的必由之路——广西村民自治的回顾与前瞻》，《改革与战略》1995年第1期。

③ 参见汤志华《广西村民自治发展的历史进程研究》，《广西社会科学》2012年第7期。

④ 这也就是1986年、1987年广东村委会数一度急剧减少的原因。参见王春生《珠江三角洲农村村治变迁》，广东人民出版社2004年版，第95页。

队基础上的村委会改为管理区办事处，作为乡镇政府的行政性派出机构，将建立在原生产小队基础上的村民小组改为村委会，① 村委会再度设在自然村。1998 年，广东省委、省政府又决定为依法理顺农村基层管理体制，撤销管理区办事处，设立村民委员会。"原则上在管理区（即原生产大队）范围设立村民委员会，在自然村（或原生产队）范围设立村民小组。"② 村委会不再设在自然村。这样一来，官方统计的村委会数一下由 1997 年的 10 万多个锐减为 1998 年的 4 万多、1999 年的 2 万多个。三是云南。云南 1984 年实行政社分开，以公社范围设区公所，以生产大队设乡，以合作社或自然村设村委会；1987 年 10 月至 1988 年撤区建乡，在区公所基础上设乡（镇），在原生产大队范围设行政村（办事处）作为乡（镇）政府的派出机构。在 2000 年 5 月云南省委、省政府作出《关于改革村级体制，实行村民自治的决定》后，云南在全省范围撤销村公所（办事处），在原村公所（办事处）辖区设立村委会，以合作社或自然村设村民小组，原来以合作社或自然村设立的村委会自然消失。③ 官方统计的村委会数由 1999 年的 8 万多个一下子变为 2000 年的 1 万多个，与 1981 年的生产大队数基本相当。

  从全国普遍情况看，在现代国家建构以及村民自治的发展过程中，村委会不设在与生产小队的层级和范围大体相同的自然村有一定的必然性。如果说古代中国是所谓"皇权不下县"，那么现代中国则可以说是"政权下乡不进村"，也就是在乡一级、不在村一级设立国家政权或政府机构。尽管在"革命根据地以及建国初期部分地区的农村基层行政区域"曾经设立过设有政府或政府机构的"行政村"，但自 1954 年宪法与地方各级人大和地方各级人民委员会组织法颁布后，政府只设在乡级及以上，村政府不再存在，行政村已然成为历史。④ 即便在政治、经济、社会高度一体的人民公社时期，公社与生产大队之间政权属性与非政权属性的区别仍然是很明确的，公社干部是拿工资的国家干部，大队干部则是拿工分的公社社员。人民公社解体之后，如果将

---

  ① 参见王春生《珠江三角洲农村村治变迁》，广东人民出版社 2004 年版，第 152 页。
  ② 1998 年 9 月 2 日《中共广东省委、广东省人民政府关于理顺我省农村基层管理体制的通知》。
  ③ 参见李发岁《边疆民族地区村民自治问题探析——兼论云南村级体制改革的理论与实践》，《学术探索》2000 年第 4 期。
  ④ 参见唐鸣、徐增阳《什么村民？什么村？》，《河南师范大学学报》（哲学社会科学版）2010 年第 3 期。

村委会设立在过去生产小队这一层级或范围，乡镇因应付不了过大的管理幅度而必然要增加管理层次——设立村公所或管理区办事处等政府派出机构，而这在增大国家权力管理范围的同时收缩了社会自治的空间，既不符合改革开放之政府简政放权的总体要求，也不符合国家治理现代化之管理扁平化的发展方向，同时也会增加政府管理成本，在一定程度上阻隔了农村基层政权与农民群众之间直接的联系，所以是不适宜、不合理的。

二　1985年以来建制村数量和规模的变化情况如何？

如果从村民自治的起始研究建制村的数量和规模，那么时间的起点应定在1980年。但全国村委会普遍设立、建制村基本定型在1985年左右。因此，我们以1985年为起点，研究建制村数量和规模的变化。

先看建制村数量的变化情况。

全国建制村数量的变化，从统计数据上看，大体可以划分为三个阶段：第一阶段，从1985年至1990年为数量逐渐攀升阶段，由80多万个增加到90多万个，直至攀升至100万个；第二阶段，从1990年至1994年为数量基本不变阶段，维持在100万个至101万个左右；第三阶段，从1994年至2013年为数量逐渐减少阶段，由100万个减少至90多万个（1995—1997年）、80多万个（1998—1999年）、70多万个（2000年）、60多万个（2001—2008年），直至59万多个（2009—2010年）、58万多个（2011—2014年）。

然而，应当注意到，2000年前全国建制村数量的变化，一定程度甚或相当程度受到前述广西、广东和云南三个省份建制村设立范围和层级调整的影响。如果去除这一因素的干扰，取这三个省份建制村设立范围和层级调整稳定后建制村的大约数（广西14600个、广东22000个、云南14000个）作为之前计算的底数，总和全国的建制村数，那么全国建制村数量的变化则是另外一幅三阶段的图景：第一阶段，从1985年至2000年为70多万个阶段，具体细分又可分为两个时段，从1985年至1994年大体为75万多个阶段，从1995年至2000年为73万多个阶段；第二阶段，从2001年至2008年为60多万个阶段；第三阶段，从2009年至2014年为50多万个阶段。从整体变化看，全国建制村的数量并非从增加到不变再到减少,而基本上是不断在减少,尽管不是逐年减少。前15年减少的趋势不是非常明显,后13年减少的表现则十分明确。

表1-1　　　　经修正后全国村委会数量的变化情况(1985—2014年)

时间（年）	1985年	1986年	1987年	1988年	1989年	1990年	1991年	1992年
数目（个）	742869	751829	751725	734163	748750	751966	755827	752536
时间（年）	1993年	1994年	1995年	1996年	1997年	1998年	1999年	2000年
数目（个）	756460	752218	735723	737411	739848	737329	731085	731659
时间（年）	2001年	2002年	2003年	2004年	2005年	2006年	2007年	2008年
数目（个）	699974	681277	663486	644166	629079	623669	612709	604285
时间（年）	2009年	2010年	2011年	2012年	2013年	2014年		
数目（个）	599078	594658	589653	588475	588547	585451		

同样需要明确的是,这些年全国建制村的数量的确是在减少,但减少的幅度并非像统计数据表面上表现得那样大。如果按照字面上的统计数据,全国建制村的数量1991年最多时曾经达到101万多个,到2011年减少到58万多个,减少了43万多个,减少的幅度达到42.6%。

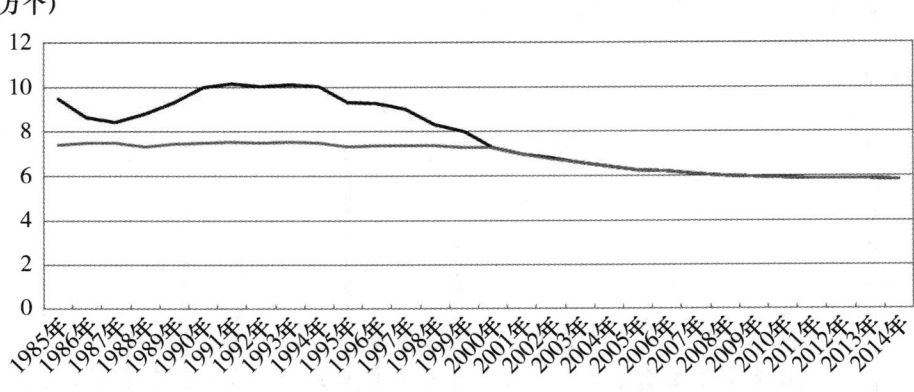

图1-2　全国建制村数量的变化情况

但如果祛除特别因素的影响,全国建制村的数量从1985年至1994年最多时应当为75万多个,到2011年减少到58万多个,只是减少了17万多个,减少的幅度仅为22.7%。

全国建制村数量总体的变化由各省、市、自治区建制村数量各自的变化所构成。各省、市、自治区建制村数量的变化各有各的不同。略去过程，仅就2014年与1985年的比较，概括而言，建制村数量没有减少反而增加的有3个省级地方：新疆、河南和青海，分别增加了575个、368个和213个。去除广西、广东和云南三个有特殊情况的省区，依照建制村数量减少绝对数的大小排序，分别为江苏（21596个）、安徽（21247个）、山东（15525个）、浙江（15097个）、西藏（9420个）、贵州（8954个）、四川（8889个，剔除了重庆从四川分离所带走的建制村数）、湖北（6855个）、陕西（5928个）、湖南（5867个）、黑龙江（5564个）、辽宁（4206个）、山西（4157个）、江西（2891个）、内蒙古（2365个）、河北（1723个）、上海（1409个）、福建（769个）、吉林（757个）、甘肃（512个）、北京（467个）、宁夏（164个）、天津（123个）；依照建制村数量减少幅度的高低排序，分别为西藏（64.2%）、江苏（59.9%）、安徽（59.0%）、上海（46.7%）、黑龙江（38.5%）、浙江（35.0%）、贵州（34.5%）、辽宁（26.7%）、湖北（21.2%）、陕西（18.2%）、山东（17.5%）、内蒙古（17.4%）、江西（14.5%）、山西（12.9%）、湖南（12.4%）、四川（11.7%）、北京（10.6%）、吉林（7.5%）、宁夏（6.7%）、福建（5.9%）、河北（3.4%）、天津（3.2%）、甘肃（3.1%）。

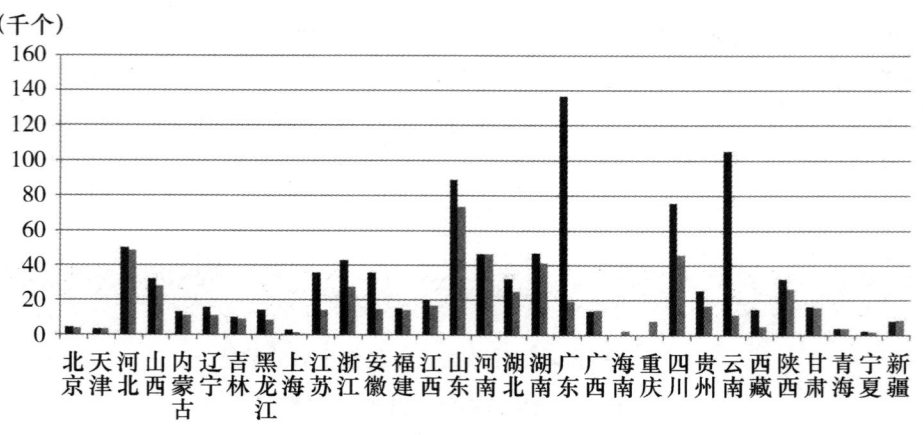

图1-3 各省、市、自治区建制村数量2014年与1985年的比较

再看建制村规模的变化情况。

研究建制村规模的变化情况，我们受到手头掌握资料的严重限制。从目前公开披露的文献中，我们找不到全国以及各省、市、自治区 1985 年以来全部建制村各村人口数量、地域面积、人口密度的具体统计资料。我们既回答不了从地域面积来讲，某一特定的年份哪一个建制村是全国或某省、自治区、直辖市最大或最小的村，也回答不了从人口数量来讲，某一特定的年份哪一个建制村是全国或某省、自治区、直辖市最大或最小的村。

在地域面积方面，经多方搜寻，无论是全国还是各省级地方，我们都找不到有关建制村地域面积的统计资料。考虑到法律规定：城市市区的土地属于国家所有；农村和城市郊区的土地，除由法律规定属于国家所有的以外，属于农民集体所有；宅基地和自留地、自留山，属于农民集体所有。一般情况下，建制村所占有的土地皆为农民集体所有的土地，反之亦然，农民集体所有的土地皆为建制村所占有的土地。我们曾设想以全国或各省级地方农民集体所有土地面积数除以建制村数，得出全国或各省级地方建制村平均地域面积数。但此设想因找不到全国或各省级地方农民集体所有土地面积数而作罢。尽管《中国城乡建设统计年鉴》（2006—2014 年）上有 1990 年至 2014 年全国和 2007 年至 2014 年各省级地方村庄现状用地面积的统计数据，但是村庄现状用地面积是指农村居民生活和生产聚居点的现状用地面积，包括住宅、厂房、公共建筑等各类建设用地面积，村内道路等基础设施用地面积，小广场等公共活动场所用地面积，以及房前屋后空地、绿地等用地面积，不包括耕地、林地等，只是建制村辖区总面积的一部分，并不就是建制村地域面积。[①] 因此，即便有了村庄现状用地面积的统计数据，我们仍然无法研究建制村在地域面积方面的规模变化。也正由于不清楚地域面积，从人口密度方面研究建制村规模的变化也就无从谈起。

[①] 住房城乡建设部鉴于"农村人居环境底数不清，缺乏全面的资料和数据，难以定量评估，制定改善农村人居环境的具体政策措施缺乏依据"，于 2014 年 5 月 15 日下发了《关于建立全国农村人居环境信息系统的通知》，通知要求各地按年度、以行政村为单位、一村一表采集包括村域面积、户籍人口、常住人口等在内的有关信息。相信自此工作开展之后，有关建制村规模的资料将会比较齐全和清楚。但这只能反映现在和未来的情况，不能告诉我们过去的变化情况。

表1-2　全国村庄个数（万个）和现状用地面积（万公顷）（1990—2014年）①

年份	1990	1991	1992	1993	1994	1995	1996	1997
村庄个数	377.3	376.2	375.5	372.1	371.3	369.5	367.6	365.9
现状用地面积	1140.1	1127.2	1187.7	1202.7	1243.8	1277.1	1336.1	1366.4
年份	1998	1999	2000	2001	2002	2004	2005	2006
村庄个数	355.8	359.0	353.7	345.9	339.6	320.7	313.7	270.9
现状用地面积	1372.6	1346.3	1355.3	1396.1	1388.8	1362.7	1404.2	
年份	2007	2008	2009	2010	2011	2012	2013	2014
村庄个数	264.7	266.6	271.4	273.0	266.9	267.0	265.0	270.2
现状用地面积	1389.9	1311.7	1362.8	1399.2	1373.8	1409.0	1394.3	1394.1

不过，从村庄现状用地面积的统计资料中，我们可以看到一些有意思的现象。例如，全国整个村庄现状用地面积，从1990年到2005年，除1991年外，逐年扩大，由1140.1万公顷增加到1404.2公顷；尽管2005年后不再逐年扩大，扩大的趋势不再明显，不同的年份有升有降，但2012年仍然达到了峰值1409.0万公顷；总体上看，从1990年到2014年，面积增加了254万公顷，增加幅度为22%，年均增加10.6万公顷。值得注意的是，在全国整个村庄现状用地面积扩大的同时，全国自然村总体上是在减少，由1990年的377.3万个，减少到2014年的270.2万个，共减少107.1万个，年均减少4.46万个，日均减少120多个。因此，总体上，全国自然村的平均现状用地面积是增加的，由1990年的3.02公顷增加到2014年的5.16公顷，增加的幅度达到70%。但是，全国自然村的数目并非每天在减少，也并非每年在减少，不知什么原因，在若干年份全国自然村的数目还是增加的。② 也因为如此，全国自然村的平均现状用地面积在有的年份是减少的。

在人口数量方面，我们也找不到全国和各省级地方建制村人口数量的具体统计资料，但情况较地域面积方面要好一些。一是根据建制村的户籍村民一般在户口登记上都是农业人口，用1985—2014年历年全国和各省级地方的

---

① 根据《中国城乡建设统计年鉴》（2014）（中国统计出版社2015年版）数据制表。
② 例如1999年较之1998年、2008年较之2007年、2009年较之2008年、2010年较之2009年、2012年较之2011年、2014年较之2013年，全国自然村的数目就是增加的。

农业人口数除以其建制村数，可以大致地得出这些年全国和各省级地方建制村的平均人口数。二是《中国民政统计年鉴》有2005—2014年全国和各省级地方"村民委员会规模"在户数上的统计数据，尽管"居民1000户以下"有多少、"居民1000户—3000户"有多少、"居民3000户以上"有多少的户数统计有一些大而化之，但毕竟可以对我们研究建制村在人口数量方面规模的变化提供一定的参考。三是《中国城乡建设统计年鉴》[①]从2013年开始有了全国和各省级地方"500人以下""500—1000人""1000人以上"行政村个数的统计资料，虽然目前只有2013年和2014年这两个年份的数据。通过观察和分析这几组统计数据，我们初步可以得到以下一些认识。

全国建制村平均人口这些年来总体上是在增长，不过增长的幅度并非统计数据表面上表现得那样大。按照字面上的统计数据，全国建制村的平均人口1985年为880人，2014年为1490人，增加了610人，增加幅度达到69%。但如果去除前述广西、广东和云南三个省份建制村设立范围和层级调整的影响，全国建制村的平均人口1985年应为1124人，到2014年只是增加了366人，增加幅度仅为33%。

表1-3　经修订后的全国建制村平均人口的变化情况（1985—2014年）

时间（年）	1985	1986	1987	1988	1989	1990	1991	1992
数目（个）	1124	1128	1139	1177	1166	1189	1192	1199
时间（年）	1993	1994	1995	1996	1997	1998	1999	2000
数目（个）	1193	1197	1226	1226	1226	1235	1248	1250
时间（年）	2001	2002	2003	2004	2005	2006	2007	2008
数目（个）	1303	1325	1335	1365	1382	1399	1432	1459
时间（年）	2009	2010	2011	2012	2013	2014		
数目（个）	1474	1489	1501	1492	1488	1490		

① 不知什么原因，《中国城乡建设统计年鉴2014》（中国统计出版社2015年版）关于全国和各省级地方建制村数量的统计与《中国民政统计年鉴2014》（中国统计出版社2015年版）不一致，其他年份亦是如此。

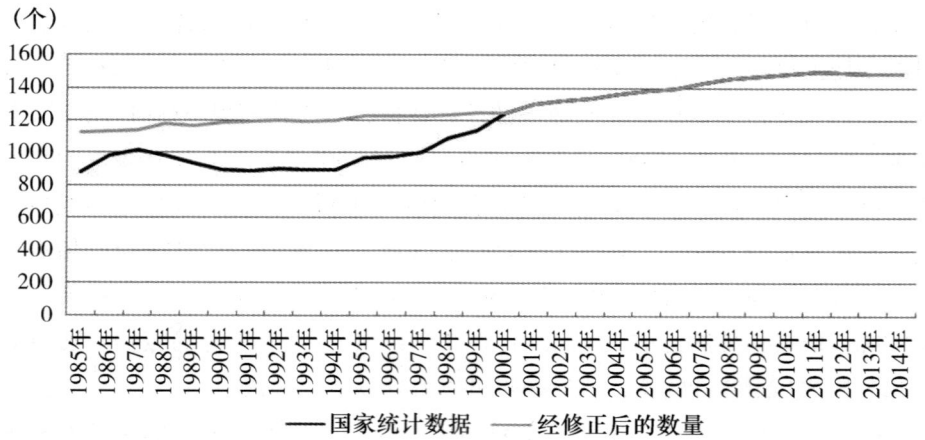

图1-4 全国建制村平均人口数量的变化情况

全国建制村平均人口这些年来的变化大体可以划分为四个阶段:第一个阶段,从1985年到1994年共10年,为1100多人阶段;第二个阶段,从1995年到2000年共6年,为1200多人阶段;第三个阶段,从2001年到2006年共6年,为1300多人阶段;第四个阶段,从2007年到2014年共8年,为1400多人阶段,其中个别年份(2011年)达到了1500人。

各省、市、自治区建制村平均人口的状况从一开始就不均衡,经过几十年的变化,继续存在着新的不均衡。按建制村平均人口由多到少排列,1985年的顺序是:广西(2452人)、福建(1490人)、上海(1461人)、吉林(1451人)、江西(1450人)、江苏(1443人)、河南(1435人)、辽宁(1385人)、宁夏(1359人)、黑龙江(1325人)、安徽(1230人)、湖北(1180人)、内蒙古(1063人)、甘肃(1024人)、贵州(1015人)、湖南(993人)、河北(951人)、新疆(950人)、天津(940人)、北京(875人)、四川(843人)、浙江(788人)、陕西(757人)、山东(751人)、青海(738人)、山西(663人)、广东(327人)、云南(286人)、西藏(122人);2014年的顺序是:安徽(3626人)、广西(2829人)、云南(2733人)、重庆(2426人)、海南(2230人)、贵州(2159人)、江西(2142人)、黑龙江(2140人)、江苏(2123人)、广东(2098人)、河南(1835人)、辽宁(1778人)、宁夏(1771人)、福建(1683人)、湖北(1582人)、新疆(1530人)、吉林(1528人)、四川(1396人)、湖南(1349人)、内蒙古

(1288 人)、甘肃（1236 人）、浙江（1171 人）、河北（1050 人）、天津（1009 人）、陕西（910 人）、上海（867 人）、山西（830 人）、山东（744 人）、青海（726 人）、北京（619 人）、西藏（507 人）。

2014 年与 1985 年相比较，建制村平均人口 4 千人以下、3 千人以上的省级地方，1985 年没有，2014 年有 1 个；建制村平均人口 3 千人以下、2 千人以上的省级地方，1985 年有 1 个，2014 年有 9 个；建制村平均人口 2 千人以下、1 千人以上的省级地方，1985 年有 14 个，2014 年也有 14 个；建制村平均人口 1 千人以下的省级地方，1985 年有 14 个，2013 年有 7 个。建制村平均人口没有增加反而减少的有 4 个省级地方：上海、北京、青海和山东，分别减少了 594 人、261 人、12 人和 7 人。去除一些有特殊情况的省区，按照建制村平均人口增加幅度的大小排序，分别为：安徽（194.80%）、贵州（112.71%）、四川（65.60%）、黑龙江（61.51%）、新疆（61.05%）、浙江（48.60%）、江西（47.72%）、江苏（47.12%）、湖南（35.85%）、湖北（34.07%）、宁夏（30.32%）、辽宁（28.38%）、河南（27.87%）、山西（25.19%）、内蒙古（21.16%）、甘肃（20.70%）、陕西（20.21%）、福建（12.95%）、河北（10.41%）、天津（7.34%）、吉林（5.31%）。

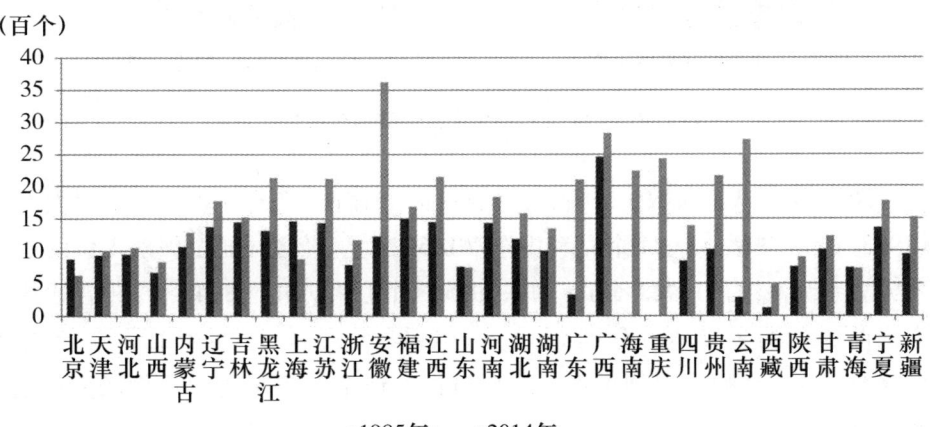

图 1-5　各省、市、自治区建制村平均人口 2014 年与 1985 年的比较

如果把居民 1000 户以下的建制村称为普通村，把居民 1000 户以上、3000 户以下的建制村称为较大村，把居民 3000 户以上的建制村称为巨型村，那么

这些年来，尽管全国建制村的平均人口总体上在增长，但巨型村和较大村的数量和比例却并未相应提高。2005 年，全国普通村 475066 个，占比 75.52%；较大村 124566 个，占比 19.80%；巨型村 29447 个，占比 4.68%。2014 年，全国普通村 450122 个，占比 76.88%；较大村 114850 个，占比 19.62%；巨型村 20479 个，占比 3.5%。2014 年与 2005 年相比较，全国巨型村和较大村无论是绝对数量还是相对比例都呈降低之势，数量分别减少了 8968 个和 9716 个，比例分别降低了 1.18 个百分点和 0.18 个百分点；普通村的相对比例则有一定程度的提高，提高了 1.36 个百分点。当然，无论过去还是现在，全国大多数即接近五分之四的建制村都是普通村，较大村和巨型村加起来不到建制村总数的四分之一。

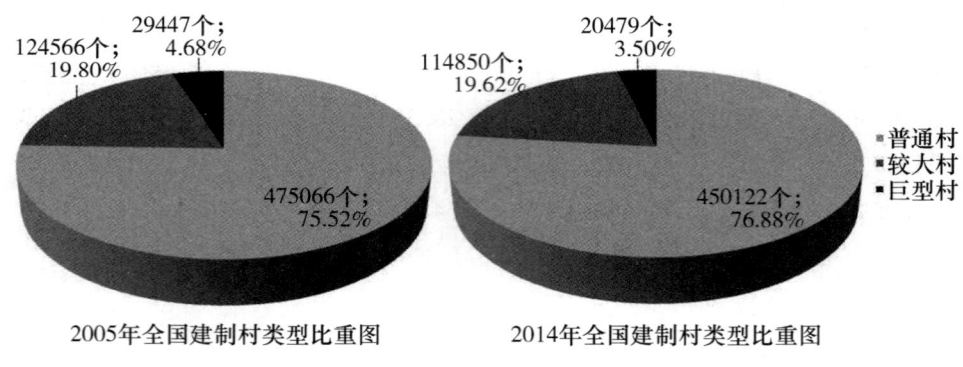

图 1-6　2005 和 2014 年全国建制村类型比重图

2014 年，从绝对数量来看，巨型村排全国前 3 位的省级地方分别为河南（1963 个）、安徽（1924 个）和山东（1861 个），较大村排全国前 3 位的省级地方分别为河南（12922 个）、山东（9583 个）和四川（8148 个），普通村排全国前 3 位的省级地方分别为山东（61944 个）、河北（40525 个）和四川（36641 个）；从相对比例来看，巨型村在本地全部建制村中比例较大的前 3 个省级地方分别为安徽（13.03%）、江苏（10.78%）和吉林（8.43%），较大村在本地全部建制村中比例较大的前 3 个省级地方分别为江苏（42.59%）、安徽（39.80%）和黑龙江（37.36%），普通村在本地全部建制村中比例较大的前 3 个省级地方分别为西藏（99.16%）、天津（93.89%）和北京（91.41%）。

如果把500人以下的村称为微村，把500—1000人的村称为小村，把1000人以上的村称为大村、中村，那么截至成稿时（2014年）全国建制村占多数的仍然是微村、小村（280136个），比大村、中村（266563个）多13573个，占全国建制村总数的51.24%。全国微村、小村数量较多的一些省级地方分别为：山东（43031个）、河北（25300个）、四川（24006个）、湖南（23189个）、山西（20077个）、河南（19836个）。全国大村、中村数量较多的一些省级地方分别为：河南（25787个）、山东（21542个）、四川（21133个）、河北（16852个）、湖南（15948个）、广东（13435个）。

三 建制村数量和规模变化的原因是什么？发展的趋势会怎样？

由前面的描述可以看出，从1985年到2014年的几十年间，全国及各省级地方（除少数例外）建制村数量和规模变化最显著的特征是数量的减少和平均人口的增加。

注意到这些年我国农业人口占总人口比例不断降低（由1985年的79.9%降低至2014年的63.37%）、户籍人口城镇化率不断提高（由1985年的20.1%提高至2014年的36.63%），我们曾经猜想建制村数量减少的主要原因是不是大量的农业人口转为了非农业人口，建制村数量的减少是否与户籍人口城镇化率的提高存在密切的关联，甚至设想如果能够确证建制村数量减少与户籍人口城镇化率提高之间的相关性并计算出这一相关性的大小，就可以根据户籍人口城镇化率提高的点数来预测未来建制村数量减少的个数。

然而，对有关数据和情况的分析表明，上述猜想和设想是不能成立的。其一，"城镇人口的增长与城镇化水平的提升主要有三种途径：农村人口向城镇的移民、农村地区转变为城镇地区的行政区划调整和城镇人口的自然增长。"[1] 这里面只有农村地区转变为城镇地区的行政区划调整，即一般所谓的"村改居"（村委会改居委会），才会直接导致建制村数量的减少。而已有的

---

[1] World Bank, *World Development Report 1984*, Oxford University Press, 1984, pp. 96-98。转引自殷江滨、李郁《中国流动人口与城镇化进程的回顾与展望》，《城市问题》2012年第12期。

研究表明,"1978—1999 年间,中国从农村向城镇的人口迁移占城镇人口增长总量的75%"①。也就是说,这期间我国城镇化率的提高主要不是因为农村地区转变为城镇地区的行政区划调整,而是因为农村人口向城镇的移民。我们假定从 1985 年到 2014 年,我国非农业人口增长的 75% 是因为农村人口向城镇的移民,25% 是因为农村地区转变为城镇地区的行政区划调整和城镇人口的自然增长,那么全国非农业人口由 1985 年的 2.1 亿增长为 2014 年的 5 亿,2.9 亿左右增长中的(29000 万乘 25%)7250 万是因为农村地区转变为城镇地区的行政区划调整和城镇人口的自然增长,再减去城镇人口自然增长的 5694 万②,"村改居"的数量则为"农转非"的 1556 万除以全国建制村平均人口数 1500 等于 10373 个,只占从 1985 年到 2014 年全国建制村减少总数(157418 个)的 6.6%。另据公安部的统计,"2010—2012 年,全国农业人口落户城镇的数量为 2505 万人,平均每年 835 万人"③。我们假定从 1985 年到 2014 年全国每年农业人口落户城镇的数量均为 835 万,并且假定其中的 25% 是因为农村地区转变为城镇地区的行政区划调整,可以推算出每年因"村改居"而导致的"农转非"的数量为 2087500 人,每年"村改居"的数量应为"农转非"的数量 2087500 除以全国建制村平均人口数 1500 等于 1390 个左右,从 1985 年至 2014 年 20 年全国"村改居"的总数(1390 乘 20)为 27800 个,也只占这期间全国建制村减少总数的 16% 左右。

其二,从 1985 年至 2014 年,全国居委会的数量虽有增加,但增加的幅度与全国村委会减少的幅度完全不在一个数量级。居委会由 1985 年的 8 万多个增加到 2014 年的 9 万多个,村委会由 1985 年的 74 万个左右减少到 2014 年的 58 万个左右,不论这两个方面的具体情况如何,至少从两组数字的比较中,很难得出全国建制村数量的减少主要是由于"村改居"造成的结论。

---

① Zhang Kevin Honglin, ShunfengSong, "Rural-urban Migration and Urbanization in China: Evidence from Time-series and Cross-section Analyses", *China Economic Review*, No. 4, 2003, pp. 386 - 400. 转引自殷江滨、李郇《中国流动人口与城镇化进程的回顾与展望》,《城市问题》2012 年第 12 期。

② 有研究推算 2001 年到 2010 年城镇地区十年间人口自然增长带来的人口累积增长为 2847.538 万人(参见任远《人口迁移流动与城镇化发展》,上海人民出版社 2014 年版,第 99—100 页),据此我们假定从 1985 至 2014 年 20 年城镇人口的自然增长为 2847 万人的两倍,即 5694 万人。

③ 钟水映、李春香:《乡城人口流动的理论解释:农村人口退出视角——托达罗模型的再修正》,《人口研究》2015 年第 6 期。

表1-4　　　　全国居民委员会数量变化情况（1985—2014年）①

时间（年）	1985	1986	1987	1988	1989	1990	1991	1992
数目（个）	80943	86799	86824	95684	93691	98814	100347	104136
时间（年）	1993	1994	1995	1996	1997	1998	1999	2000
数目（个）	107173	110112	111860	113690	117915	119042	114815	108424
时间（年）	2001	2002	2003	2004	2005	2006	2007	2008
数目（个）	91893	86087	77431	77884	79947	80717	82006	83413
时间（年）	2009	2010	2011	2012	2013	2014		
数目（个）	84689	87057	89480	91153	94620	96693		

当然也不可否认，"村改居"有可能导致全国及各省级地方建制村数量一定程度的减少，但我们无法用"村改居"来说明为什么在全国及各省级地方建制村数量普遍减少的同时其平均人口会普遍增加。这只能用"村庄合并"来进行解释。

谈到"村庄合并"对建制村数量和规模的影响，有必要从我国农业人口的总量讲起。一个有意思的现象是，从1985到2014年，虽然我国农业人口占总人口的比例不断降低，但其绝对数量却没有大的变化，1985年为8.34亿，2014年为8.73亿，这期间尽管有小的波动，人口最多时曾经达到2000年的9.14亿，但升降数一直在几千万之间，没有超过1亿。如果仅就2014年与1985年的比较而言，讲得极端一点，可以说我国农业人口的总数基本未变。也就是在此意义上，这期间全国建制村数量的减少和建制村平均人口的增加，可以看作同一件事情的两个方面，而"村庄合并"应当是建制村数量和规模变化的最主要的原因。

"村庄合并"是两个或两个以上的建制村合并为一个建制村，它一个方面使建制村的数目减少，另一个方面也使建制村平均人口增加。个别、偶尔的村庄合并一直都有，但其对全国以及各省级地方建制村数量和规模的变化不可能造成很大的影响。成批量、成规模、对一些地方乃至全国建制村数量和

---

① 根据《民政统计历史资料汇编》（1949—1992年）（民政部计划财务司编，1993年版）、《中国民政统计年鉴》（1992—1999年）（民政部计划财务司编，1992—1999各年版）、《中国民政统计年鉴》（2000—2015年）（中国统计出版社2000—2015各年版）数据制表。

规模的变化产生很大影响的村庄合并，始于2000年左右的世纪之交，一直延续至今。

21世纪之初，村庄合并是因应乡村体制改革、农村税费改革的需要，出于减少干部职数、降低财政负担的考虑而进行的。从政策层面上看，有两个政策文件较为引人注目。一个是2000年湖北省委、省政府颁布的《关于乡村体制改革的实施意见》，它明确提出"要适度扩大乡村规模"，"全省村民委员会标准总体上控制在：村平均人口为2200人以上，面积8平方公里以上"。另一个是2004年中央颁布的一号文件《中共中央国务院关于促进农民增加收入若干政策的意见》，它明确提出："进一步精简乡镇机构和财政供养人员，积极稳妥地调整乡镇建制，有条件的可实行并村。"从实际操作上看，一些地方村庄合并的力度较大。湖北阳新县在税费改革前的2001年有村委会449个，到2003年底村委会减为312个；湖北南漳县在2002年村庄合并中，村委会由原来的521个减为274个，几乎减少了一半；① 湖北当阳市，村庄合并后，村委会由303个减少为144个，减幅超过50%；四川泸州市，通过村庄合并，全市2836个村调整为1748个村，减幅为38.30%。②

近年来，随着新农村建设、农村社区建设、农村城镇化、统筹城乡发展、全面深化农村改革等的推进，以优化配置资源、降低管理成本、促进基本公共服务均等化、改善农民居住和生活环境，以及"迁村腾地"等为由的村庄合并，在浙江、山东、江苏、河北、河南、天津、安徽等地，较大范围地进行或展开。③ 从已经进行的情况看，山东省内一些地方的表现尤为突出。山东莒南县实行村庄合并，2008年全县建制村就由原来近千个减少到了700余个。④ 山东诸城市从2007年开始在农村全面开展社区化建设，按照地域相邻、习俗相近原则，将所有村庄规划为农村社区，于2010年6月撤销了辖区内全部1249个行政村，将其合并为208个农村社区。⑤ 山东德州市2009年3月出台了《关于推进全市村庄合并社区建设的意见》，到2010年7月"六成村庄

---

① 参见吴理财《合村并组对村治的负面影响》，《调研世界》2005年第8期。
② 参见王小军《乡村社会合村并组之隐忧》，《学习月刊》2007年第1期。
③ 参见聂玉霞、宋明爽《国内外关于"村庄合并"研究述评》，《山东农业大学学报》（社会科学版）2015年第1期。
④ 参见《"大村庄"成为中国农村发展趋势》，《人民日报》（海外版）2008年1月30日第2版。
⑤ 参见《山东诸城撤销全部行政村合并为社区》，《新京报》2010年8月19日第A24版。

合并，减少 4980 个建制村，新建 3339 个社区性组织"①。从正在或将要展开的情况看，陕西、山东、湖南、河北等省的规模特别巨大。陕西在 2014 年 5 月 15 日召开的全省镇村综合改革电视电话会议上明确提出，撤并小村和空心村，建立大村或中心村。原则上关中地区撤并 1500 人以下的村，撤并比例不低于关中现有村数的 34%；陕北地区撤并 800 人以下的村，撤并比例不低于陕北现有村数的 45%；陕南地区撤并 1000 人以下的村，撤并比例不低于陕南现有村数的 25%。② 山东 2014 年 9 月 3 日于省政府网站上公布了《山东省农村新型社区和新农村发展规划（2014—2030 年）》征求意见稿，其中明确，建设农村新社区，合并村庄将成为山东新型城镇化的重要方向。到 2030 年全省建设约 7000 个农村新型社区，保留 3 万个村庄。这意味着，到 2030 年，山东现在存在的村庄一半以上将会"消失"。湖南 2015 年 10 月公布了《乡镇区划调整改革工作方案》，根据该方案，全省目标合并建制村 16000 个以上，减幅约 39%。全省平均每个建制村人口预期规模为 2500 人，其中，平原湖区建制村人口 2500 人至 3500 人，丘陵区建制村人口 2000 人至 3000 人，半山半丘建制村人口 1500 人至 2500 人，山区建制村人口 1000 人至 2000 人。③ 河北 2015 年 11 月 14 日颁布了省委、省政府《关于加快推进生态文明建设的实施意见》，根据意见，全省将撤并 13387 个村。

　　上述情况表明，未来几年左右（到 2030 年），即便其他省级地方建制村的数量没有变化，按照计划或规划，仅陕西、山东、湖南、河北几个省建制村减少的数量加起来，全国建制村的总数将减少 8 万个左右，下降到 50 万个左右。这也就是说，在未来的一段时间，全国建制村减少的速度很可能较以前要快。因为从 2014 年往前，各省级地方减少的数目加起来，全国建制村由 2003 年的 663486 个下降到 2014 年的 585451 个，经过了 11 年的时间，减少 8 万个左右，而现在和未来仅这几个省级地方用几年的时间，就将使全国建制村的总数减少 8 万个左右。

　　那么，未来全国建制村数量减少的同时，其平均人口是否会进一步增加？

---

① 《山东德州六成村庄合并村并居带来"乘法效应"》，《人民日报》2010 年 7 月 4 日第 1 版。
② 参见《陕西省将全面展开镇村综合改革》，http：//www.gov.cn/xinwen/2014 – 05/16/content_2680613.htm，中国政府门户网站 2014 年 5 月 16 日。
③ 参见《湖南乡镇区划调整方案合并乡镇 500 个以上》，《潇湘晨报》2015 年 10 月 10 日第 A02 版。

在回答这个问题之前，有一件事情需要说明：前面我们在谈论建制村平均人口时讲的都是户籍平均人口，而不是常住平均人口。从常住平均人口的角度看，从1985年到2014年，全国建制村的规模并非一直在扩大，而是有一个波动起伏的过程，大体上可以分为四个阶段：第一个阶段，从1985年到1995年为逐渐增加的阶段，由1087人增加到1168人；第二阶段，从1995年到2000年为逐渐减少的阶段，由1168人减少到1104人；第三阶段，从2000年到2005年为再次逐渐增加的阶段，由1104人增加到1184人；第四阶段，从2005年到2014年为再次逐渐减少的阶段，由1184人减少到1058人。

表1-5　　全国建制村常住平均人口的变化情况（1985—2014年）[①]

时间（年）	1985	1986	1987	1988	1989	1990	1991	1992
数目（个）	1087	1079	1085	1077	1110	1118	1119	1129
时间（年）	1993	1994	1995	1996	1997	1998	1999	2000
数目（个）	1128	1139	1168	1153	1137	1127	1122	1104
时间（年）	2001	2002	2003	2004	2005	2006	2007	2008
数目（个）	1136	1148	1158	1175	1184	1173	1166	1164
时间（年）	2009	2010	2011	2012	2013	2014		
数目（个）	1150	1128	1113	1091	1052	1058		

因此，可以把上述问题分为两个方面，一是未来户籍平均人口是否会增加，二是未来常住平均人口是否会增加。先看第一个方面。根据"十三五"全国计划生育事业发展规划，2020年我国的人口总量会在14.2亿左右，我们假定当年的人口总数就是14.2亿。按照国家"十三五"规划纲要的要求，2020年全国户籍人口城镇化率要达到45%左右，我们假定当年全国户籍人口城镇化率恰好达到45%。据此计算，2020年我国的户籍农业人口将会是7.81亿。对2020年全国建制村可以有两个预估数：一是假定2005至2014年这10年全国建制村年均减幅在2015至2020年期间继续得以保持，推测出2020年全国建制村的总数应为558104个；二是将陕西、山东、湖南、河北等省力度

[①] 根据《中国人口和就业年鉴》（中国统计出版社2015年版）历年乡村人口的统计数据，结合本章经修订后村委会数量的数据，计算而成。

特别大的村庄合并（这几个省从 2015 至 2030 年共年均减少建制村 0.5 万个）的因素考虑进去，2020 年全国建制村的总数应当为 528104 个。按照前一个预估数，2020 年全国建制村的户籍平均人口将会是 1399 人；按照后一个预估数，2020 年全国建制村的户籍平均人口将会是 1478 人，较之 2014 年，都有降低。再看第二个方面。按照国家"十三五"规划纲要的要求，2020 年全国常住人口的城镇化率要达到 60% 左右。我们假设该年全国常住人口城镇化率就是 60%。据此计算，2020 年全国的常住农村人口为 5.68 亿。那么按照前述第一个全国建制村的预估数，2020 年全国建制村的常住平均人口将会是 1017 人；按照前述第二个全国建制村的预估数，2020 年全国建制村的常住平均人口将会是 1075 人，较之 2014 年，或者有所减少，或者即便略有增加，增加的幅度也很小。总之，未来全国建制村数量减少的同时，其户籍平均人口并非像从前一样相应增加，而是会有一定程度的减少；其常住平均人口也不会表现出明显增加的趋势。

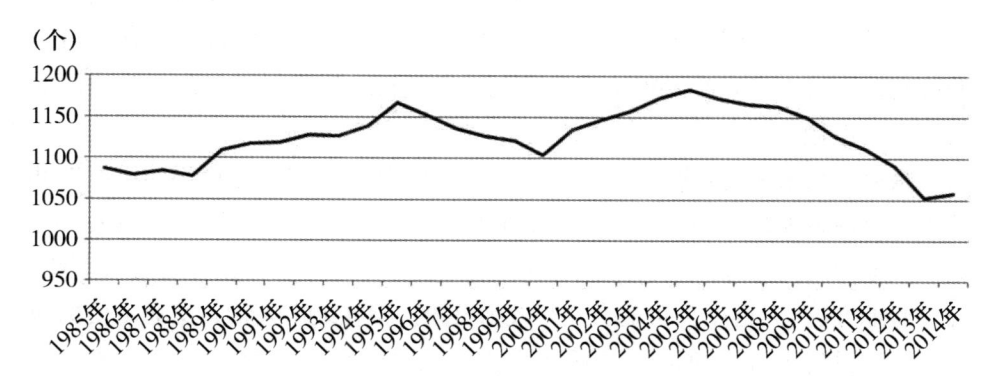

图 1-7　全国建制村常住平均人口变化图（1985—2014 年）

与上述问题密切相关的一个问题是"大村庄"是否已成为中国农村的发展趋势？

有专家在 2008 年就认为，"与'大部制'改革同步，中国近期正在广大农村推动村庄合并"；"在浙江、山东、江苏等一些经济比较发达的地区，基层政府正着力推行乡村合并，大大减少行政村乃至乡镇的数量"；"'大村庄制'将与'大部制'一起，成为中国未来政改的新目标"；"'大村庄'成为中国农村发展趋势"。① 这一看法似可商榷。

首先，不能简单地把村庄合并与"大村庄"画等号。村庄合并有可能产生"大村庄"，也的确产生了许多"大村庄"，但不是所有的村庄合并都会产生"大村庄"，两个人口很少的村庄合并产生出来的村庄就不一定是"大村庄"。虽然有不少的地方在进行村庄合并，但不是所有的地方都在进行村庄合并，没有进行村庄合并的地方，村庄的人口规模变化很小或基本不变，不存在"大村庄"成为发展趋势的问题。

其次，从当前的情况看，"大村庄"并不在全国农村占多数。如前所述，全国总体上1000人以下微村、小村的数量多于1000人以上的大村、中村。而那些大规模进行或要进行村庄合并的地方，如河北、山东、湖南、陕西等，都是些微村、小村占多数的地方。特别是山东，近年来村庄合并的力度特别大，但截至2014年，其建制村的户籍平均人口只有744人，与大多数省级地方相比较，仍然属于比较少的行列。其实，1000人以上的村并不都是"大村庄"，全国建制村平均人口的规模一直就在千人以上。一方面千人以下的建制村占多数，另一方面建制村的平均人口在千人以上，这只能说明总体上占少数的建制村的人口规模比较大或特别大，并不能说明"大村庄"成为中国农村的发展趋势。

最后，从未来的发展看，"大村庄"变为全国建制村普遍形态的可能性并不大。全国各地自然地理、经济发展的情况差异很大。一般而言，在人口密集、交通便利的地方，建制村的人口规模可能适宜大一些，也容易变大一些。在这些地方，"大村庄"可能会变得较为普遍。但在地广人稀、交通不便的地区，建制村的人口规模可能不适宜太大，也难以变大（其实也不尽然，如2014年，北京、天津千人以下的微村、小村均多于千人以上的大村、中村，北京、上海建制村的户籍平均人口均低于千人，前者为619人，后者为867人②；而贵州、云南建制村的户籍平均人口均超过了两千人，前者为2159人，后者为2733人）。湖北在2000年时即已提出全省村委会标准总体上控制在村

---

① 《"大村庄"成为中国农村发展趋势》，《人民日报》（海外版）2008年1月30日第2版。
② 北京、上海两地是全国村庄暂住人口比重最高的地方。2014年，北京村庄户籍人口331.84万人，暂住人口215.82万人，暂住人口占比39%；上海村庄户籍人口285.44万人，暂住人口319.35万人，暂住人口占比53%。（参见《中国城乡建设统计年鉴》（2014），中国统计出版社2015年版，第191页）因此这两个地方建制村虽然户籍平均人口较少，但常住平均人口却可能较多。

平均人口 2200 人以上，然而至 2015 年还是有许多山区村的人口数量低于或大大低于这一标准，如鹤峰县容美镇的情况就是如此。该镇没有一个超过 2000 人以上的村，虽然实现了"村村通"，但离乡镇距离最远的村距乡镇有 38 公里，户籍人口最少的村只有 205 人，实际在村人口最少的村只有 144 人。因此，难以或不能一般地讲"大村庄"是中国农村的发展趋势。

■1000人以下　■1000人以上

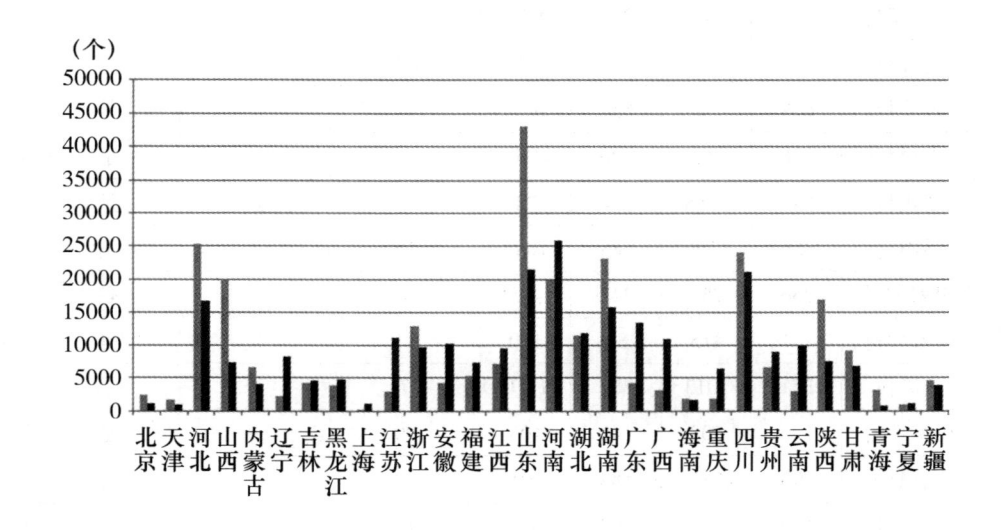

图 1-8　全国各省级地方千以上的村与千人以下的村数量比较（2014 年）[1]

表 1-6　鹤峰县容美镇各村人口、区位和交通情况（2015 年）[2]

村名	户籍人口 户数	户籍人口 人口数	实际在村人口 户数	实际在村人口 人口数	区位 离乡镇距离（公里）	交通 是否在主公路沿线	交通 是否通客运班线
张家村	480	1053	480	980	3	是	是
康岭村	558	1678	558	1478	3	是	是

[1] 根据《中国城乡建设统计年鉴》（2014）（中国统计出版社 2015 年版）数据绘制。
[2] 根据鹤峰县有关部门提供的数据制表。

续表

村名	人口 户籍人口 户数	人口 户籍人口 人口数	人口 实际在村人口 户数	人口 实际在村人口 人口数	区位 离乡镇距离（公里）	交通 是否在主公路沿线	交通 是否通客运班线
细柳城村	280	648	275	631	4	是	是
龙井村	767	1835	767	1720	1.5	是	是
容美村	639	746	639	1680	2	是	是
中村村	226	462	226	430	3	是	是
新庄村	546	1758	544	1780	4	是	是
屏山村	356	1796	288	1082	15	否	是
唐家铺村	256	751	242	408	7	否	是
张家坪村	131	415	85	180	11	是	是
庙湾村	351	1013	382	1510	7	否	是
杨柳坪村	176	503	140	403	20	是	是
八峰村	196	585	188	501	18	否	是
石门村	170	613	197	620	12	否	是
官坪村	203	688	180	688	14	否	是
彭家垭村	109	401	137	508	25	否	是
观音坡村	144	451	106	450	20	是	是
大溪村	344	1141	290	881	8	否	是
二果坪村	279	777	201	488	15	否	是
麻旺村	184	602	122	408	20	否	是
坪溪村	190	515	188	409	20	否	是
板辽村	115	361	108	332	24	否	否
祥台村	102	325	92	280	30	否	否
山崩村	68	205	61	144	12	否	否
奇峰村	133	430	122	350	14	否	是
长岭村	149	498	131	380	22	否	是

续表

村名	人口				区位	交通	
	户籍人口		实际在村人口		离乡镇距离（公里）	是否在主公路沿线	是否通客运班线
	户数	人口数	户数	人口数			
核桃湾村	271	893	255	547	26	否	是
朱家山村	96	347	81	201	38	否	是
大坪村	100	347	97	198	36	否	是
吕坪村	96	274	92	170	34	否	是
板凳台村	105	370	101	198	31	否	是

第三章
探索不同情况下村民自治的
有效实现形式[*]

2014年中央一号文件（中共中央、国务院《关于全面深化农村改革加快推进农业现代化的若干意见》）在"改善乡村治理机制"部分提出："探索不同情况下村民自治的有效实现形式，农村社区建设试点单位和集体土地所有权在村民小组的地方，可开展以社区、村民小组为基本单元的村民自治试点。"这是一个新提法，也是一个新问题，值得深入研究、进行讨论。

一 何谓"探索不同情况下村民自治的有效实现形式"？

这个问题可以从开展以社区为基本单元的村民自治试点谈起。目前全国全部304个农村社区建设实验县市区，在村委会与社区关系上，实行最多、占比最大的类型是"一村一社区"，即以各个村委会的地域范围为设置基础，一个村设立一个社区。有226个县市区实行了"一村一社区"，占实验县市区总数的76.09%。实行较少、占比较小的类型是"多村一社区"，即以相邻的两个及以上的村委会的地域范围为设置基础，多个村设立一个社区。有45个县市区实行了"多村一社区"，占实验单位总数的15.15%。实行最少、占比最小的是

---

[*] 本章以《论探索不同情况下村民自治的有效实现形式》为题，发表于《当代世界社会主义问题》2014年第2期。

"一村多社区"，即以自然村或村民小组为单位成立社区，一个村设立多个社区。有 21 个实验县市区实行了"一村多社区"，占实验单位总数的 7.07%（除此之外，还有两种社区建置类型："集中建社区"和"社区设小区"）。[1]

在大多数农村社区建设实验县市区，实际上不存在开展以社区为基本单元的村民自治试点的问题，因为实行"一村一社区"，社区范围与现行村委会的地域范围完全重合和同一。开展以社区为基本单元的村民自治试点，其实只在少数农村社区建设实验县市区，也就是实行"多村一社区"或"一村多社区"、社区范围与现行村委会的地域范围不一致的县市区，才有意义。而在实行"多村一社区"的县市区和在实行"一村多社区"的县市区，开展以社区为基本单元的村民自治试点，意义又有很大的不同，因为它们的方向正好相反，一个是扩大村民自治体的地域范围和人员数量，一个则是缩小村民自治体的地域范围和人员数量。

按照有关权威解读，"开展以农村社区为单元的村民自治试点"，"主要是指那些打破原有自治范围的农村社区（"多村一社区"的农村社区——引者注），要组成相应的村民自治组织，保障农村基层民主自治的实行"[2]。权威解读在此说的是"主要是指"，并未说"就是指"，这是否可以理解为那些未打破原有自治范围的农村社区（"一村多社区"的农村社区），也可以开展以农村社区为基本单元的村民自治试点呢？这可能是一个问题，但并不是问题的关键。

问题的关键在于，权威解读提出的之所以要在"那些打破原有自治范围的农村社区"，"开展以农村社区为单元的村民自治试点"的理由，与其解释的为什么要在集体土地所有权在村民小组的地方，开展以村民小组为基本单元的村民自治试点的目的，似乎恰好是相悖甚至是矛盾的。前者是因为"打破了原有村民自治单位的范围，建立统一的公共服务和社会管理平台"，后者则是"目的在于探索实现土地所有权、村民自治权的统一，推动基本公共服务的下沉"。

二者必居其一。如果认为集体土地所有权在村民小组的地方，只有使村

---

[1] 参见民政部基层政权和社区建设司编《中国农村社区发展报告（2009）》，西北大学出版社 2011 年版，第 8—11 页。

[2] 中央农村工作领导小组办公室 张建军：《构建中国特色的乡村社会治理机制》，《农民日报》2014 年 2 月 24 日第 1 版。

民自治"下沉",以村民小组为基本单元搞村民自治,达至土地所有权与村民自治权的统一,才能落实村民自治,有效实现村民自治,那么不仅集体土地所有权在村民小组的地方,而且集体土地所有权在村委会的地方,都不能使村民自治"上升",打破原有村民自治单位的范围,以社区为基本单元搞村民自治。如果认为打破原有村民自治单位的范围,以社区为基本单元成立村委会,也可以落实村民自治,有效实现村民自治,那么就不能断言只有在土地所有权与村民自治权统一的情况下才能搞好村民自治。

或许复杂的解释会使问题更复杂,简单的解释反而会使问题变简单。以社区为基本单元的村民自治和以村民小组为基本单元的村民自治,本身并不是村民自治的两种有效实现形式,而是村民自治的两种不同情况。探索不同情况下村民自治的有效实现形式,主要也就是探索在这两种不同的情况下,采取什么样的形式,可以使村民自治得以有效实现。

二 为何开展以村民小组为基本单元的村民自治试点?

通过对全国各地情况的了解,如果判断没有错误的话,那么可以肯定,开展以村民小组为基本单元的村民自治试点,应当是在总结或主要总结广东省清远市经验的基础上提出来的。

清远在2012年即已提出,推进村民自治下移,积极探索完善村民自治的有效途径。具体做法是:将现有的"乡镇—村—村民小组"调整为"乡镇—片区—村(原村民小组或自然村)"的基层治理模式。在乡镇以下根据面积、人口等划分若干片区建立党政公共服务站,作为乡镇派出机构,承办上级交办的工作、开展公共服务和为群众提供党政事项代办服务,由县镇统筹管理和开支。工作人员原则上从辖区内现有村"两委"成员中选取,乡镇按照岗位要求,制定标准和条件进行选拔和录用。在片区下以1个或若干村民小组(自然村)为单位设立村委会,开展村民自治,所需经费由村民会议通过筹资筹劳解决。简单地说,大体上也就是,原村委会改为乡镇派出机构——党政公共服务站,原村民小组改为村委会。

按照清远市委市政府的意见,这项工作在2013年8月即应全面推开,今年进行的村委会换届选举，就不再以原村委会为单元，而是以村民小组为单元，原村委会改为党政公共服务站。我们在佛冈县水头镇新联村看到已经上墙挂好的党政公共服务站的全套牌匾（包括党政公共服务站工作人员构成及职务、党政公共服务站职责、党政公共服务站工作制度、党政公共服务站代办制度、党政公共服务站代办项目一览表、党政公共服务站办事流程图等），还看到已经配备齐全的党政公共服务站的办公设施（包括柜台、电脑、桌椅等）。见到这些，我们以为该村原村委会已改为党政公共服务站，但被告知原要改的，后又喊停，实际未改，现在仍是村委会。问为何停了，说是县上通知，具体原因不清楚。

到目前为止，我们不清楚清远市为什么未按照原来市委市政府意见的时间安排推进这项工作，我们知道的是清远市已经在英德市的西牛镇、连州市的九陂镇、佛冈县的石角镇进行了试点。西牛镇原有 12 个村委会，改革后成立了 130 个村委会；九陂镇原有 13 个村委会，改革后成立了 154 个村委会；石角镇原有 17 个村委会，改革后成立了 106 个村委会，其中的冈田村，改革后一村变十七村，成立了 17 个村委会。

清远的这个改革，名为社会治理创新，但给我们"似曾相识燕归来"的感觉。大家知道，在农村基层治理和村民自治发展的过程中，大多数省份的大多数地方都是在原生产大队这个层次设立村委会，在原生产小队这个层次成立村民小组；也有个别省份曾经在生产大队这个层次设立了乡镇的派出机构——村公所（广西、云南）或管理区办事处（广东）。随着村委会组织法的正式实施和全面贯彻，村公所和管理区办事处先后被撤销，在村公所或管理区办事处的管辖范围成立了村委会。当时认为，在村公所或管理区办事处的体制下，管理层次过多，农民办事难，效率低；干部数量多，增加了农民负担；村委会设在自然村，规模小、难办公益事业；自然村大都没有党支部领导核心，无共青团、妇联、民兵组织配合，村委会难以发挥应有作用。撤销村公所或管理区办事处，减少了管理层次；扩大村委会的范围，有利于社区资源的合理配置和兴办公益事业，有利于精简村干部职数，提高村干部待遇。现在清远的改革，即便不是全部也在很大程度上恢复了广东过去管理区办事处的体制模式，与其说是创新，不如说是回流或回归。当初人们针对管理区办事处提出的问题，现在即便不是全部也在很大程度上存在。

清远改革的主要理由或主要理由之一，是要使村民自治的重心下移，使村民自治落到实处,使村民自治得以有效实现。在我们看来,这一理由不能成立。村民自治的组织和活动形式有很多,包括村民会议、村民代表会议、村委会(及人民调解、治安保卫、公共卫生与计划生育等委员会)、村务监督委员会、村民小组会议、选举村委会、推选村务监督委员会、推选村民代表、推选村民小组长等。不能将村民自治与村委会直接、简单地画等号。不是说在村民小组这个层次只有成立村委会,才能把村民自治落到实处;开好村民小组会议,对村民小组有关的问题充分地进行民主协商、民主决策,同样也可以使村民自治得以有效实现。反过来说,在村民小组这个层次设立村委会,如果不充分发扬民主,由全体或多数村民决定村里的大事小情,也同样不能把村民自治落到实处。在现有的村组架构下,既做好村级民主,又做好组级民主,才是应当努力的方向。倒是将原村委会改为党政公共服务站,原村委会范围的公共事务和公益事业不再成为村民自治的事项,村民自我管理、自我教育、自我服务、民主选举、民主决策、民主管理、民主监督的范围会大大缩小、层次会大大降低。彭真同志当初在设想村民自治、政治民主发展的路径时曾经预想:"有了村民委员会,农民群众按照民主集中制的原则,实行直接民主,要办什么,不办什么,先办什么,后办什么,都由群众自己依法决定,这是最广泛的民主实践。他们把一个村的事情管好了,逐渐就会管一个乡的事情;把一个乡的事情管好了,逐渐就会管一个县的事情,逐步锻炼、提高议政能力。"[①] 这是一个由下至上、范围不断扩大的过程。清远的改革反其道而行之,民主不是往上走而是往下沉,不是扩大范围而是缩小范围,这与彭真同志 20 多年前设想的方向恰好是相反的。

　　清远改革的主要理论依据或主要理论依据之一,是认为现行的行政村范围大、人口多,村民之间难以形成利益共同体。而村民小组(自然村)群众之间有直接的利益关系,参与公共事务管理的利益驱动力更强,作为自治单位的基础也更加牢固。我们认为,这种看法似可商榷。利益共同体有大有小,有紧密、有疏松。行政村村民之间的联系,或许没有自然村村民之间的联系那样紧密,但不等于说只有自然村的村民才构成一个利益共同体,行政村的村民就不能构成一个利益共同体。集体土地所有权在村民小组的地方,村民

[①] 彭真:《通过群众自治实行基层直接民主》,载《彭真文选(一九四一——一九九〇年)》,人民出版社 1991 年版,第 608 页。

小组的村民之间可能有更多的经济利益联系，但不等于说，在公共事务和公益事业等上面，行政村的村民之间就没有利益联系了。其实，在土地承包到户且长久不变的情况下，集体土地所有权在村民小组的地方，一个村民小组内部村民之间经济上的联系，并不一定大于不是一个村民小组的村民之间通过经济合作社、专业合作社所建立的联系；在土地使用权流转的情况下，集体土地所有权在村民小组的地方，一个村民小组内部村民之间通过土地所有的联系，也很有可能会减小和削弱。利益联系紧密，由此所带来的自治事务可能比较多；利益联系松散，由此所带来的自治事务可能比较少，但这并不能推论出：只有利益联系紧密，才能搞自治，才能搞好自治。就我国基层治理建构而言，基层群众自治体与居民利益共同体有一定的关系，但并没有十分严密的直接对应关系。如果一定要强调只有在十分紧密的利益共同体的基础上，才能建立基层群众自治体，才能搞基层群众自治，才能搞好基层群众自治，那么必会得出这样的结论：城市居委会既没有理由产生，也不应当存续；城市居民自治既不能搞，更搞不好。有调查表明，如果不把居委会选举和村委会选举计入测度的范围[1]，在总体上，城市居民的自治参与水平要高于农村村民的自治参与水平，城市居民对居委会的满意度比农村村民对村委会的满意度要高。[2] 这至少说明，利益联系的紧密不一定是搞好基层群众自治的先决必要条件。更为重要的是，"设立村委会的村既是乡镇以下的区域划分单位，也是法定的建制单位。尽管宪法和村委会组织法均规定，村委会是基层群众性自治组织，但这种自治组织并不是基层群众想设立就设立、想不设立就不设立的与国家无关的自组织，而是国家宪法和法律规定必须设立的组织。村民自治共同体不是村民想参加就参加、想不参加就不参加的完全意志自由、意思自治的共同体，而是村民自出生即为其当然成员的共同体，是国家将村民组织起来的共同体。设立村委会是在农村基层进行现代国家建构的一项重要内容，设立村委会的村的建制是农村基层建制的一个重要方面"[3]。村委会

---

[1] 居委会选举除有居民直接选举的方式外，还有居民代表选举和户代表选举的方式，因此总体而言，在居委会选举中居民的参与水平，肯定会比只实行村民直接选举的村委会选举中的村民参与水平要低。

[2] 参见史卫民《问卷调查反映的当前村民自治情况》，载徐勇主编，邓大才等著《中国农村村民自治有效实现形式研究》，中国社会科学出版社2015年版，第62—87页。

[3] 唐鸣、徐增阳：《什么村民？什么村？》，《河南师范大学学报》（哲学社会科学版）2010年第3期。

设置的地域，关乎国家的建构，关乎国家的治理，不能仅从村民利益的远近、感情的亲疏、文化的异同这个较为狭小的视角来观察和考虑问题。

清远改革的合法性论证，是说村委会组织法并未规定村委会不能建立在自然村，而且村委会组织法（试行）曾经规定，村委会一般设在自然村。的确，村委会产生之初，是设在自然村。村委会组织法（试行）草案曾经直接规定，村委会设在自然村，后在全国人大常委会审议讨论过程中，改为村委会一般设在自然村。然而，正是考虑到在村民自治的发展过程中，全国大多数地方的村委会都设立在原生产大队也就是所谓行政村，这一规定在村委会组织法成为正式实施的法律时即已被取消。村委会组织法曾经只是规定，村委会设立的原则是便于群众自治。如果仅仅从便于群众自治、直接民主的角度来考虑问题，那么村庄的规模可能越小越有利于群众自治的实行和直接民主的实现。经过修改的村委会组织法，之所以把有利于经济发展和社会管理与便于群众自治并列为村委会设立的原则，正是要求对这两个方面予以综合考虑，同时也是为村委会设在行政村乃至"合村并组"提供法律依据。因此，在这点上，清远改革并不完全符合现行村委会组织法的立法精神。另外，清远规定以村民小组为单位设立的村委会，其成员要签承诺书，承诺不要政府补贴，所需经费通过筹资筹劳解决。这与村委会组织法的规定也不完全吻合。按照村委会组织法的规定，对村委会成员应当给予补贴，但这方面的经费并非通过筹资筹劳来解决，村委会办理本村公益事业所需的经费，才由村民会议通过筹资筹劳来解决。

总之，在我们看来，清远改革的理由、依据，即开展以村民小组为基本单元的村民自治试点的理由、依据，并不是很充分、确实。

三 全面实行以村民小组为基本单元的村民自治会怎样？

根据权威统计，目前中国农村的耕地，约有90%左右所有权在村民小组。[1]

---

[1] 参见《陈锡文解读自然村试点村民自治前景》，2014年1月22日，财新网，https://china.caixin.com/2014-01-22/100632335.html。

第三章　探索不同情况下村民自治的有效实现形式　43

这也就是说，按照一号文件的文本规定，在大多数农村地方，都可以开展以村民小组为基本单元的村民自治试点。

对此，有关的权威解释说，开展以村民小组为基本单元的村民自治试点，是针对山区、丘陵地区这样一些特定的地区而言的，试点也不是要全部展开。① 然而，文件本身并没有作这样的限制，人们完全可以、很有可能根据自己的想法对文件的规定做不同的理解。况且从各地县市区的情况来说，其内部很可能包括不同的地形地貌，既有山地、丘陵，也有河谷、平原，如果严格限制在山区、丘陵地区搞试点，那么同一个县市区甚至乡镇，就有可能出现不同的村民自治的组织形态，有的以村民小组为基本单元，有的仍以现行的村委会为基本单元。这必然会给乡村关系、政府管理、社会治理增加很多复杂的因素，是明智的乡镇或县市区领导人所不愿意看到的。

所以，在同一个乡镇或同一个县市区，最有可能出现的情况是，一旦开展以村民小组为基本单元的村民自治试点，就不会以山区、丘陵地区为限。事实上，先行探索的清远市，情况正是如此。清远一半以上地域是山区，以山地、丘陵为主，但不是没有平原，北江两岸的南部地区分布有相当面积的平原。清远并没有把探索的步伐限制在山区、丘陵地区，从一开始就是打算全面进行、普遍展开的。②

更进一步地讲，既然是试点，就不会止于试点，就会有由点至面的必要和可能，不然的话，为什么称之为试点呢？试点又有什么意义呢？

探索应当允许，创新应当鼓励，但任何探索和创新，都应当坚持合理性、合法性。试点有风险，试错有代价，不应当不顾风险和代价，试了再说，干完才罢，而应当在干之前、试之前，论证可行、评估风险、权衡利弊、计较得失。

如全面实行以村民小组为基本单元的村民自治，便会使全国村委会及其

---

① 参见《陈锡文解读 2014 年一号文件全文实录》，2014 年 1 月 22 日，财新网，https://china.caixin.com/2014-01-22/100632019.html。

② 2012 年 11 月 26 日印发的中共清远市委清远市人民政府《关于完善村级基层组织建设推进农村综合改革的意见（试行）》要求："2013 年 2 月至 7 月，各县（市、区）选择 1 个或以上乡镇开展完善村级基层组织建设推进农村综合改革试点工作；2013 年 8 月起，全面铺开完善村级基层组织建设推进农村综合改革工作；到 2014 年村'两委'换届后，基本形成以村党组织为核心，基层自治组织、农村经济组织相结合的设置合理、功能完善、作用突出的村级基层组织体系。"

成员的数量爆炸式地增长，村委会由现在的 58 万多个，翻 8 倍为 469 万多个①；村委会成员由现在的 232 多万名②，翻 6 倍为 1407 万多名（按每个村委会最少 3 个成员算）。不说村委会的运行经费，单算村委会成员的补贴，就要翻 6 倍。说起来像是笑话，其实不是，村的数量大量增加，村名也许也要相应地增加，在一个自然村有几个村民小组从而设立几个村委会的地方，怎么新起村名可能也会成为一个问题。

如全面实行以村民小组为基本单元的村民自治，便会使全国平均每个乡镇③所辖村委会的数量大幅增加，由现在的 17 个左右，增加至 140 多个。虽然乡村关系不是领导与服从的关系，而是指导与协助的关系，但在乡镇政府所指导的村委会的数量大幅增加的情况下，乡镇政府如欲较好地履行自己的指导职责、完成自己的指导任务，必要分片管理，增设派出机构。这不仅会增加管理的层次，而且也会大幅度增加管理的成本。

可能有人会讲，上述说法夸大其词、言过其实，现在提的只是试点，只是在很小的范围、特定的地区进行试点，并未要求全面推开，所以不可能发生上述情况，出现上述问题。我们虽然相信，从全国来看，不会发生这样的情况，但仍然认为，试想一下有可能出现的问题，对于防患于未然，仍然是有意义的。

四 如何探索不同情况下村民自治的有效实现形式？

因此，探索不同情况下村民自治的有效实现形式，既要大胆，又要谨慎；既要创新，又要依法；既要勇于突破，又要循序渐进；既要尊重群众创造，又要把握前进方向。

第一，探索不同情况下村民自治的有效实现形式，要以宪法和法律为行为规范。依法治国是党领导人民治理国家的基本方略，依法自治是基层群众

---

① 截至 2012 年底，全国共有村委会 58.8 万个，村民小组 469.4 万个。
② 截至 2012 年底，全国共有村委会成员 232.2 万名。
③ 截至 2012 年底，全国共有乡镇 3.3 万个。

自治有序进行的基本保障。依法办事则安,违法而行则乱。离开了明确的规范、完善的程序和稳妥的步骤,广泛参与、大规模进行的基层群众自治活动,轻则失序脱轨,重则混乱不堪。村民自治的法律、法规和规章,是在总结群众创造成功经验的基础上制定而成的。尊重和维护国家法律的权威性与严肃性,本身也是对长期实践积累的经验的吸取和遵循。过去的实践已被证明是不成功的做法,今天又拿出来搞,难以避免不出现今天搞一套、明天搞一套,折腾来、折腾去,"翻烧饼"的情况。应当看到,经过多年的实践和努力,以宪法规定为根本、村委会组织法为基础、省级村委会组织法实施办法和村委会选举办法为主干、关于村民自治的国务院部门规章和地方政府规章为补充的村民自治法律体系已初步形成,这是村民自治得以有效实现的基本法律框架。尽管村民自治发展到今天,还不能说法制已经完备,而且随着实践的发展,出现了许多新的情况和新的问题,现有的法律法规难以或无法规范,由此影响了村民自治已有成果的巩固和向前进一步的发展[1],但是,这绝不意味着我们可以直接撇开现有的法律规定,另搞一套。尊重法律、遵守法律,不是说我们只遵守自己认为适当的法律,我们认为不适当的法律就可以不遵守,而是无论是否适当,只要是现行有效的法律都必须尊重和遵守。凡是突破现有法律规定的"改革""创新",都应当立足于法律的修改和完善,只有这样,改革才能稳妥,创新才会巩固。

第二,探索不同情况下村民自治的有效实现形式,要以统筹城乡发展、城乡一体化为努力方向。作为我国基本政治制度的基层群众自治制度带有城乡分立的色彩、二元结构的烙印。虽然宪法对城乡基层群众性自治组织居民委员会和村民委员会的组成、产生方式、与基层政权的关系、下设机构、职责任务的规定完全相同,但在宪法具体化的过程中,也就是在制定村委会组织法和居委会组织法的过程中,城乡基层群众自治制度却产生了很大的分野。[2] 对农村和城市基层群众性自治组织分别立法的方式,既反映了我国城乡二元结构的状况或现状,同时也在法律上固化了这种二元结构的状况或现

---

[1] 参见唐鸣等《草根民主的法律规制——村民自治面临的新问题及法律制度建设》,中国社会科学出版社 2013 年版,第 1 页。

[2] 参见唐鸣《城镇化背景下基层民主的发展——对居委会组织法修改的一点意见》,《探索与争鸣》2013 年第 11 期。

状。① 着眼于统筹城乡发展、城乡二元结构的改变和城乡一体化，无论是村民自治的法律和制度，还是居民自治的法律和制度，都应当相应逐步发生改变。大的方向是建立城乡统一的居民自治制度，从而在基层群众自治领域实现城乡一体化。目前，撇开其他一些操作和技术的细节，村民自治与居民自治最主要的区别，其实也就是，受农村集体所有土地制度的影响，农村村民的村民资格的界定，除户籍因素（户籍在本村）还有产权因素（系本村集体经济组织的成员），城市居民的居民资格的界定，则只有户籍因素；村委会往往充当了集体所有土地所有权的代表者，行使着集体土地所有者的一些权能，居委会则没有这一方面的权能。随着经济体制改革的深入，农村集体经济股份合作的发展，农业经营方式的创新，农村产权交易市场的建立以及农民土地承包经营权的流转，政经分离的实现，农村村民的村民资格与集体经济组织成员的资格终将分离，村委会也终将不再充当集体土地所有权的代表者，不再行使集体土地所有者的一些权能。随着户籍制度改革的推进，不以传统的户籍状况认定居民，而以居住状况认定居民的制度终将建立。居住因素将是影响甚或决定城乡统一的居民自治的最主要的因素。我们应当顺应这样一个趋势，探索不同情况下村民自治的有效实现形式，而不是回过头来，仍然强调村民自治的自治单元与集体土地所有权范围的同一。

第三，探索不同情况下村民自治的有效实现形式，要以推进国家治理体系和治理能力现代化为改革目标。2013年11月12日党的十八届三中全会通过的《关于全面深化改革若干重大问题的决定》，把推进国家治理体系和治理能力现代化确立为全面深化改革的总目标。探索不同情况下村民自治的有效实现形式，不能背离这个总目标。我们要立足于国家治理体系和治理能力这个大的格局，来探索不同情况下村民自治的有效实现形式，不能脱离国家治理，狭隘和片面地强调村民自治。应当认识到，便于群众自治只是确定村民自治单元的一个方面的原则，有利于政府治理是确定村民自治单元需要考虑的另一方面的重要原则。村民自治的有效实现形式，应当是政府治理和村民自治有效衔接和良性互动的形式。我们要面向推进国家治理体系和治理能力现代化，来探索不同情况下村民自治的有效实现形式，不能脱离现代化，发"思古之幽情"，总想回到过去，回归"传统"，以"熟人社会"框定村民自

---

① 参见唐鸣《关于完善村民自治法律体系的两个基本问题》，《法商研究》2006年第2期。

治的范围，以家户作为村民自治权的基本主体，以传统的乡风民俗作为村民自治的基本规范。必须看到，虽然"星星还是那个星星，月亮还是那个月亮。山呀还是那座山，梁也还是那道梁"，但农村的社会状况已经发生了剧烈、巨大和深刻的变化。聚族而居的传统逐渐被四处奔走的现实所取代，"熟人社会"已然被"半熟人社会"乃至陌生人社会所替换。宗族观念日渐消逝，家庭观念也大不如前，取而代之的是不断增强的个人权利意识和观念。传统的乡风民俗尽管还有遗存，但对人们行为的约束力早就所剩无几。在乡间道路上骑着摩托车的村民，在田地里打手机的村民，没事在家看电视甚至上网的村民，均为在现代化道路上奔跑的村民。必须面对和适应这样一个大的现实，创新村民自治，探索村民自治的有效实现形式，着眼于农村基层社会治理创新，推进国家治理体系和治理能力现代化。

第四章

以村民小组或自然村为基本单元的村民自治[*]

开展以村民小组或自然村为基本单元的村民自治试点，是2014年中央一号文件首次提出来的，也是这之后从2015年到2018年连续4年中央一号文件都规定了的任务。这5份文件对"开展以村民小组或自然村为基本单元的村民自治试点"的表述分别为"探索不同情况下村民自治的有效实现形式，农村社区建设试点单位和集体土地所有权在村民小组的地方，可开展以社区、村民小组为基本单元的村民自治试点"；"在有实际需要的地方，扩大以村民小组为基本单元的村民自治试点，继续搞好以社区为基本单元的村民自治试点，探索符合各地实际的村民自治有效实现形式"；"在有实际需要的地方开展以村民小组或自然村为基本单元的村民自治试点"；"开展以村民小组、自然村为基本单元的村民自治试点工作"；"继续开展以村民小组或自然村为基本单元的村民自治试点工作"。

依照中共中央办公厅国务院办公厅2016年10月1日印发的《关于以村民小组或自然村为基本单元的村民自治试点方案》，北京市密云区穆家峪镇辛安庄村等18个县（市、区）的24个村（村民小组、自然村、屯），经各地申报，省级审核，民政部会同中央组织部、中央农办、国家发展改革委、财政

---

[*] 本章以《从试点看以村民小组或自然村为基本单元的村民自治——对国家层面24个试点单位调研的报告》为题，发表于《中国农村观察》2020年第1期，被人大复印报刊资料《中国政治》2020年第4期全文转载。

部、农业部研究，被确认为国家层面的试点单位。[①] 根据 2016 年 12 月 7 日民政部办公厅、中央组织部办公厅、中央农办二局、国家发展改革委办公厅、财政部办公厅、农业部办公厅印发的《关于报送以村民小组或自然村为基本单元的村民自治试点单位的通知》（民办函〔2016〕398 号）规定的试点时限，试点工作从 2016 年 12 月起，到 2017 年 12 月底止。2019 年中央一号文件未再提开展或继续开展以村民小组或自然村为基本单元的村民自治试点工作一事。为较为客观地分析总结既往，较为稳妥地选择把握未来，有必要对已经进行的试点作较为全面深入的调查和研究。2019 年 3 月至 6 月，我们在有关部门的指导和支持下，组织近十所高校和科研单位的人员，主要以实地考察（包括观察、座谈、访谈）的形式对国家层面的 24 个试点单位进行了调研。本章即是这次调研的报告。

一　以村民小组或自然村为基本单元村民自治的试点情况

1. 试点单位情况

24 个试点单位分布在全国 12 个省、自治区、直辖市，既有东部的，也有中、西部的；既有南方的，也有北方的。其中，广东有 6 个，黑龙江有 4 个，北京、广西、四川、云南各有 2 个，上海、安徽、湖南、贵州、甘肃、宁夏各有 1 个。具体村、屯、组名如表 4-1 所示：

表 4-1　　　　　　　　　　24 个试点单位的分布

省份	县/市/区	乡/镇/村/屯/组
北京市	密云区	穆家峪镇辛安庄村
	延庆区	千家店镇千家店村
黑龙江省	延寿县	加信镇新建村
	方正县	大罗密镇中兴村

[①] 于此时间前后，在省级层面，有江苏、安徽、湖北、湖南、广西、重庆、贵州、甘肃等地共计 3172 个行政村、26175 个自然村（村民小组），由省级自行部署，列为试点单位。

续表

省份	县/市/区	乡/镇/村/屯/组
黑龙江省	铁力市	王杨乡建设村
	望奎县	后三乡正蓝前三村
上海市	金山区	吕巷镇夹漏村
安徽省	全椒县	石沛镇大季村
湖南省	浏阳市	大瑶镇杨花村
广东省	英德市	西牛镇小湾村
		西牛镇花塘村
	连州市	九陂镇四联村
		九陂镇白石村
	佛岗市	石角镇冈田村
		石角镇三八村
广西壮族自治区	贵港市覃塘区	大岭乡金沙村
		覃塘镇龙凤村平田屯
四川省	宜宾市叙州区	柏溪镇少峨村
		安边镇治和村
贵州省	威宁彝族回族苗族自治县	石门乡团结村二组七里冲自然村
云南省	洱源县	茈碧湖镇永兴村吉莱自然村
		牛街乡福和村北村自然村
甘肃省	瓜州县	布隆吉乡布隆吉村
宁夏回族自治区	盐池县	花马池镇高利乌素村井沟组

试点单位所处地理环境多种多样，既有平原、丘陵，又有山区、半山区，还有草原。位于山区、丘陵的是大多数，地处平原、草原的也不少。许多试点单位地域广阔，不同村民小组或自然村之间相距较远，有的村民小组或自然村距村民委员会办公地较远。福和村村域面积40.81平方公里，其北村自然村距村民委员会驻地6公里；正蓝前三村村域面积23.8平方公里，村民委员会办公地距离最远的屯4公里以上；中兴村系2001年由原中兴村、高楞村、东南村3村合并而成，村民委员会设在原中兴村，与原高楞村距离5公

里，与原东南村距离 3 公里；千家店村村域面积 22 平方公里，东西长 10 公里，南北长 3 公里，村民委员会办公地与最远的 3 个自然村的距离，小户岭为 5 公里，石湖为 4 公里，大户岭为 3.5 公里；七里冲自然村是团结村地理位置最偏僻、海拔最高的自然村，海拔 2800 米，四面环山，距石门乡政府所在地 17 公里，距村民委员会所在地 8 公里。也有个别试点单位并无居住分散的问题，村民是集中连片居住在一起的，如辛安庄村 3 个村民小组连成一片，整个行政村虽分为 3 个村民小组，但其实是 1 个自然村。

多数试点单位整体经济状况较差，这既包括宁夏、甘肃、云南、贵州等西部省份的试点单位，也包括广东这个东部省份的试点单位。部分试点单位整体经济状况较好，比如北京、上海的试点单位，还有安徽、四川、广西的试点单位。多数试点单位以种植业为主，有几个试点单位（少峨村、治和村、千家店村、辛安庄村）以旅游业为主或旅游业在其经济收入中占相当大的比重。有的试点单位（大季村）完成了土地流转，大部分村民在入驻的现代农业企业务工。不少试点单位的村民以外出务工为主要或重要经济来源，金沙村外出务工人员占劳动力总数 2/3 以上；龙凤村全村 6750 人，外出务工 2092 人，占劳动力总数的 51%；高利乌素村全村 780 人，外出务工 420 人，占全村总人口的 58.4%。因为外出务工人员众多，有的村户籍人口与常住人口之间相差较大，如新建村户籍人口有 767 户、2093 人，常住人口只有 410 户、1117 人，接近一半的村民不在本村居住。

试点单位人数多少不一，具体情况分别见表 4-2 和表 4-3：

表 4-2　　　　　　　　各行政村试点单位的人口数量

人数范围	村	人数
5000 以上	杨花村	5345
	金沙村	5165
4000—5000	正蓝前三村	4448
	三八村	4380
	大季村	4227
3000—4000	中兴村	3808
	花塘村	3736

续表

人数范围	村	人数
3000—4000	四联村	3678
	冈田村	3505
2000—3000	小湾村	2930
	白石村	2763
	夹漏村	2378
	治和村	2175
	新建村	2093
2000 以下	建设村	1804
	布隆吉村	1772
	千家店村	1417
	少峨村	1256
	辛安庄村	962

表 4-3　　　　各自然村或村民小组试点单位人口数量

自然村或村民小组	人数
龙凤村平田屯	489
永兴村吉菜自然村	284
福和村北村自然村	191
团结村二组七里冲自然村	168
高利乌素村井沟组	149

　　行政村试点单位按所辖村民小组或自然村多少排序分别为：金沙村（6 个屯、38 个村民小组，最大的屯有 18 个村民小组，最小的屯有 3 个村民小组）、大季村（33 个村民小组）、三八村（30 个村民小组）、花塘村（25 个村民小组）、夹漏村（21 个村民小组）、白石村（20 个村民小组）、杨花村（19 个村民小组）、四联村（18 个村民小组）、冈田村（17 个村民小组）、千家店村（12 个自然村）、小湾村（12 个村民小组）、少峨村（10 个村民小组）、布隆吉村（2 个自然村、9 个村民小组，布隆吉自然村 6 个村民小组，潘家庄自然

村3个村民小组)、治和村(8个村民小组)、中兴村(7个自然屯、1个新型农村社区)、正蓝前三村(6个自然屯)、新建村(6个村民小组)、辛安庄村(3个村民小组)、建设村(2个自然屯)。自然村试点单位,有的是1个自然村分几个村民小组,如永兴村吉菜自然村有3个村民小组,福和村北村自然村有2个村民小组;也有的1个村民小组即1个自然村,如团结村二组七里冲自然村。

2. 主要做法

24个试点单位的试点做法,大体上可以分为两类,一类为改变现有村民委员会设置格局,撤销原行政村村民委员会,在村民小组或自然村设立村民委员会;另一类为保持现有村民委员会设置格局不变,不撤销行政村村民委员会,在村民小组或自然村或"片区"① 增设村民理事会等组织。

改变现有村民委员会设置格局的具体做法有两种,一种是在村民小组设立村民委员会,新村民委员会下不设村民小组,比如广东清远的6个村;另一种是在自然村设立村民委员会,自然村改为行政村,因自然村下本就有数个村民小组,所以新村民委员会仍下设村民小组,比如甘肃瓜州布隆吉村。

广东清远6个村的做法是该市前期改革试点的延续。2012年11月,清远印发了《关于完善村级基层组织建设推进农村综合改革的意见(试行)》,提出推进村民自治下移,将现有的"乡镇—村—村民小组"调整为"乡镇—片区—村(原村民小组或自然村)"的基层治理模式,原村民委员会改为乡镇派出机构——片区公共服务站,在片区下以1个或若干村民小组(自然村)为单位设立村民委员会。2013年10月开始,清远选择英德市西牛镇、连州市九陂镇、佛冈县石角镇作为"深化村建工作试点镇",重点推进试点工作。分属这3个镇的6个村正是在这一过程中改变了面貌,具体情况见表4-4:

表4-4　　　　　　　　　清远6个村的变化情况

县/市/镇	村	变化
英德市西牛镇	小湾村花塘村	建立了2个党政公共服务站和党总支,将原37个村民小组调整为24个村民委员会,对应成立24个党支部、24个村民理事会,并建立37个经济合作社。

---

① 这里所说的"片区",是指行政村下辖的几个组成部分,各部分大多数有几个村民小组,个别为1个村民小组。

续表

县/市/镇	村	变化
连州市九陂镇	白石村	成立了白石片区服务站和党（总）支部，以白石原 20 个村民小组为基础成立了 20 个村党支部、村民委员会、村务监督委员会和村民理事会。
	四联村	成立了四联片区服务站和党（总）支部，以原四联 18 个村民小组为基础成立了 18 个村党支部、村民委员会、村务监督委员会和村民理事会。
佛冈县石角镇	三八村	建立了社会公共服务站，以自然村为单元设立 6 个党支部、6 个村民委员会。
	冈田村	建立了社会公共服务站，以原村民小组为单元设立 17 个党支部、17 个村民委员会。

清远的这 6 个村，最少的 1 村变 6 村，最多的 1 村变 20 村，总共变成了 85 个村，每个村民委员会所辖的人口和耕地都大幅度减少。如原白石村总人口 3678 人，总耕地面积 3201 亩，1 村变 20 村后，每个村民委员会平均所辖的人口为 184 人，耕地面积为 160 亩；原四联村总人口 2763 人，总耕地面积 1252 亩，1 村变 18 村后，每个村民委员会平均所辖的人口为 154 人，耕地面积为 70 亩。

清远的这种做法，与整个广东村民自治发展变化的过程有一定的关系，其实是历史的复原或回归，实际是将村民委员会重新建立在原人民公社时期生产小队的基础上。20 世纪 80 年代初产生于广西宜山、罗城等地的村民委员会开始是以生产小队（自然村）为基础建立的，但之后在全国推广的过程中，普遍或绝大多数建立在了生产大队的基础上，并且基本固定了下来。广东的村民委员会曾经也建立在生产大队的基础上，但后来有反复有变化。1989 年，广东决定在农村进行"两改"，将建立在生产大队基础上的村民委员会改为管理区办事处，作为乡镇的派出机构；将建立在生产小队基础上的村民小组改为村民委员会。为适应这一改变，1991 年，广东还专门以省政府的名义发布了《广东省农村管理区办事处暂行规定》。1998 年，广东发布了《关于理顺我省农村基层管理体制的通知》，宣布省委省政府决定撤销管理区办事处，设立村民委员会；规定撤销管理区办事处后，原则上在管理区（原生产大队）范围设立村民委员会，在自然村（或原生产队）范围设立村民小组。现在清远的做法，与1989年至1998年间广东农村基层管理体制的总体状况没有实质上的差别，只不过以前是以加强农村行政管理的名义，现在是以完善农村村民自治体系、探索村民自治有效实现形式的名义。

从改变现有村民委员会设置格局，撤销原行政村村民委员会来说，甘肃瓜州布隆吉村与广东清远的做法好像有些相同，但这只是表面现象，其实二者完全不同：广东清远6个村是把原村民委员会改成了乡镇派出机构——片区公共服务站，在村民小组或自然村范围设立村民委员会，使村民委员会重新建立在了原人民公社时期生产小队的基础上；甘肃瓜州布隆吉村是将原合并的两个行政村重新分设，新设的村民委员会仍然是建立在原人民公社时期生产大队的基础上。所以，甘肃瓜州布隆吉村的试点做法，根本不是也不可能是对广东清远的学习、借鉴和模仿。2017年6月20日前的布隆吉村，是在2004年根据《安西县农村乡镇合村并组工作和事业单位改革的指导意见》的精神，按照县委县政府的总体部署和合村并组的工作要求，由1984年设立的布隆吉村和潘家庄村（两村均在原人民公社生产大队基础上设立）合并而成，被合并的两村成为其下辖的两个自然村——布隆吉自然村和潘家庄自然村。2017年，因两个自然村相距较远（相距2.5公里），自然布局分散，灌溉水系不同，村民互相认同感不强，行政村管辖范围过大，不利于村级事务管理和村民共同协商议事，村级基础设施和公共服务难以有效共享，村民办事存在诸多不便，为便于村民自治和村务管理，进行了以自然村为基本单元的村民自治试点工作。2017年6月20日，在布吉隆自然村设立新的布吉隆村，在潘家庄自然村设立新的潘家庄村。按照《中国共产党农村基层组织条例》，建立新的布隆吉村党支部和潘家庄村党支部。根据《甘肃省实施〈中华人民共和国村民委员会组织法〉办法》的有关规定，选举产生布隆吉村村民委员会和潘家庄村村民委员会。两村各选举村民委员会主任1名、副主任2名、委员4名，并同步选举产生布隆吉村村务监督委员会和潘家庄村村务监督委员会。布隆吉村在整个以村民小组或自然村为基本单元的村民自治试点中是一个特例，因为过去合的两个村现在分，不以试点的名义同样可以进行。当然，在全国合村比较普遍、分村很少进行的形势下，试点为分村提供了特别的根据和理由。

保持现有村民委员会设置格局不变的具体做法也有两种，一种为在村民小组或自然村建立村民理事会等组织，另一种为在"片区"建立村民理事会等组织。

多数试点单位都是在村民小组或自然村建立村民理事会等组织，其共同之处主要有：在村民小组或自然村建立党小组或党支部、村民理事会、村民监事会或村民监督小组、村民民主决策制度、村民民主协商制度、村民小组或自然村公开制度，等等。其差异或特别之处包括：在行政村一级也建立村民理事会（中兴村），理事长由村党总支书记担任，理事会成员由村"两委"成员、各党小组组长、各屯屯民理事会成员组成；构建"一核五会、合作共治"的机制（少峨村、治和村），党小组核心引领，代表会提议，理事会协商，小组会决策，监事会监管，股东会经营；组建"十户一体"（建设村、七里冲自然村），把十户左右居住相邻的农户捆绑为一个整体，在其中选出一名村民担任户长或中心户长；实行"一组两会"制度（金沙村、龙凤村平田屯），自然村（屯）重大事务的决策由党小组提议、自然村（屯）全体户主或户主代表组成的户主（代）会协商议决、理事会执行落实，等等。

在"片区"建立村民理事会等组织有两个试点单位：杨花村和大季村。在"片区"建立村民理事会等组织，是超出村民小组或自然村的范围，将全村划为几个"片区"，每个"片区"大体上由几个村民小组所组成，"片区"成立理事会等组织。湖南浏阳杨花村，按照村民居住地，将全村19个村民小组划分为6个片区。根据村民选举委员会确定的各片区村民代表名额，由片区村民通过民主选举产生片区村民代表（村民代表同时担任片区自治理事会理事），再由片区理事选举产生片区自治理事会常务理事三名，村民委员会根据其得票和其他条件综合考虑后确定理事会主任，片区自治理事会作为村级工作一个管理层级，在村党总支和村民委员会领导下，依法对本片区进行自治管理。考虑到村民小组内田土山水等权属管理需要，保留村民小组，民主选举村民小组长，但只负责管理本村民小组内田土山水等权属关系。居住在各个片区的党员分别成立片区党支部，并选举产生支委成员三人（书记由村党总支在支委人选中提名并经支委会通过），领导和协调片区各项工作，保障和支持片区自治理事会依法依规行使职权，片区支部书记兼任片区自治监事，列席片区自治常务理事会会议，支委成员列席片区理事会会议。安徽全椒大季村，将全村 33 个村民小组划分为 11 个片区，对应整合成立 11 个村民理事会，其中 9 个片各包含 2—3 个村民小组，另 2 个片区各由 1 个村民小组、1 个集中居住点构成，形成了全村"9+1+1"村民理事会结构。必须指出的是，"片区"概念是原试点方案所没有的，是在试点进行过程中总结提炼出来的概念，"片区自治"亦可以说是一种较为特别的自治形态。

二 以村民小组或自然村为基本单元村民自治的问题分析

1."在村民小组或自然村建村民委员会"怎么样？

2014 年中央一号文件首次提出集体土地所有权在村民小组的地方，可开展以村民小组为基本单元的村民自治试点。当时参与文件起草的中央农村工作领导小组办公室的张建军在解读这项政策的时候曾明确指出："一些地方的村民自治单位范围很大、人口较多、居住分散，一个自治单位往往有十几个甚至几十个村民小组，也就是我们习惯所说的自然村。这些年加大了对农村基本服务覆盖力度，但公共服务和重要公共设施一般都在村委会所在地，其他村民就很不方便。同时，现在许多地方，农村集体土地所有权在村民小组，这样就形成村民自治权与土地所有权分离的状态，不利于保护农民的土地权益。因此，近几年，一些地方选择村民较多、具备自治基础的村民小组，开展建立村民委员会的试验，目的在于探索实现土地所有权、村民自治权的统一，推动基本公共服务的下沉。在充分总结各地实践的基础上，今年一号文件指出，农村集体土地所有权在村民小组的，可开展以村民小组为基本单元的村民自治试点。就是说可以在符合条件的村民小组，依照法律组建村民委员会。"[①]

是哪些地方"选择村民较多、具备自治基础的村民小组，开展建立村民委员会的试验"呢？或者换句话说，是总结了哪些地方的实践呢？2015 年，时任中央财经领导小组办公室副主任的韩俊，在解读当年中共中央办公厅国务院办公厅印发的《深化农村改革综合性实施方案》中关于"在有实际需要

---

① 张建军：《构建中国特色的乡村社会治理机制》，《农民日报》2014 年 2 月 24 日第 1 版。

的地方，依托土地等集体资产所有权关系和乡村传统社会治理资源，开展以村民小组或自然村为基本单元的村民自治试点"这一规定时，亦曾明确指出，这段表述，"实际上就是将清远'村民自治重心下移'的探索变成了中央决策。'我们总结了清远的经验，把它变成了中央的一项政策'"①。

事情很清楚，本来和缘起意义上的"以村民小组或自然村为基本单元的村民自治"，其实就是广东清远的做法：简单地讲即"在村民小组或自然村建村民委员会"。不过，在2016年中共中央办公厅国务院办公厅（以下简称"两办"）印发的《关于以村民小组或自然村为基本单元的村民自治试点方案》（以下简称"试点方案"）中，"以村民小组或自然村为基本单元的村民自治"的含义有了转换和扩展，除了原本的意思外，又增添了"在村民小组或自然村建村民理事会等组织"的含义，并且将其作为试点的主要内容。这样就有了方案指明的试点的两种做法。②

按照清远自己的总结，清远试点所取得的主要成效体现在三方面。一是强化了党在农村基层的领导核心地位。在原自然村（村民小组）全面建立党支部，拉近了党组织与农村党员的距离，提升了他们的归属感，强化了其主人翁意识，更重要的是为其开展组织生活、参与村务管理搭建了重要平台，让党支部、党员能够直接参与村务管理、生产发展、村集体公益建设。二是增强了村级组织的自治能力。以自然村（村民小组）为单元设立村民委员会后，村民对选举带头人更加关注，一致推选村中能人、好人、有威望的人担任村民委员会成员，有效提升了村干部整体素质，使农村社会事务管理更公正科学，社会治理更加有效，村风、民风、村容村貌发生了很大变化。党支部、村民委员会、村民理事会等设置重心下移至自然村（村民小组）一级，村级组织成员与村民更贴近，许多利益问题容易达成一致意见，分歧明显减

---

① 陈强：《"村民自治重心下移"——清远农村改革经验成中央一项政策》，《羊城晚报》2015年11月23日第A5版。

② 按照"试点方案"的说法，一种做法是："在保持现有村民委员会设置格局的前提下，对处于独立居民点且拥有集体土地所有权的村民小组或自然村，根据群众意愿建立村民理事会，代表村民对本集体组织范围内的公共事务开展议事协商，实行民主管理和监督。"另一种做法是："在村民委员会管理半径过大、居住点分散的地方，特别是一些山区和丘陵地区，允许在确有必要、具备条件的前提下，根据群众意愿，按照便于自治、充分协商的原则，统筹考虑集体产权归属和利益联结状况，合理调整原村民委员会规模，可以1个或邻近的几个村民小组或自然村为单元，按照《中华人民共和国村民委员会组织法》设立村民委员会，按照《中国共产党农村基层组织工作条例》建立党组织。"

少，村民矛盾相对容易化解，可以更好地将农村不稳定因素化解在基层。三是促进了村集体经济发展和农民增收致富。通过推动自治重心、发展经济重心下移，促进了产权与治权的融合，有效激发了村级组织带领群众增收致富、发展集体经济的积极性。

也还是按照清远自己的说法，清远试点存在的主要问题是政策衔接不顺畅。目前，广东的省级优惠政策和工作考核任务已覆盖到行政村一级。而清远进行村民委员会规模调整的试点村民委员会出现了与上级各种评价考核指标、政策文件对接不上等问题。清远期望认真总结试点做法，提升清远改革经验，为全省、全国其他同类地区的村民自治工作提供参考和借鉴。[①]

尽管"两办"印发的"试点方案"明确允许"在村民委员会管理半径过大、居住点分散的地方，特别是一些山区和丘陵地区"，可以"合理调整原村民委员会规模"，"可以1个或邻近的几个村民小组或自然村为单元""设立村民委员会"，但除了清远的6个试点村继续坚持自己的做法外，没有1个国家层面的试点单位学清远，虽然有的试点单位比清远6个试点村村民委员会管理半径大得多、居住点分散得多、居住的人口更多、下辖的村民小组更多。如广东清远白石村的村域面积是15.91平方公里，而云南洱源福和村的村域面积达到了40.81平方公里，其北村自然村距村民委员会驻地6公里；黑龙江望奎正蓝前三村的村域面积为23.8平方公里，村部距离最远的屯有4公里以上；湖南浏阳杨花村（5345人）和广西贵港金沙村（5165人）等村都比广东清远6个试点村中人口最多的三八村（4380人）人口多；广西贵港金沙村（38个村民小组）和安徽全椒大季村（33个村民小组）等村也都比广东清远6个试点村中数量最多的三八村（30个村民小组）村民小组多。

历史的经验值得注意。尽管1987年全国人大常委会审议的村民委员会组织法（试行）草案曾规定"村民委员会设在自然村"；后经修改，通过的村民委员会组织法（试行）规定"村民委员会一般设在自然村"，但这一法律条款作为法律规定在立法通过的当时即不符合事实，作为立法构想在法律实施以后也没有变为现实。除广西、云南、广东这三个省份，村民委员会曾一度设在自然村（在原生产小队的基础上设村民委员会）外，全国其他省份的

[①] 参见清远市民政局《清远市关于开展以村民小组或自然村为基本单元的村民自治试点工作情况报告》（2018年）。

绝大多数村民委员会从来就没有设在自然村,都是在原生产大队的基础上设立和发展的。这个情况一直延续至今,具有一定的不以人的意志为转移的客观必然性。

现实的趋势不可忽视。从 2013 年广东清远开始做试验,2014 年中央一号文件提倡做试点,到 2016 年国家六部委确认国家层面的试点单位以及与此大体同时全国多个省份部署多个试点单位,到现在,全国村民委员会的数量不仅没有增加,反而在不断减少:2013 年(年末或季末,下同)为 58.9 万个,2014 年为 58.5 万个,2015 年为 58.1 万个,2016 年为 55.9 万个,2017 年为 55.4 万个,2018 年为 54.2 万个,2019 年三季度为 54.0 万个。由于村庄合并一直以来都是全国村民委员会逐年减少的基本原因,因此,从全国来看,很显然,村庄合并一定是大趋势,村庄拆分肯定是小概率。

困难和问题应当认清。关于清远"在村民小组或自然村建村民委员会"做法的困难和问题,项继权教授在《村民小组自治的实践及其限度——对广东清远村民自治下沉的调查与思考》一文中有较为详细的分析与评论。按照项继权教授的看法,这一做法存在体制上、组织上、财政上和人事上诸多的困难和问题,而且与村民自治、集体经济、国家治理体系和治理能力现代化整体的发展方向是背道而驰的。[①] 我们同意项继权教授的观点。

2. "在村民小组或自然村建村民理事会等组织"又如何?

早在以村民小组或自然村为基本单元的村民自治试点开展之前,以村民小组或自然村为单位建立的村民理事会,就于 2002 年产生在安徽省望江县,继而在江西、山东、湖南、福建、湖北等省的一些地方都有出现。2013 年,安徽省将村民理事会写进了安徽省实施村民委员会组织法办法:"村民小组的村民可以自愿成立村民理事会,其成员由村民推选产生。村民理事会配合、协助村委会开展工作,村委会支持、指导村民理事会组织村民开展精神文明建设、兴办公益事业。"这是全国第一个也是迄今为止唯一的一个对村民理事会做出规定的省级法规。"两办"印发的"试点方案"从开展和进行试点的角度对村民理事会作了较为全面的规定,包括建立的地理和经济前提(处于独立居民点且拥有集体土地所有权的村民小组或自然村),产生方式(通过民

[①] 参见项继权、王明为《村民小组自治的实践及其限度——对广东清远村民自治下沉的调查与思考》,《江汉论坛》2019 年第 3 期。

主推选产生，可采取村民代表推选方式，也可采取直接选举方式），村组地位（向村民小组会议负责并报告工作，在村党组织的领导和村民委员会的指导下开展活动），等等。

在试点实际进行的过程中，有的试点单位对上述规定作了某种补充或者完善，也有的试点单位对上述规定作了某种"变通"或者"突破"。前者如黑龙江方正中兴村由村"两委"、党小组、10人以上的户代表提名村民理事会成员候选人；北京延庆千家店村长寿岭自然村村民小组长的任职规则为村民理事会理事长同时兼任村民小组长。后者如北京密云辛安庄村的几个村民小组集中连片居住，很难说是"处于独立居民点"，但也各自成立了村民理事会；湖南浏阳杨花村和安徽全椒大季村的"片区自治"，并未以共同的集体土地所有权为前提，不能说是严格地以村民小组或自然村为单位；贵州威宁团结村二组七里冲自然村撤销七里冲原来村民小组，以七里冲自然村为单位建立村民自我管理委员会，团结村搞"三级自治"：村民委员会为第一级，"自管会"为第二级，"中心户长"为第三级。

综合各试点单位的总结和介绍，"在村民小组或自然村建村民理事会等组织"试点的成效主要有四方面。第一，党在农村基层的领导核心地位得到强化。无论在村民小组或自然村是建党小组还是建党支部，只要是积极开展活动，都使党员之间、党员与群众之间的联系更加紧密，党组织的核心引领作用和党员的模范带头作用得到增强。第二，村民自治的网络得到完善。村民小组或自然村村民理事会等组织，与村民距离更近，更容易向村民宣传党和国家的方针政策，也更便利听取村民的意见和建议以及处理民间纠纷。村民小组或自然村的村民理事会做好了各自内部的自治事务，村民委员会的工作压力便会大大减轻，可以用更多的时间和精力做好全村范围的自治事务并协助乡镇政府开展工作。第三，村民自治的活力得到激发、能力得到提升。村民通过在村民小组或自然村层面实施自我管理、自我教育、自我服务、自我监督，能够更加直接和经常获得认同感和效能感，激发参与自治的动力，提高进行自治的能力。第四，村民小组或自然村内部的一些问题相对容易得到解决。村民群众遇到问题，由"跑路找村干部反映解决"变为"家门口的事自己协调解决"。通过"熟人办熟事、熟人管熟人"的方式，土地纠纷、邻里矛盾等"政府管不好、干部管不了、社会无人管"的老大难问题，在村民理事会的协调下可得到有效解决。

据调研了解到的情况，"在村民小组或自然村建村民理事会等组织"试点存在或显露的问题主要是三种。其一，组织成员能力较薄弱。大批青壮年常年在外务工经商，致使推选出来的理事会、监事会成员年龄偏大、能力偏低，很难甚至无法接受许多新观念、新思想、新方法。如上海金山夹漏村，外出人口占到了村常住人口近一半，21个村民小组的理事会成员年纪普遍较大，集中在65—70岁，65岁以下理事长的比例较低，他们对理事会的认识仅仅停留在纠纷调解和聚会喝茶上面。其二，组织功能发挥较有限。"试点方案"对村民理事会的功能作了较为完整的规定，包括开展协商议事，办理公益事业，调解矛盾纠纷，维护村民权益，倡导文明新风，服务生产生活等。在服务生产生活方面，又具体规定有构建基层综合公共服务平台，开展基本公共服务事项委托代理，为村民提供市场信息、生产技术、转移就业、土地流转、生产资料等方面的服务等。由于能力薄弱、经验不足、资源有限、关系不顺等，没有一个试点单位的村民理事会能够全面地发挥"试点方案"所规定的功能，多数试点单位的村民理事会能够较好地发挥其中一到两项功能就很不错了。其三，组织之间关系待理顺。主要有二：一是村民理事会与村民小组长之间的关系，二是村民理事会与村民委员会之间的关系。

先看村民理事会与村民小组长之间的关系。在实地走访时，上海金山夹漏村第4村民理事会刘姓理事长因自己没有同时兼任村民小组长，向我们提出了一个问题：村民理事会理事长与村民小组长到底谁官大？现场有关工作人员对此进行了解答：说是村民小组为法定组织，而村民理事会是目前探索的非正式组织，不被法律所承认，所以村民小组长与村民理事会理事长之间不存在官大官小的问题。这一回答是否妥当另当别论，其实，谁官大问题的背后显露出的是村民理事会与村民小组长之间的职责权限关系问题。

从法律规定看，村民委员会组织法规定村民委员会可以根据村民居住状况、集体土地所有权关系等分设若干村民小组。各个省份实施村民委员会组织法办法均规定村民小组设组长一人，在此基础上，福建、广东、广西、海南等省份还规定村民小组根据需要可以设副组长一至二人。综合各个省份实施村民委员会组织法办法的规定，村民小组长的职责包括：组织本村民小组村民执行村民会议、村民代表会议的决定、决议，向本组村民传达村民委员会作出的决定，组织督促本组村民执行村民委员会的决定，组织完成村民委员会布置的工作任务；召集和主持村民小组会议讨论决定本小组的有关事项，组织本村民小组村民执行村民小组会议的决定,为本小组村民生产、生活提供服务或者组织本小组村民开展各种生产、生活服务,管理本小组财务,经营管理属于本组集体所有的土地、企业和其他财产,定期向村民小组会议报告本组年度工作和财务收支情况,办理本组的公共事务和公益事业或者协助村民委员会办理本村、本组公共事务和公益事业;向村民委员会反映本组村民的意见、建议和要求。从政策规定看,"试点方案"一方面对村民理事会规定了许多与村民小组长交叉和重叠的职责任务,另一方面又只是规定"提倡村民小组长与村民理事会理事长互相兼职",并没有规定必须兼职。在村民小组长与村民理事会理事长分由不同的人担任,特别在一些省份规定村民小组可以设副组长一到二人,村民理事会三至五人,村民小组长(包括副组长)二至三人,不相互兼职且都想管事,又弄不清楚哪些事该由村民理事会管、哪些事该由村民小组长(包括副组长)管的情况下,要想实现二者之间的和谐共处和有效协作即便不是完全不可能,也是十分困难的。

在湖南浏阳杨花村"片区自治",村民理事会与村民小组长不是平行关系,而是上下关系的情况下,固然村民理事会与村民小组长彼此之间可以因分工协作而和谐共处、相安无事,但村里面自行限定村民小组长只负责管理本村民小组内田土山水等权属关系,这与湖南省实施村民委员会组织法办法关于村民小组长"负责召集村民小组会议,执行村民小组会议的决定,收集并向村民委员会反映本村民小组村民的建议、意见,向本组村民传达村民委员会作出的决定,协助村民委员会办理本村的公共事务和公益事业,负责本村民小组其他有关事项"职责的规定,并不十分吻合。

再看村民理事会与村民委员会之间的关系。虽然试点单位的干部、群众一般都认为村民小组或自然村的村民理事会与村民委员会之间没有冲突和矛盾,村民理事会在村民委员会指导下进行工作,二者相辅相成、相互支持、相互协助、相得益彰,可以使村组两个层面的村民自治都能够得到很好的实现,但也有试点单位在总结材料中反映:村民小组自治强调自治的权力,村民小组经常从本小组的利益出发,强调自身利益,缺乏大局观念,致使所决定的一些事项与行政村整体规划和统筹协调发生矛盾。

如果说村民小组或自然村的村民理事会与村民委员会之间的关系问题是多数试点单位共性的问题,那么行政村层面村民理事会与村民委员会之间的关系问题则是个别试点单位特殊的问题。黑龙江延寿中兴村既在自然屯建立屯民理事会，也在行政村建立村民理事会，行政村村民理事会负责民主商议行政村范围内的公共设施建设和公共服务开展，协调各屯之间的关系和跨屯的公共事务。其制度设计的初衷是村民理事会的组建以自治重心下移为核心，实现村民委员会与村民理事会的职能分离。村民委员会以行政职能为主，协助乡镇政府办理行政事务，实施行政管理，开展公共服务，并指导村民自治工作，真正从行政与自治的"夹生饭"中走出来，转变为政府行政管理和公共服务的桩脚，实现社会管理纵向到底。村民理事会在党组织的领导下、村民委员会的指导下，以开展村民自治为主要职能，发动农村内部力量参与解决农村社会问题，让自治得以回归，从而实现行政与自治的相对分离，政府管理与群众参与的良性互动。这种行政村层面村民理事会与村民委员会的分设与分工既有推而广之是否可行的问题，也有与村民委员会组织法关于村民委员会职能定位的规定是否相符的问题。在村级层面本已有村民会议、村民代表会议和村民委员会，现在又增加一个村民理事会，既与村民代表会议权力交叉，又与村民委员会权力重叠。村民委员会组织法明确规定村民委员会是村民自我管理、自我教育、自我服务的基层群众性自治组织，办理本村的公共事务和公益事业，调解民间纠纷，协助维护社会治安，向人民政府反映村民的意见、要求和提出建议。如果让村民委员会不办理自治事项，专管行政事务，与村民委员会基层群众性自治组织的性质、与村民委员会组织法的规定则不尽相符。

三 对以村民小组或自然村为基本单元村民自治的意见建议

根据以上情况和分析，笔者得出并提出以下意见和建议。

第一，虽然国家层面的试点单位数量不多，只有24个，但由于其地理分布的广泛性，自然条件、人口数量、经济状况、组织结构以及试点做法的多样性，因而具有较强的代表性和典型性。尽管"两办"印发的"试点方案"规定的国家层面的试点时限不长，只有一年左右的时间，但因为各种试点做法都在这个时间段付诸了实践，且于截止期限后仍然在实施，所以试点所取得的成效和存在的问题都得到了一定程度乃至较充分的显示或暴露，可以以此作为研究和决策参考。

第二,本来和原初意义上的"以村民小组或自然村为基本单元的村民自治",即"在村民小组或自然村建村民委员会",只有广东清远6个试点单位在继续坚持自己之前就有的做法。即便这种做法适合当地的实际(包括条件和民情),符合曾经的习惯,有自身的道理,也有一定的成效,但没有也不会为全国其他同类地区所广为效仿却是肯定无疑的,说明没有在全国推广的价值和可能,可以允许广东清远继续试,但没有必要也不应当要求全国其他与广东清远农村地理、经济条件相似的地方跟着学,没有必要也不应当在全国其他地方搞这个意义上的"以村民小组或自然村为基本单元的村民自治试点"。

第三,转换或扩展意义上的"以村民小组或自然村为基本单元的村民自治",即"在村民小组或自然村建村民理事会等组织",在试点过程中取得了显著的成效,但还存在一些问题需要通过实践探索、理论研究和政策选择加以解决,目前立刻上升为法律规定,在全国普遍推广的条件还不具备、时机还不成熟。建议以自主选择为前提,让现有的试点单位继续做,两到三年之后再来看,同时选取试点单位附近条件、情况相似的非试点单位进行比较,看看村民理事会究竟有多强的生命力和优越性,再做决策。

第四,当初确定开展以村民小组或自然村为基本单元的村民自治试点,所要解决的村民自治制度实施面临的一些问题或村民自治运行过程中存在的一些问题,与村民自治制度不够完善应当有一定的关系,但肯定不是因为村民委员会组织法和村民自治的基本制度框架有重大疏漏,也不意味着村民自治的结构要作重大调整,与其说主要是制度本身有问题,倒不如说主要是具体执行有问题。例如,"村民小组内部公共事务无人管、公益事业难办"的问题,如果村民小组长较好地履行了法律规定的职责,村民能够积极主动地参与小组事务,村民小组会议能够经常顺利召开,这一问题就不会存在;如果在建立村民理事会之后,村民仍然不能积极主动参与小组事务,村民小组会议仍然不能经常顺利召开,这一问题便会依然存在。换句话说,是否建立村民理事会并不是解决这一问题的关键。问题的关键主要不在外在结构的调整和改变,而在内部机制的健全和创新。

第五,"完善村党组织领导下的村民自治有效实现形式",按照"两办"印发的"试点方案"的说法,是开展以村民小组或自然村为基本单元的村民自治试点的目的。完善村党组织领导下的村民自治有效实现形式，或者从更广的范围、更大的目标来说，健全充满活力的农村基层群众自治制度和构建农村基层社会治理新格局，有几点是必须明确的。

一是坚持以村"两委"为中心。即便村民自治的重心应当下移的说法是正确的，也不意味着村民自治的中心也应当下移至村民小组或自然村。村党支部（党总支、党委）在村庄中的领导核心地位不容取代，村民委员会基层群众性自治组织的性质不会改变，村"两委"始终应当是整个村庄村民自治活动的中心。

二是不忘和坚持在基层实行直接民主的初心。早在中华人民共和国成立之初，1953 年中央决定成立城市居民委员会时，党和国家即已提出：通过群众自治实行基层直接民主。① 1981 年党的十一届六中全会通过的《关于建国以来党的若干历史问题的决议》，在总结历史经验的基础上明确规定：要"在基层政权和基层社会生活中逐步实现人民的直接民主"。1987 年村委会组织法（试行）（草案）在六届全国人大第 23 次会议审议之时，彭真围绕着村委会的问题作过一长段经典的论述，题目就是《通过群众自治实行基层直接民主》。彭真讲得很明确："实行基层群众自治，发展基层直接民主，既是宪法的规定，也是党的主张。"② 2019 年 10 月 31 日中国共产党第十九届中央委员会第四次全体会议通过的《中共中央关于坚持和完善中国特色社会主义制度　推进国家治理体系和治理能力现代化若干重大问题的决定》不忘和坚持初心，明确指出："健全基层党组织领导的基层群众自治机制，在城乡社区治理、基层公共事务和公益事业中广泛实行群众自我管理、自我服务、自我教育、自我监督，拓宽人民群众反映意见和建议的渠道，着力推进基层直接民主制度化、规范化、程序化。"我们认为，应当本着这一精神，从推进农村基层直接民主的角度来考虑和衡量村民自治制度的发展与完善，尽量少设或不设代议性质的组织或机构。

三是坚持"政经分开"的改革路径。寻求"产权单元"与"治理单元"

---

① 参见彭真《通过群众自治实行基层直接民主》，载《彭真文选（一九四一——一九九〇年）》，人民出版社 1991 年版，第 606—611 页。

② 彭真：《通过群众自治实行基层直接民主》，载《彭真文选（一九四一——一九九〇年）》，人民出版社 1991 年版，第 606—611 页。

的合一，在社会主义市场经济不断发展、农村集体产权制度改革不断推进、农村土地大量流转、大批村民常年外出务工经商、农民的经济联系常常跨地域的情况下，显然已很不合时宜。只有走"政经分开"的道路，村民自治组织与集体经济组织彼此分离，才能破除户籍身份的"壁垒"，使村民自治共同体和集体经济组织都具有开放性和包容性，获得更大的发展空间。

四是坚持城乡融合的发展方向。经过中华人民共和国70年的发展，特别是改革开放40多年的发展，过去的乡土中国，已转变为现在的城乡中国。[①] 在城乡融合的大背景下，农村村民自治与城市居民自治的制度架构要朝着"互联互通"的方向发展，最终走向同一。因此，村民自治的有效实现形式也要逐渐朝着城乡居民自治的有效实现形式发展。中央关于推进国家治理体系和治理能力现代化若干重大问题的决定没有分开讲城市和农村基层社会治理，而是统一提基层社会治理和健全党组织领导的自治、法治、德治相结合的城乡基层治理体系，我们认为，这表明在基层社会治理方面的城乡融合正在成为努力的方向。

五是借助信息化新技术手段进行创新。互联网信息技术的发展，已经极大地改变和方便了人们的经济生活，极大地扩大了人们社会交往的范围，也将有可能使人们的政治生活形态发生深刻的改变。在条件具备和技术成熟的地方，进行村民会议和村民小组会议网上开、村庄公共议题网上协商和表决、村民委员会换届选举网上投票等，很可能会成为村民自治有效实现的新形式，使村民会议和村民小组会议难以或无法召开、村民委员会选举"双过半"难以达到等问题迎刃而解、不再存在；通过信息化手段推行网格化管理和服务，将会使农村社区管理和服务呈现出崭新的面貌。

以村民自治制度为重要组成部分的基层群众自治制度是我国的一项基本政治制度。所谓"基本"，既意味着其在整个国家政治制度中地位和作用的"基本"，也意味着其本身框架和结构的"基本"。坚持基层群众自治、村民自治的基本制度框架，是使其进一步完善和健全[②]的基础。完善和健全村民自

[①] 参见刘守英、王一鸽《从乡土中国到城乡中国——中国转型的乡村变迁视角》，《管理世界》2018年第10期。

[②] 对于基层群众自治制度，党的十八届三中、四中全会决定和十九大报告的表述是"坚持和完善基层群众自治制度"，党的十九届四中全会决定的表述是"健全充满活力的基层群众自治制度"。

治制度的政策和措施，既要能够推进农村基层直接民主，也要有利于农村经济社会发展、农村社区管理和服务、农村基层治理体系和治理能力现代化，还要符合城乡融合的发展方向。这应当是观察和审视有关村民自治的各种试点，特别是观察和审视以村民小组或自然村为基本单元的村民自治试点的基本立场。

第五章
村委会成员候选人资格条件问题[*]

现行省级村委会选举法规大多规定了村委会成员候选人资格条件。但近年来围绕着村委会成员候选人资格条件问题，无论在学术理论界还是在实际工作部门，一直有争论。我们认为，在我国，对候选人规定高于一般选举人的资格条件，是一个相当普遍的现象；宪法所规定的选举权和被选举权不分离、相统一原则的适用范围为县乡人大代表的直接选举；对村委会成员候选人规定高于村委会选举一般选民的资格条件并不违宪。在法规中对村委会成员候选人规定高于村委会选举一般选民的资格条件，虽然会对村民选举权的自由行使构成限制，会对村民选举投票指向的范围构成限制，但却符合村民根本的长远的利益，不仅不与民主和村民自治的原则相矛盾，而且是使农村基层民主和村民自治健康发展的必然选择。县乡人大与村委会不同，对县乡人大代表候选人和村委会成员候选人的要求也应不同。现行省级法规大多只是从积极的肯定的方面规定了村委会成员的资格条件，指标不具体，缺乏硬约束，无法或不太好进行资格审查，应着重从消极的否定的方面规定村委会成员候选人的限制性资格条件。

一 现行省级法规关于村委会成员候选人资格条件的规定

依照对村委会成员候选人资格条件问题规定的不同，现行省级法规总体

---

[*] 本章以《关于村委会成员候选人资格条件问题的思考》为题，发表于《华中师范大学学报》（人文社会科学版）2005年第4期。

上可以分为两大类：一类是未对是否应当作规定明确表态，另一类是明确表态应当作规定。

表 5–1　　　省级村委会选举法规关于是否应当规定村委会
成员候选人资格条件问题的表态情况

种类	表态情况	地区
第一类	未明确表态是否应当规定村委会成员候选人资格条件（表现为未规定村委会成员候选人资格条件和未规定村民会议可以拟定村委会成员候选人资格条件）	海南、湖南、上海、云南、福建、河南、广西
第二类	明确主张应当规定村委会成员候选人资格条件（表现为规定了村委会成员候选人资格条件或规定村民会议可以确定村委会成员候选人资格条件）	北京、天津、吉林、山东、甘肃、湖北、青海、新疆、内蒙古、河北、浙江、贵州、江苏、辽宁、宁夏、西藏、重庆、广东、黑龙江、山西、安徽、陕西、江西

虽然从法规文本上看，由于一些省级法规未规定村委会成员候选人资格条件和未规定村民会议可以拟定村委会成员候选人资格条件，因而对是否应当规定村委会成员候选人资格条件表现出较为消极的态度。但仅从法规文本本身对某一问题未作规定，是无法十分准确地判断法规的制定者在这一问题上真正、完整的态度的，我们不能根据法规未对该问题作规定的事实，就断言法规的制定者反对在此问题上作规定，因为很有可能是法规的制定者未能意识到应当在这一问题上作规定或未能认识到很有必要在这一问题上作规定。因此，只能说有可能但并不一定就是，在村委会成员候选人资格条件问题上未作规定的省、自治区、直辖市的立法机构中，反对规定村委会成员候选人资格条件的意见占了上风。不过有一点可以肯定，这就是：在此类村委会选举法规制定的时候，制定者中占主导地位的观点，都是不认为很有必要明确规定村委会成员候选人资格条件。值得注意的是，福建、河南、海南、上海等省市虽未直接、明确地规定村委会成员候选人资格条件，但却把村委会组

织法对于村委会成员的要求①规定在了村委会选举办法中,这至少表明了这样一种态度,即提倡村民按照法律法规对于村委会成员的要求提名候选人。这是不是间接、曲折地规定了村委会成员候选人资格条件呢?可以研究。

明确主张应当规定村委会成员候选人资格条件的省级法规,按照其规定情况的不同,大体上可以分为五种。这里面,第一和第二种明确规定了村委会成员候选人资格条件;第三种既明确规定了村委会成员候选人资格条件,又规定了村民会议可以在选举办法中规定对村委会成员候选人的具体要求;第四和第五种虽未明确规定村委会成员候选人资格条件,但规定村民会议可以确定村委会成员候选人的资格条件或具体要求。除第二种明确规定了村委会成员候选人的限制性资格条件外,各省级法规对村委会成员候选人资格条件的规定都基本相同,只不过在要求的表述方式上和列举的条件内容上有一些细微的差异。在要求的表述方式上,有规定"村委会成员候选人应当具备下列条件"或"村委会成员候选人应当符合下列条件"或"村委会成员候选人条件"的,有规定"村委会成员候选人应当如何"或"选民提名村委会成员候选人,应当推荐怎样的村民"的,也有规定"提倡选民提名具备下列条件的人作为候选人"的。在列举的条件内容上,有列三条的,有列四条的,有列五条的,也有不分条的;即便列的条数相同,各条的内容也不尽相同。

表 5-2　　　　明确主张应当规定村委会成员候选人资格条件的
省级法规的具体规定情况

种类	规定情况	地区
第一种	从积极的肯定的方面规定村委会成员候选人的提名或推选条件	北京、天津、吉林、山东、甘肃、湖北、青海、新疆、内蒙古、河北、浙江、贵州、江苏、辽宁、宁夏、西藏、重庆、广东、四川

---

① 村委会组织法第 23 条规定:"村民委员会及其成员应当遵守宪法、法律、法规和国家的政策,办事公道、廉洁奉公,热心为村民服务。"

续表

种类	规定情况	地区
第二种	既从积极的肯定的方面规定村委会成员候选人的提名或推选条件，又从消极的否定的方面规定村委会成员候选人的限制性资格条件	黑龙江
第三种	规定村民会议可以根据法规规定的村委会成员候选人应当具备的积极条件和本村的情况，在选举办法中规定对候选人的具体要求	安徽、陕西
第四种	规定村民选举委员会可以根据法规规定的村委会成员应当具备的积极条件，结合本村的实际和需要，拟定村委会成员候选人的资格条件，提请村民会议讨论通过	山西
第五种	规定村委会成员候选人的具体要求，可以由县（市、区）、乡、民族乡、镇村委会换届选举工作指导小组提出，经村民会议或者村民代表会议根据本村情况讨论确定	江西

如果把各省级法规列出的内容总括起来，那么在积极的肯定的方面，村委会成员候选人的资格条件便主要有这样一些项目：第一，拥护中国共产党领导，热爱社会主义祖国；第二，遵守和贯彻执行宪法、法律、法规和国家政策；第三，带头履行村民义务，维护村民的合法权益；第四，清正廉洁，办事公道；第五，勤奋敬业，工作认真负责，热心为村民服务；第六，作风民主、正派，熟悉村情，能够联系广大村民，有群众威信；第七，身体健康，年富力强，有一定的科学文化知识水平和组织、管理及办事能力，懂经济，能完成国家任务和带领群众共同致富；第八，不搞宗族派性，不搞封建迷信活动。而在消极的否定的方面，明确的村委会成员候选人的限制性资格条件则仅是黑龙江所规定的一条：违反计划生育政策法规的，3年内不得被提名为村委会成员候选人。

值得注意的是，黑龙江省村委会选举办法除在第13条明确规定了村委会成员候选人的限制性资格条件外，还在第34条规定了村委会成员职务自行终止的几种情况:"村民委员会成员有下列行为之一的,其职务自行终止:(一)被依法追究刑事责任的;(二)违反计划生育政策法规的;(三)连续3个月不履行或不能履行职务的。"重庆市村委会选举办法第39条亦有大体相同的规定:"村民委员会成员有下列情形之一的,其职务自行终止:(一)被依法追究刑事责任的;(二)被依法劳动教养的;(三)违反计划生育的;(四)未经村民委员会同意,连续三个月不履行职责的;(五)迁出或调离本村的。"此外,天津、吉林、山东、湖北、内蒙古、河北、浙江、贵州、江苏、辽宁、西藏、广东、黑龙江、安徽、陕西、江西、海南、湖南、云南、河南等省、自治区、直辖市也都规定:村委会成员在任期内被依法追究刑事责任或者劳动教养的,其职务自行解除或终止。这是否属于间接、隐含地规定了村委会成员候选人的限制性资格条件,可以讨论。

尽管大多数省、自治区、直辖市都规定了村委会成员候选人资格条件或赞同规定村委会成员候选人资格条件,但明确规定对村委会成员初步候选人应予资格审查的省级地方却不多。一个是广东。广东省规定:经村民会议或各村民小组会议提名产生的候选人名单由村民选举委员会依法审查后公布。另一个是江西。江西省规定:村民选举委员会对被提名的候选人进行资格审查后,将得票多的候选人确定为正式候选人。还有一个是安徽。安徽省规定:村民选举委员会根据候选人的条件对得票多的进行审查,经村民会议或者村民代表会议同意后,按得票顺序确定候选人。这些省级法规,规定的审查对象都是经村民会议或各村民小组会议提名产生的初步候选人,审查主体都是村民选举委员会,不过安徽规定有一个经村民会议或者村民代表会议同意的程序,而按照广东、江西的规定,则不必经过村民会议或者村民代表会议的同意即可确定正式候选人。

二 对村委会成员候选人规定资格条件并不违宪

虽然村委会成员候选人资格条件在许多省、自治区、直辖市已有明确的法规规定,但并不等于人们对这一问题的认识已经统一。实际上近年来,围绕着是否应当以及应当如何对村委会成员候选人规定高于村委会选举一般选民的资格条件,特别是从消极的否定的方面规定村委会成员候选人的限制性资格条件，以及是否应当和应当如何对村委会成员初步候选人进行资格审查，无论在学术理论界，还是在实际工作部门，都有争论。

争论的焦点之一是对村委会成员候选人规定高于村委会选举一般选民的资格条件，特别是从消极的否定的方面规定限制性资格条件，是否违反宪法。

我国宪法第34条规定："中华人民共和国年满十八周岁的公民，不分民族、种族、性别、职业、家庭出身、宗教信仰、教育程度、财产状况、居住期限，都有选举权和被选举权；但是依照法律被剥夺政治权利的人除外。"按照这一规定，在我国，选举权和被选举权具有普遍性，除具有中华人民共和国国籍、年满18周岁、未被剥夺政治权利之外，任何公民无须具备其他的资格条件，都能够和应当享有选举权和被选举权；选举权和被选举权具有统一性，凡享有选举权的公民也享有被选举权。这似乎也就意味着在我国，凡具有选民资格的公民也就具有被提名为候选人的资格，成为候选人不必一定要具有高于选民资格的资格条件。

但实际上在我国，对候选人规定高于一般选举人的资格条件，并非如有人所说的那样是"个别情况"①，而是一个相当普遍的现象。除了宪法规定有选举权和被选举权的年满45岁的中华人民共和国公民可以被选为中华人民共和国主席、副主席，香港特别行政区基本法和澳门特别行政区基本法规定香港特别行政区和澳门特别行政区行政长官由年满40周岁，在香港或澳门通常居住连续20年并在外国无永久居留权的香港特别行政区永久性居民或澳门特别行政区永久性居民中的中国公民担任之外，规定候选人资格条件高于一般选举人资格条件的还有不少。

例如，我国法官法和检察官法规定：最高人民法院院长和最高人民检察院检察长由全国人大选举产生，地方各级人民法院院长和人民检察院检察长由地方各级人大选举产生。人民法院的院长应当从法官或者其他具备法官条件的人员中择优提出人选，人民检察院的检察长应当从检察官或者其他具备检察官条件的人员中择优提出人选。担任法官或检察官必须具备下列条件：（一）具有中华人民共和国国籍；（二）年满二十三岁；（三）拥护《中华人民共和国宪法》；（四）有良好的政治、业务素质和良好的品行；（五）身体健康；（六）高等院校法律专业本科毕业或者高等院校非法律专业本科毕业具

---

① 参见王禹《村民选举法律问题研究》，北京大学出版社2002年版，第102页。

有法律专业知识，从事法律工作满二年，其中担任高级人民法院或人民检察院、最高人民法院或人民检察院法官或检察官，应当从事法律工作满三年；获得法律专业硕士学位、博士学位或者非法律专业硕士学位、博士学位具有法律专业知识，从事法律工作满一年，其中担任高级人民法院或人民检察院、最高人民法院或人民检察院法官或检察官，应当从事法律工作满二年。初任法官和检察官的人选只能在通过国家统一司法考试取得资格的人员中产生。下列人员不得担任法官或检察官：（一）曾因犯罪受过刑事处罚的；（二）曾被开除公职的。根据上述规定，在我国各级人大选举提名本级人民法院院长和人民检察院检察长候选人时，其人选必须具备相应的资格条件，而这些资格条件并不是所有参加选举的人大代表都具备的。

再如，中共中央颁布的对县级以上地方各级党委、人大常委会、政府、政协、纪委、人民法院、人民检察院领导成员的选拔任用均适用的《党政领导干部选拔任用工作条例》规定，提拔担任党政领导职务的，应当具备下列资格：（一）提拔县（处）级领导职务的，应当具有五年以上工龄和两年以上基层工作经历；（二）提拔县（处）以上领导职务的，一般应当具有在下一级两个以上基层职位任职的经历；（三）提拔县（处）级以上领导职务，由副职提拔任正职的，应当在副职岗位工作两年以上，由下级正职提任上级副职的，应当在下级正职岗位工作三年以上；（四）一般应当具有大学专科以上文化程度，其中地（厅）、司（局）级以上领导干部一般应当具有大学本科以上文化程度；（五）应当经过党校、行政院校或者组织（人事）部门认可的其他培训机构五年内累计三个月以上的培训，确因特殊情况在提任前未达到培训要求的，应当在提任后一年内完成培训；（六）身体健康；（七）提任党的领导职务的，应当符合《中国共产党章程》规定的党龄要求。尽管这一规定只是党内法规而不是国家的法律，尽管这一规定对于县级以上地方国家政权机关领导成员的产生来说，在人大代表选举投票之时并无国家法律上的约束力，但由于我国县级以上地方国家政权机关的领导成员绝大多数都是中共党员，由于县级以上地方国家政权机关领导成员的候选人主要是由党组织推荐产生的，因此这样一个资格要求的规定在人大的选举活动中是有着实际的效力的。所以一般地讲，只有满足上述资格要求的人才有可能成为县级以上地方国家政权机关领导成员的候选人，并不是每一个参加选举的人大代表都能够成为本级地方人大选举的国家政权机关领导成员的候选人的。

又如，我国公司法规定：公司的董事和由股东代表出任的监事由公司的股东会或股东代表大会选举产生。有下列情形之一的，不得担任公司的董事和监事：（一）无民事行为能力或者限制民事行为能力；（二）因犯有贪污、贿赂、侵占财产、挪用财产罪或者破坏社会经济秩序罪，被判处刑罚，执行期满未逾五年，或者因犯罪被剥夺政治权利，执行期满未逾五年；（三）担任因经营不善破产清算的公司、企业的董事或者厂长经理，并对该公司、企业的破产负有个人责任的，自该公司、企业破产清算完结之日起未逾三年；（四）担任因违法被吊销营业执照的公司、企业的法定代表人，并负有个人责任的，自该公司、企业被吊销营业执照之日起未逾三年；（五）个人所负数额较大的债务到期未清偿。公司违反前款规定选举董事、监事的，该选举无效。根据这一规定，即便是在公司中占有较大股份从而拥有较大投票权的股东，如果有上述情形，也不能成为公司董事和监事的候选人。

上述规定虽然从表面上看来好像违背了宪法第 34 条，但实质上与宪法第 34 条的规定并不冲突。因为宪法第 34 条所说的选举权和被选举权不是指的一般意义上的，包括各种各样所有类别选举的选举权和被选举权，而是指特定意义上的选举权和被选举权："'选举权'是指公民有权按照自己的意愿，依照法律规定的程序选举县乡两级人民代表大会代表的权利"；"'被选举权'是指公民依法享有被选举为县乡两级人民代表大会代表的权利"。[①] 在此意义上，宪法所规定的选举权和被选举权不分离、相统一的原则，其适用范围也是特定的：适用于县乡人大代表的直接选举。所以，那些不属于县乡人大代表直接选举的选举，不在宪法第 34 条规范的范围之内；对那些不属于县乡人大代表直接选举的候选人规定高于选举人的资格条件，不存在与宪法第 34 条的规定相互冲突的问题。

村委会选举不属于县乡人大代表直接选举，因此对村委会成员候选人规定高于村委会选举一般选民的资格条件也不存在违宪的问题。尽管对村委会成员候选人规定高于村委会选举一般选民的资格条件，特别是从消极的否定的方面规定村委会成员候选人的限制性资格条件，也就意味着规定在村委会的选举中，具有选举权的村民不一定具有被提名为候选人的资格，选民资格

---

① 全国人大常委会办公厅研究室政治组编著：《中国宪法精释》，中国民主法制出版社 1996 年版，第 152—153 页。

与候选人资格相互分离，这与村委会组织法第 12 条关于"年满十八周岁的村民，不分民族、种族、性别、职业、家庭出身、宗教信仰、教育程度、财产状况、居住期限，都有选举权和被选举权；但是依照法律被剥夺政治权利的人除外"的规定似乎是相抵触的，然而即便违反了村委会组织法第 12 条也不等于就违反了宪法第 34 条，因为违反了法律的规定与违反了宪法的规定是有区别的，不应在违反法律规定与违反宪法规定之间直接画等号。虽然法律规定在很多情况甚至一般情况下是宪法规定的具体化，但法律规定与宪法规定之间并不一定也不可能一直存在着一一对应的关系。即便村委会组织法第 12 条直接源自宪法第 34 条，甚至是宪法第 34 条的翻版，但村委会组织法第 12 条与宪法第 34 条毕竟规定的是不同种类的选举，前者规定的是村委会选举，后者规定的是县乡两级人大代表的选举。村委会组织法第 12 条所说的"选举权，是指本村村民有直接参加选举村民委员会成员的权利；被选举权，是指本村村民在选举活动中，有可以被提名为村民委员会成员候选人的权利"[①]，这与宪法第 34 条所说的选举权和被选举权显然是有区别的。

三　对村委会成员候选人规定资格条件与村民自治并不冲突

在对村委会成员候选人资格条件问题的讨论中，有一种颇为流行的观点认为，对村委会成员候选人规定高于村委会选举一般选民的资格条件，特别是从消极的否定的方面规定村委会成员候选人的限制性资格条件，会对村民选举权的自由行使构成限制，会对村民选举投票指向的范围构成限制，会有可能造成违背大多数村民意愿的结果，而这是违反民主和村民自治的原则的。民主是人民当家作主，在农村则是村民当家作主。而村民当家作主的主要标志是村民普遍享有选举权和被选举权。村民自治是由村民自己决定村内的公共事务，其首要的一项内容即是由村民自己决定村委会成员的人选。按照民

---

① 全国人大常委会法制工作委员会国家法行政法室、国务院法制办公室政法劳动社会保障法制司、民政部基层政权和社区建设司编著：《村民委员会组织法学习读本》，中国民主法制出版社 1998 年版，第 31 页。

主和村民自治的原则，应当是村民愿意选谁就选谁，只要大多数村民都投赞成票的人不是依照法律被剥夺政治权利的人，那么该人当选为村委会成员便是理所当然的。

我们认为，民主是有规则的，并不是人们想怎么样就怎么样；民主选举也是有规则的，也不是人们想怎么选就怎么选。无规则的"民主"有可能造成"多数人的暴政"或"自治共同体"的解体；无规则的"民主选举"在极端的情况下有可能选出一个大家都认可的"君主"，走向民主的反面。所以民主必须与法治紧密结合，融为一体，这是民主自身的内在要求，也是民主可持续发展的基本保证。村民自治亦是如此，它是在法律、法规限制下的自治，不能脱离法治的轨道。在法规中对村委会成员候选人规定高于村委会选举一般选民的资格条件，虽然会对村民选举权的自由行使构成限制，会对村民选举投票指向的范围构成限制，但却符合村民根本的长远的利益，不仅不与民主和村民自治的原则相矛盾，而且是使农村基层民主和村民自治健康发展的必然选择。法律对公司这样的私法人团体内部的选举都可以进行规范，对公司的董事和监事候选人都可以规定限制性的资格条件，对村委会这样的法定农村基层群众性自治组织的选举就更可以这样做了。

可能有人会提出这样的问题：法律、法规对县乡人大代表候选人都没有规定资格条件，为什么要对村委会成员候选人规定资格条件呢？我们的回答是：县乡人大与村委会不同，对县乡人大代表候选人和村委会成员候选人的要求也应不同。县乡人大代表众多，即便个别不适宜执行代表职务的人当选后停止执行代表职务，也不会影响县乡人大的正常召开和运作。而村委会成员就是那么几个，如果有一两个不适宜执行村委会成员职务的人被选为村委会成员，他们停止执行主任或委员职务则有可能造成村委会的瘫痪。

1983年全国人大常委会关于县级以下人大代表直接选举的若干规定明确表示，在县级以下人大代表的直接选举中，被判处有期徒刑、拘役、管制而没有附加剥夺政治权利的人员；被羁押，正在受侦查、起诉、审判，人民检察院或者人民法院没有决定停止行使选举权利的人员；正在取保候审或者被监视居住的人员；正在被劳动教养的人员；正在受拘留处罚的人员，都准予行使选举权利。由于这里所说的"选举权利"是广义的，包括选举权和被选举权，因此依照该规定，上述人员都享有被选举权，都有可能被选举为县乡人大代表。1987年广西壮族自治区鹿寨县黄冕区旧街乡桐木村选区选举正在服刑的一个罪犯为黄冕乡人大代表，该乡准备于 10 月底召开新一届第一次人民代表大会。为此，鹿寨县人大常委会请示广西壮族自治区人大常委会可否让该罪犯出监参加乡人代会。广西壮族自治区人大常委会的意见是："（1）该罪犯未被剥夺政治权利，选举也符合法律程序，应承认其代表资格有效；（2）鉴于该罪犯正在服刑，按照《刑法》第 41 条（新刑法第 46 条）的规定，且为避免不良政治影响，该罪犯在服刑期间不应出席乡人民代表大会会议；（3）由县公安机关向该罪犯本人及选区选民讲清有关法律规定，做好思想工作。"[1]广西壮族自治区人大常委会向全国人大常委会法制工作委员会请示，询问对这一意见的看法，后者表示同意。1992 年通过并颁布施行的全国人大和地方各级人大代表法第 40 条规定："代表有下列情形之一的，暂时停止执行代表职务：（一）因刑事案件被羁押正在受侦查、起诉、审判的；（二）被依法判处管制、拘役或者有期徒刑而没有附加剥夺政治权利，正在服刑的。"

　　如果说在县乡人大代表的选举中，对代表候选人不规定高于一般选民的资格条件，即便选出个别正在服刑的罪犯为人大代表也无伤大雅、无碍大局的话（因为完全可以根据上述法律的规定，使其暂时停止执行代表职务），那么在村委会选举中，对村委会成员候选人不规定高于一般选民的资格条件，选出一个正在服刑的罪犯担任村委会主任或副主任或委员，则会产生许多麻烦。假定选出一个正在服拘役或有期徒刑的罪犯担任村委会主任，是让村委会主任这一职务一直无人执行好呢？还是让这个在劳改场所服刑的罪犯遥控指挥、执行村委会主任的职务好呢？假定选出一个正在服管制刑的罪犯担任村委会主任，应当被村民管制的对象成了村民的领导人，这又如何是好呢？一旦出现这样的情况，恐怕怎么也不好办。也许正是考虑到了这一点，许多省、自治区、直辖市作出了前述"村委会成员在任期内被依法追究刑事责任或者劳动教养的，其职务自行解除或终止"之类的规定。但此类规定属"亡羊补牢，犹未为晚"式的事后改正，终不如未雨绸缪、提前预防来得妥帖。如欲完全避免上述情况的发生，可能最好的办法就是对村委会成员候选人规定某种限制性的资格条件，例如规定：不得提名被依法追究刑事责任或者劳动教养的村民为村委会成员的候选人。

---

[1] 参见乔晓阳、张春生主编，王世瑚、陈斯喜、许安标副主编《选举法和地方组织法释义与解答》（修订版），法律出版社 1997 年版，第 359 页。

四 规定村委会成员候选人资格条件与选举权和被选举权统一的原则

从上述全国人大常委会法工委对广西壮族自治区人大常委会所提问题的回答，可以看出：全国人大常委会法工委的确认为，至少对于县乡人大代表的直接选举来说，不应当对代表候选人规定高于一般选民的资格条件。这种看法就其理论根源来说，是建立在"两个统一"的理论基础之上的。一个"统一"是认为，选举权与被选举权应当是统一的，具有选举权也就应当具有被选举权；另一个"统一"是认为，选民资格与候选人资格应当是统一的，具有选民资格也就应当具有候选人资格。

关于前一个"统一"，我国学者韩大元、周望舒曾经正确地指出，从法理上讲，选举权与被选举权不仅内容不同、实现的结果不同，而且性质不同。选举权是法律授予选民参与选举活动的资格，是一种权利能力；被选举权不仅要求享有被选举权的公民有参与选举活动的资格，而且要求他们有通过自己的行为实现其当选的能力和当选后能胜任人民代表或国家公职人员的工作的能力。基于这些区别，也因为选举对象必须是公民中的优秀分子，所以对被选举权享有者应规定严格于选举权享有者的资格条件，唯如此方能保证当选者的平均素质高于一般选民的平均素质。否则，如果坚持选举权与被选举权的统一，规定被选举权享有者与选举权享有者完全一致的资格条件，则在实践中将有如下困惑：依我国选举制度之普遍性原则，若选举权与被选举权统一，被选举权也应为所有普通的选民所享有，故从法律上讲，被判处有期徒刑而未被剥夺政治权利的犯人不仅享有选举权，而且享有被选举权，可是我们如何保证他们享有被选举权呢？不仅他们，而且就相当一部分选民来讲，他们的被选举权也是不可能、不应该实现的，因为一旦那些素质极低的选民当选，将会给社会造成许多不良后果，也不符合现代国家（社会）管理对管理者的要求。规定对被选举权享有者的资格限制，并不违背我国宪法和选举法之平等性原则。因为平等是在承认差别前提下的机会均等，法律规定被选举权享有者的条件面向全体公民，对每一个公民而言都是平等的，每一个公民都是可以通过自己努力达到这些条件的。被选举权是一种行为能力，它不仅要求被选举权享有者有能力通过自己的努力去宣传、表现自己以争取当选，而且要求被选举权享有者有能力胜任可能当选后的工作，否则势必出现下列之一种情形：要么由于被选举权人不能胜任当选后的代表工作而根本不可能当选，这样这种被选举权是虚假的，不可能得到实现；要么那些不能胜任代表工作的有被选举权的人真正当选了，但由于他们不能胜任代表工作，使得选举失去了其真正意义。要实现选举的真正意义、保证选举的真实性，就必然要将选举权与被选举权分离，对后者提出更高要求，这样才能符合选举的价值、符合法理的要求。由于人们行为能力差别的存在，使得这样做不违背平等性原则。正如《人权宣言》第1条之规定："在权利方面，人生来是而且始终是自由平等的，只是在公共利用上才显出社会上的差别。"被选举权是一种公共利用上的权利，它不同于选举权之处还在于选举权更多意义上是一种个人权利，而被选举权则更多意义上是一种社会权利，被选举权的完全实现——当选为人民代表或国家公职人员，就要承担选民的委托，对全体选民负责，这是一种公共责任，不能完全凭当选者本人的意愿行事，也就是当选者的个人自由受到社会公共自由的制约，而选举权则不然。从这一特点看，限制被选举权资格并不违背平等原则。[①]

关于后一个"统一"，按照我国学术界较为普遍的看法，前一个"统一"与后一个"统一"也是统一的：有选举权，也就有被选举权；有选举权和被选举权，也就有选民资格；有选民资格，也就有候选人资格。这是一个环环相扣、层层递进的逻辑链条。但在我们看来，即便选举权与被选举权是统一的，也不等于说选民资格与候选人资格就是统一的，因为有选举权和被选举权与有选民资格不是统一的，在上述所谓逻辑链条中有一个普遍认为没有问题的环节其实是有问题的。有选举权和被选举权与有选民资格不是一个概念，某人有选举权和被选举权与他在某时某地具有选民资格实际上是两回事情，拥有选举权和被选举权虽然是取得选民资格必须具备的条件，但并不是取得选民资格的充分条件。选民资格是具体参加某地某次选举的资格。无论在县乡人大代表的直接选举中，还是在城乡基层群众性自治组织成员的直接选举中，拥有选举权和被选举权的公民、居民和

---

① 参见韩大元、周望舒《试论被选举权享有者的资格限制》，《法制与社会发展》1997年第4期。

村民，要取得本地本次选举的选民资格，都还必须具备一定的精神条件和属地条件。正在发病期间、不具有完全行为能力的精神病人虽然拥有选举权和被选举权，但不具有能够参加选举的选民资格。虽然拥有选举权和被选举权不受居住期限的限制，但我们无法想象一个暂时去某外地出差、办事或治病的人可以取得参加当地人大代表和基层群众性自治组织领导成员选举的选民资格。既然有选举权和被选举权不一定具有选民资格，那么有选举权和被选举权也就不一定具有候选人资格。肯定"年满十八周岁的村民，不分民族、种族、性别、职业、家庭出身、宗教信仰、教育程度、财产状况、居住期限，都有选举权和被选举权；但是依照法律被剥夺政治权利的人除外"，不能必然得出有选举权和被选举权的村民一定具有参加本村本次村委会选举的选民资格和候选人资格的结论。既然法律法规可以对参加本村本次村委会选举的选民规定资格条件（非为无完全民事行为能力的精神障碍者和必须户籍或居住、生活在本村），那么法律法规也可以对村委会成员候选人规定资格条件。

五 应从消极的否定的方面规定村委会成员候选人资格条件

让我们回过头来再看看大多数现行省级法规关于村委会成员候选人资格条件的规定情况。应当看到，大多数现行省级法规关于村委会成员候选人资格条件的规定虽然不尽相同，但都为村民提名村委会成员候选人提供了一定的向导。对于引导村民正确认识和行使民主权利，把那些素质好、威信高、能力强、遵纪守法、廉洁奉公、热心为村民办事的人提名为候选人，不提名严重违法乱纪行为的人为候选人，真正把群众拥护的思想好、作风正、有文化、有本领、真心实意为群众办事的人，选进村委会领导班子，不能说是没有意义的。

然而，同时也应当看到，现行省级法规关于村委会成员候选人资格条件的规定虽然在政治上很有意义，但在法律意义上却有一定的局限。现行省级村委会选举法规都没有关于大多数选民投票选举不具备法规规定条件的人为村委会成员，选举无效的规定。即便是从消极的否定的方面规定了村委会成员限制性资格条件的黑龙江省村委会选举办法，也没有关于大多数选民选举违反计划生育政策法规未过3年的人为村委会成员，选举无效的规定。由于没有相应的法律后果条款，所有这些规定实际上都只有一定的政策引导性，缺乏法律强制性。尽管这些规定对于引导选民提名村委会成员候选人以及投票选举村委会成员有一定的意义，但对选民的提名和投票并无严格的法律上的约束力。一旦有不具备法规规定资格条件的人或违背法规禁止性规定的人被大多数选民选为村委会成员的情况发生，要么选举的合法性会成为一个难以确定的问题，要么省级村委会选举法规的权威性会受到很大的损害。

例如，2001年山西芮城汉渡村的一位村民曾致函北京，询问"该村原党支部委员，在选举中因超计划生育受到党内处分的人，能不能当选为村委会主任？"民政部基层政权和社区建设司农村处在《乡镇论坛》的"村治咨询"栏目公开作答："1999年9月26日山西省第九届人民代表大会常务委员会第十二次会议通过的《山西省实施〈中华人民共和国村民委员会组织法〉办法》第十二条规定：'村民选举委员会可以根据村民委员会成员应当具备遵纪守法、廉洁奉公、办事公道、热心为村民服务、能带领村民致富的条件，并按照村民的意愿，结合本村有选举权和被选举权村民的具体情况以及村民委员会的工作需要，拟定村民委员会成员候选人的资格条件，提请村民会议讨论通过，并向全体村民公布。'尽管山西省的地方法规中对超生并受到处罚的人是否能当选为村委会成员没有明确具体的规定，但由于计划生育是基本国策，农村的计划生育工作又是全部计划生育工作的重中之重，因此，据我们所知，山西农村的许多村民选举委员会在拟定村委会成员候选人资格条件时，都把是否超生计划生育作为资格条件的重要内容。时限一般是选举前的三至五年。""有的人也许会问，如果选民硬是把严重超生计划生育的人，选上来当村委会主任、副主任或委员，怎么办？这里我们介绍遇到这种事的两种处理办法，一种是，如果虽经反复教育，且选举程序正常，选民还硬是要选超生计划生育的人当村委会成员，那就认可当选结果，这种办法虽满足了民意，但对计划生育政策的执行会带来不好的影响。另一种是，像黑龙江省地方法规规定，凡超生计划生育的当选为村委会干部的当选无效。也就是说，如果村民们知道某人超生计划生育后，还是硬要选他（她）为村委会干部，你选吧，选上了也没有用，因为地方法规规定这种人选上了也是无效的。这种办法的好处是，既没有剥夺村民的选举权和被选举权，又能够引导村民正确行使民主权利，同时还能确保在村民自治工作中贯彻执行计划生育政策。我们比较同意后一种做法。需要注意的是后一种做法需要在地方法规中作出明确规定。"① 在给出的答案中，农村处承认，仅从积极的肯定的方面规定村委会成员候选人资格条件，是无法阻止不合乎条件的人被提名为候选人的，如果选民硬要选他（她）的话，对其当选的结果也无法不认可。农村处认为，如果在地方法规中明确规定了不具备法规规定资格条件的人或违背法规禁止性规定的人当选无效，那么事情就要好办得多。农村处这一意见总的精神无疑是正确的，但农村处在谈到黑龙江省地方法规规定时的具体表述或判断却有误，因为黑龙江省村委会选举办法虽有违反计划生育政策法规的，3年内不得被提名为村民委员会成员候选人和村民委员会成员违反计划生育政策法规的，其职务自行终止的规定，但并没有违反计划生育政策法规的，当选无效的规定。"职务自行终止"与"当选无效"并不是一回事情。"当选无效"是指法律不承认当选结果，选举结果自始无效；"职务自行终止"则是指法律承认选举结果，只不过是当选人在获得职务的同时又丧失了职务，选举结果在法律上有效的同时在事实上丧失效力。上述情况表明，现行省级法规关于村委会成员候选人资格条件的规定由于弹性太大、刚性不足，而无法给实际生活中问题的解决提供一个确定的规范。

　　总之，现行省级法规大多只是从积极的肯定的方面规定了村委会成员的资格条件，指标不具体，缺乏硬约束，无法或不太好进行资格审查，有必要作大的修改。应着重从消极的否定的方面规定村委会成员候选人的限制性资格条件。应借鉴公司法的办法，规定：村委会主任、副主任、委员由村民直接选举产生。有某种情形之一的，例如被依法追究刑事责任或者劳动教养，执行期满未逾三年的；因犯罪被剥夺政治权利，执行期满未逾五年的；因违反计划生育政策法规受处罚未逾三年的，不得担任村委会主任、副主任、委员。违反前款规定选举村委会主任、副主任、委员的，该选举无效。只有这样，才能使村委会成员候选人资格条件的规定更加易于操作、落到实处，也才能使对村委会成员初步候选人的资格审查具有可行性。

---

① 民政部基层政权和社区建设司农村处：《关于村委会主任当选资格及工作方式》，《乡镇论坛》2001年第5期。

第六章
我国直接选举候选人资格条件问题[*]

我国有两种以公民或村（居）民身份进行的直接选举：一是县乡人大代表选举，二是村（居）委会选举。这两种选举的候选人资格条件问题，既是一个老问题，也是一个新问题。说是一个老问题，是因为这个问题在过去的法律制定和实施过程中曾多次出现，并有过一些学术讨论。说是一个新问题，是因为民政部新近公布的居委会组织法修订草案征求意见稿关于居委会成员候选人条件的规定，特别是其中关于受过刑事处罚的人、有法律法规规定的其他不适宜作为居委会成员候选人情形的人，不得作为居委会成员候选人的规定，使这一问题再次在国家立法层面重新凸显了出来。本章试图对此问题的来龙去脉、前因后果及可能选择作一些梳理和分析，供研究参考。

一 县乡人大代表选举中的候选人资格条件问题

我国直接选举中的县乡人大代表选举，为现行《中华人民共和国宪法》（以下简称宪法）和《中华人民共和国全国人民代表大会和地方各级人民代表大会选举法》（以下简称选举法）所规范。选举法所称的选举权和被选举权，系指公民在县乡人大代表选举中的选举权和被选举权，这从法律名称上看便一目了然，当无疑义。宪法所规定的选举权和被选举权也不是指一般意义上

---

[*] 本章以《我国直接选举候选人资格条件问题研究》为题，发表于《江汉论坛》2023年第2期。

的，包括各种各样所有类别选举的选举权和被选举权，而是指特定意义上的选举权和被选举权：选举权"是指公民有权按照自己的意愿，依照法律规定的程序选举县乡两级人民代表大会代表的权利"，被选举权"是指公民依法享有被选举为县乡两级人民代表大会代表的权利"。① 我国现行宪法关于公民选举权和被选举权的规定源于 1954 年宪法②，1954 年宪法的规定来自 1953 年选举法③。1953 年选举法和 1954 年宪法确立了我国由选民直接选举的人大代表选举④公民选举权和被选举权相统一的原则，即有选举权就有被选举权的原则。

1953 年选举法一方面明确：依法尚未改变成份的地主阶级分子、依法被剥夺政治权利的反革命分子、其他依法被剥夺政治权利者、精神病患者，无选举权和被选举权；另一方面规定："凡年满十八周岁之中华人民共和国公民，不分民族和种族、性别、职业、社会出身、宗教信仰、教育程度、财产状况和居住期限，均有选举和被选举权。" 1954 年宪法亦是一方面明确：有精神病的人和依照法律被剥夺选举权和被选举权的人除外；另一方面规定："中华人民共和国年满十八岁的公民，不分民族、种族、性别、职业、社会出身、宗教信仰、教育程度、财产状况、居住期限，都有选举权和被选举权。" 1954 年宪法与 1953 年选举法都规定公民选举权和被选举权统一的原则，只是在具体条文表述上有不同：一是 1954 年宪法未把"依法尚未改变成份的地主阶级分子"明列为无选举权和被选举权人；二是 1954 年宪法所说的是"依照法律被剥夺选举权和被选举权的人除外"，而不是"依照法律被剥夺政治权利的人除外"。一个有意思的情况是，1975 年宪法

---

① 蔡定剑：《宪法精解》，法律出版社 2006 年第 2 版，第 247 页。
② 指 1954 年 9 月 20 日一届全国人大第 1 次会议通过的《中华人民共和国宪法》。
③ 指 1953 年 2 月 11 日中央人民政府委员会第 22 次会议通过的《中华人民共和国全国人民代表大会及地方各级人民代表大会选举法》。
④ 1953 年选举法和 1954 年宪法所规定的由选民直接选举的人大代表选举并不包括县人大代表选举。1954 年宪法规定："省、直辖市、县、设区的市的人民代表大会代表由下一级的人民代表大会选举；不设区的市、市辖区、乡、民族乡、镇的人民代表大会代表由选民直接选举。"尽管当时有效的 1978 年宪法规定："省、直辖市、县、设区的市的人民代表大会代表，由下一级的人民代表大会经过民主协商，无记名投票选举；不设区的市、市辖区、人民公社、镇的人民代表大会代表，由选民经过民主协商，无记名投票直接选举。"但 1979 年五届全国人大第 2 次会议修改选举法，将直接选举的范围扩大到了县一级。

和 1978 年宪法①均规定的是"依照法律被剥夺选举权和被选举权的人除外"。只是在 1989 年 7 月 1 日五届全国人大第 2 次会议通过的《中华人民共和国刑法》（以下简称刑法）规定剥夺政治权利的附加刑包括剥夺选举权和被选举权，言论、出版、集会、结社、游行、示威自由的权利，担任国家机关职务的权利，担任企业、事业单位和人民团体领导职务的权利，和同次会议通过的选举法规定"依照法律被剥夺政治权利的人没有选举权和被选举权"之后，1982 年 12 月 4 日五届全国人大第 5 次会议通过的现行宪法，才将"依照法律被剥夺选举权和被选举权的人除外"改为"依照法律被剥夺政治权利的人除外"。

追根溯源，我国宪法和法律关于公民选举权和被选举权统一的原则，既继承了新民主主义革命时期中国共产党领导的根据地法制建设的传统，也借鉴了 1950 年代初苏联等人民民主国家当时实行的宪法规定的经验。

就新民主主义革命时期中国共产党领导的根据地法制建设的传统而言，从 20 世纪 30 年代到 20 世纪 40 年代，无论是根据地的宪法大纲还是苏维埃选举法或边区政府的选举条例等，都明确规定了选举权和被选举权统一的原则。例如：1931 年 11 月 7 日通过的《中华苏维埃共和国宪法大纲》规定："在苏维埃政权领域内的工人、农民、红军兵士及一切劳苦民众和他们的家属，不分男女、种族（汉、满、蒙、回、藏、苗、黎，和在中国的台湾、高丽、安南人等）、宗教，在苏维埃法律面前一律平等，皆为苏维埃共和国的公民。""凡上述苏维埃公民在十六岁以上均享有苏维埃选举权和被选举权。"② 1933 年 8 月 9 日公布的《苏维埃暂行选举法》规定"凡居住在中华苏维埃共和国领土内的人民，在选举的日子，年满十六岁的，无男女、宗教、民族的区别，具下列资格之一者，都得享受选举权和被选举权：（一）一切被雇用的劳动者及其家属，与一切自食其力的人及其家属（如：工人、雇员、贫农、中农，独立劳动者，城市贫民等）；（二）在中华苏维埃共和国海陆空军服役者及其家属；（三）以上二种人民中，在选举时失却

---

① 指 1975 年 1 月 17 日四届全国人大第 1 次会议通过的《中华人民共和国宪法》和 1978 年 3 月 5 日五届全国人大第 1 次会议通过的《中华人民共和国宪法》。

② 韩延龙、常兆儒编：《中国新民主主义革命时期根据地法制文献选编》（第一卷），中国社会科学出版社 1981 年版，第 9 页。

劳动能力,或失业者。""犯下列各条之一的人,没有选举权和被选举权:(一)雇用他人的劳动以牟利者(如:富农,资本家);(二)不以劳动,而靠资本、土地及别的产业的盈利为生活者(如:豪绅,地主,高利贷者,资本家);(三)地主、资本家的代理人,中间人(仲介人,牙人之类)及买办;(四)一切靠传教迷信为职业的人,如各宗教的传教士、牧师、僧侣、道士及地理和阴阳先生等;(五)国民党政府及其他反动政府的警察、侦探、宪兵、官僚、军阀及一切参加反对工农利益的反动分子;(六)犯神经病者;(七)经法庭判决有罪,而在执行判决期间及被剥夺选举权利的期限未满期者;(八)一、二、三、四、五各项人的家属。"① 1943 年 1 月 20 日通过的《晋察冀边区选举条例》规定:"凡在边区境内年满十八岁之中华民国人民,不分性别、职业、民族、阶级、党派、信仰、文化程度、居住期限,经选举委员会登记后,均有选举权和被选举权。""有下列情事之一者,无选举权和被选举权。一、有汉奸行为被判决确定或充伪军伪组织人员者。二、经边区司法机关、军法机关褫夺公权尚未恢复者。三、经边区行政机关通缉有案尚未撤销者。四、有精神病者。前项第一款所称伪军伪组织人员系指甘心事敌执迷不悟,或现仍继续充任者而言,其已经反正或准予自新,或确系被迫参加已宣布脱离者不在此限。"② 1944 年 12 月通过的《陕甘宁边区各级参议会选举条例》规定:"凡居住边区境内人民,年满十八岁,不分阶级、党派、职业、男女、宗教、民族、财产及文化程度之差别,除有下列情形之一者外,皆有选举权及被选举权。(一)有卖国行为,经政府缉办有案者;(二)经法院或军法判决褫夺公权尚未复权者;(三)有神经病者。"③ 尽管这些规范性文件对有选举权和被选举权者界定的范围不尽相同(人们享有选举权和被选举权的范围,第二次国内革命战争时期有阶级区分,抗日战争时期有是否抗日的区分;"公民"或"人民"享有选举权和被选举权的起始时间,1930 年代规定的是年满 16 周岁,

---

① 韩延龙、常兆儒编:《中国新民主主义革命时期根据地法制文献选编》(第一卷),中国社会科学出版社 1981 年版,第 154—155 页。
② 韩延龙、常兆儒编:《中国新民主主义革命时期根据地法制文献选编》(第一卷),中国社会科学出版社 1981 年版,第 272—273 页。
③ 韩延龙、常兆儒编:《中国新民主主义革命时期根据地法制文献选编》(第一卷),中国社会科学出版社 1981 年版,第 244 页。

1940年代规定的是年满18周岁），但规定有选举权即有被选举权却是共同的。

从1950年代初苏联等人民民主国家当时实行的宪法规定来看，据1954年6月中国政治法律学会编辑、人民出版社出版的《宪法分解参考资料》的记载：苏联宪法规定，凡年满18岁之苏联公民，除患精神病及由法院判决褫夺选举权者外，皆有权参加选举；凡年满23岁之苏联公民，皆能被选举为苏联最高苏维埃代表。匈牙利宪法规定，匈牙利一切成人公民，除劳动人民公敌及精神病患者外，均有选举权；凡享有选举权的公民均得被选举为国民议会议员。捷克斯洛伐克宪法规定，年满18岁的公民享有选举权，年满21岁的公民享有被选举权。阿尔巴里亚宪法规定，凡年满18岁的公民，均有选举权与被选入各级国家机关之权。朝鲜宪法规定，年满20岁的公民，除经法院判决剥夺选举权者、精神病者及亲日分子外，均有选举权与被选入任何权力机关的权利。越南宪法规定，越南公民年满18岁，除患有精神病及被剥夺公民权者，均有选举权；能够读写越南文的合格选民，年龄在21岁以上者，有被选举权。罗马尼亚宪法规定，凡年满18岁的罗马尼亚劳动公民，均有权参加选举，只有精神病患者及由法院判决褫夺选举权利的人，以及依法认为不适当的人，作为例外；凡年满23岁享有选举权的罗马尼亚劳动公民，均得被选举为国民议会的议员。波兰宪法规定，每一公民年满18岁，均有选举权，均得被选参加人民会议；每一公民年满21岁，均得被选参加议会；精神病患者，以及根据法院判决被褫夺公权的人，均不得享有选举权。蒙古宪法规定，凡年满18岁的蒙古公民，均得参加选举并有被选举权，只有经法院判决剥夺选举权利的人，以及依法定程序认为有精神病的人，作为例外。保加利亚宪法规定，凡年满18岁的保加利亚公民，皆享有选举权和被选举权，但已被监禁及经法院判决褫夺公民权利与政治权利者，不在此例。[①] 这些国家的宪法，虽然许多规定公民享有被选举权的年龄要大于享有选举权的年龄，但并没有对公民享有被选举权规定其他的限制性条件。也就是说，剔除年龄因素，这些国家宪法采取的都是公民选举权和被选举权统一的原则。记载上述国家宪法规定的《宪法分解参考资料》，在我国1954年宪法通过3个月之前出版，对我国当时立法者

---

① 参见中国政治法律学会编《宪法分解参考资料》，人民出版社1954年版，第46—48页。

的思考和抉择应当起了重要的参考作用。

自1954年宪法通过之后，选举权和被选举权的统一作为宪法原则，一直为我国立法机构不容置疑地坚守和毫不动摇地坚持。在全国人大常委会看来，由于凡年满18周岁的中国公民，只要未被剥夺政治权利，都有选举权和被选举权，因此，即便是被判处有期徒刑、拘役、管制而没有附加剥夺政治权利的人；被羁押，正在受侦查、起诉、审判，检察院或者法院没有决定停止行使选举权利的人；正在取保候审或者被监视居住的人；正在受拘留处罚的人，都准予行使包括选举权和被选举权在内的选举权利。这些人员参加选举，由选举委员会和执行监禁、羁押、拘留的机关共同决定，可以在流动票箱投票，或者委托有选举权的亲属或者其他选民代为投票；被判处拘役、受拘留处罚的人也可以在选举日回原选区参加选举。只是因涉嫌危害国家安全或者其他严重刑事犯罪案被羁押，正在受侦查、起诉、审判的人，经检察院或者法院决定，才在被羁押期间停止行使选举权利。① 上述所有准予行使选举权利的人，在县乡人大代表的选举中，不仅可以参加选举投票，而且可以成为候选人并合法有效当选。1992年4月3日七届全国人大第5次会议通过的《中华人民共和国全国人民代表大会和地方各级人民代表大会代表法》（以下简称代表法）只是规定代表有因刑事案件被羁押正在受侦查、起诉、审判；被依法判处管制、拘役或者有期徒刑而没有附加剥夺政治权利，正在服刑等情形之一的，暂时停止执行代表职务，没有规定有上述情形代表资格终止，并且规定前款所列情形在代表任期内消失后，恢复其执行代表职务。李某在1984年曾因盗窃销赃罪被上海市虹口区法院判处有期徒刑1年零6个月。2001年9月初，李某三兄弟因与当地一涉黑案件有牵连而被温岭市公安局刑事拘留，在报捕时因证据不足未获批准，公安机关将李某变更为监视居住，同时继续对李某涉黑案进行侦查。李某被监视居住时，正逢浙江省温岭市泽国镇人大换届选举。他所在的村要推选7个代表候选人，李某入围。温岭市和泽国镇两级人大曾多次派人做李某工作，希望他能主动退出选举，但未成功。不久，温岭市公安局对李某转为取保候审，与此同时，他被推举为该村的两名正式候选人之一。2001年12月5日，在泽国镇人大指导小组的监督下，李某以高

---

① 《全国人民代表大会常务委员会关于县级以下人民代表大会代表直接选举的若干规定》（1983年3月5日五届全国人大常委会第26次会议通过）。

票当选为该村唯一的镇人大代表。①

对受刑事处罚的人当选人大代表，有学者提出疑问并表达看法：被判处有期徒刑而没有附加剥夺政治权利的人员，当选人大代表后能够胜任这一职务吗？这是令人生疑的。此类"当选"会否有损于人大及其代表的崇高性、严肃性。也是令人担忧的。有鉴于此，至少应当对有刑事前科者设置一定的限定，对被判处刑事处罚但未剥夺政治权利的人的被选举权予以限制规定，规定这类人员在执行刑罚期间无被选举权，在刑满之后经过一定的表现期后，方能享有被选举权。② 亦有学者设问设答：选举权和被选举权是否同等条件？换句话说，对被选举权是否可以增设条件，如可不可以对人大代表候选人提出更高的条件，规定有过犯罪记录的人不能当选人大代表。虽然宪法规定上没有区分选举权和被选举权的条件，但对被选举权进行合理限制并不构成违宪。③

学者们的这些观点和说法应当讲道理较为充分，但迄今为止并未被立法机构采纳。按照我国现行宪法规定的县乡人大代表选举选举权和被选举权统一的原则，选举资格与被选举资格是统一的，不存在与选举资格有区别的特殊的候选人资格条件问题。此一宪法原则无论是在国家法律（选举法、代表法）还是在地方法规（各省级地方县乡两级人大选举实施办法或细则④）中都得到了严格的贯彻和执行，国家法律和地方法规都没有规定高于选民资格的候选人资格条件。

---

① 参见范跃红《疑犯当选人大代表无"法"罢免》，《江南时报》2002年1月28日第3版。转引自张千帆、朱应平、魏晓阳《比较宪法——案例与评析》，中国人民大学出版社2011年版，第449页。

② 参见浦兴祖《重新认识"被选举权"》，《探索与争鸣》2016年第3期。

③ 参见蔡定剑《宪法精解》，法律出版社2006年第2版，第248页。

④ 例如1984年7月18日湖北省六届人大常委会第10次会议通过、后经多次修改、现行的《湖北省县乡两级人民代表大会选举实施细则》规定：在选民登记中，除因涉嫌危害国家安全或者其他严重刑事犯罪而被羁押，正在受侦查、起诉、审判的人，经检察院或者法院决定，羁押期间停止行使选举权利的，不予登记外，被判处有期徒刑、拘役而没有附加剥夺政治权利的人员；被判处管制而没有附加剥夺政治权利的人员；正在受侦查、起诉、审判而被羁押，人民检察院或者人民法院没有决定停止行使选举权利的人员；正在取保候审或者被监视居住的人员；正在受拘留处罚的人员，都应当登记，依法准予行使选举权利。

二 村（居）委会选举中的候选人资格条件问题

我国直接选举中的村（居）委会选举，为《中华人民共和国村民委员会组织法》（以下简称村委会组织法）和《中华人民共和国城市居民委员会组织法》（以下简称居委会组织法）所规范。1987年11月24日六届全国人大常委会第23次会议通过的村委会组织法（试行）和1998年11月4日九届全国人大常委会第5次会议通过的村委会组织法，根据宪法制定，其关于选举权和被选举权的规定与宪法的表述，除了一个是"村民"一个是"公民"外，完全相同："年满十八周岁的村民，不分民族、种族、性别、职业、家庭出身、宗教信仰、教育程度、财产状况、居住期限，都有选举权和被选举权；但是，依照法律被剥夺政治权利的人除外。"1989年12月26日七届全国人大常委会第11次会议通过的居委会组织法关于选举权和被选举权的规定，亦只是把"公民"改为"居民"，与村委会组织法一样："年满十八周岁的本居住地区居民，不分民族、种族、性别、职业、家庭出身、宗教信仰、教育程度、财产状况、居住期限，都有选举权和被选举权；但是，依照法律被剥夺政治权利的人除外。"这就是说，1987年村委会组织法（试行）、1998年村委会组织法和1989年居委会组织法对村（居）委会选举同样规定了选举权和被选举权统一的原则，也都没有规定村（居）委会成员候选人应当或者必须具备高于参加选举的村（居）民的资格条件。

但与县乡人大代表选举地方法规坚守选举权和被选举权统一原则不同的是，村（居）委会选举选举权和被选举权统一的原则，为许多实施1998年村委会组织法和1989年居委会组织法的省级法规所变通。一是北京、天津、吉林、山东、甘肃、湖北、青海、新疆、内蒙古、河北、浙江、贵州、江苏、辽宁、宁夏、西藏、重庆、广东、四川等省份，各自都从积极的肯定的方面规定了村委会成员候选人的提名或推选条件。总括起来，包括拥护中国共产党领导，热爱社会主义祖国；遵守和贯彻执行宪法、法律、法规和国家政策；带头履行村民义务，维护村民的合法权益；清正廉洁，办事公道；勤奋敬业，工作认真负责，热心为村民服务；作风民主、正派，熟悉村情，能够联系广大村民，有群众威信；身体健康，年富力强，有一定的科学文化知识水平和组织、管理及办事能力，懂经济，能完成国家任务和带领群众共同致富；不搞宗族派性，不搞封建迷信活动。二是有的省份从积极的肯定的方面规定了居委会成员候选人的提名或推选条件。如湖北规定：居委会成员由具备遵纪守法、作风民主、办事公道、热心为居民服务等条件的居民担任。山西规定：居委会成员应由热心为居民服务、依法办事、作风民主、不谋私利、有一定办事能力的人担任。三是个别省份直接从消极的否定的方面规定了村委会成员候选人的限制性资格条件，如黑龙江规定违反计划生育政策法规的，3年内不得被提名为村委会成员候选人。四是一些省份间接从消极的否定的方面规定了村委会成员候选人限制性资格条件。黑龙江规定：村委会成员有下列行为之一的，其职务自行终止：被依法追究刑事责任的，违反计划生育政策法规的，连续3个月不履行或不能履行职务的。重庆规定村委会成员有下列情形之一的，其职务自行终止：被依法追究刑事责任的；被依法劳动教养的；违反计划生育的；未经村委会同意，连续三个月不履行职责的；迁出或调离本村的。天津、吉林、山东、湖北、内蒙古、河北、浙江、贵州、江苏、辽宁、西藏、广东、黑龙江、安徽、陕西、江西、海南、湖南、云南、河南等省份也都规定：村委会成员在任期内被依法追究刑事责任或者劳动教养的，其职务自行解除或终止。五是有的省份（黑龙江）间接从消极的否定的方面规定了居委会成员候选人限制性资格条件：居委会成员有严重违法乱纪行为或不称职的应当予以撤换。六是若干省份或者规定村民会议可以根据法规规定的村委会成员候选人应当具备的积极条件和本村的情况，在选举办法中规定对候选人的具体要求（安徽、陕西）；或者规定村民选举委员会可以根据法规规定的村委会成员应当具备的积极条件，结合本村的实际和需要，拟定村委会成员候选人的资格条件，提请村民会议讨论通过（山西）；或者规定村委会成员候选人的具体要求，可以由县（市、区）、乡、民族乡、镇村委会换届选举工作指导小组提出，经村民会议或者村民代表会议根据本村情况讨论确定（江西）。①

2010年村委会组织法的修改，使村委会成员候选人资格条件问题超出地方法规层面，在国家法律层面展开。在此次村委会组织法修改讨论过程中，

---

① 参见唐鸣、王林《关于村委会成员候选人资格条件问题的思考》，《华中师范大学学报》（人文社会科学版）2005年第4期。

2009年12月十一届全国人大常委会第12次会议对修订草案进行了初次审议，2010年6月十一届全国人大常委会第15次会议对修订草案进行了第二次审议，这两次审议的修订草案稿都规定有村委会成员候选人资格条件由省、自治区、直辖市的人大常委会规定的条文。① 虽然该条文最终没有成为正式的法律规定，但由此事能够看到，可以和应当规定村委会成员候选人资格条件是许多立法者的共识；从修订通过后新的法律条款也可以看到，村委会组织法一方面从积极的肯定的方面规定了村委会成员候选人资格条件："村民提名候选人，应当从全体村民利益出发，推荐奉公守法、品行良好、公道正派、热心公益、具有一定文化水平和工作能力的村民为候选人。"另一方面间接从消极的否定的方面规定了村委会成员候选人资格条件："村民委员会成员丧失行为能力或者被判处刑罚的，其职务自行终止。"

实施2010年村委会组织法的省级办法，反过来，在国家法律规定的基础上于地方法规又作了一些细化或补充。其一，从积极的肯定的方面规定村委会成员候选人资格条件。青海、内蒙古增加了"维护民族团结"；西藏增加了"维护祖国统一和民族团结，反对分裂"；新疆增加了"政治坚定，维护祖国统一、民族团结和社会稳定，反对民族分裂、反对暴力恐怖、反对宗教极端和非法宗教活动"；广东、重庆增加了"具有初中以上学历"；黑龙江增加了"一般应当具有初中以上学历"；海南规定了"一般具有初中以上文化程度"。

---

① 对此，我们在全国人大法律委员会、全国人大常委会法制工作委员会2010年9月20日召开的座谈会上提出了反对的意见。我们认为，村委会组织法不必和不应规定村委会成员候选人资格条件由省、自治区、直辖市的人大常委会规定。因为第一，现行法和修订草案均已规定村委会选举的具体选举办法由省、自治区、直辖市的人大常委会规定。村委会选举的具体选举办法，从逻辑上讲是能够包括，从实际上讲是许多已经包括候选人资格条件的规定的，没有必要另又规定候选人的资格条件由省、自治区、直辖市的人大常委会规定。第二，如果说省级法规是从积极的肯定的方面规定村委会成员候选人资格条件，那么修订草案已经有了这方面的内容，在此基础上要省级法规再添加一些什么新规定，实属多余。第三，如果说是从消极的否定的方面规定村委会成员候选人资格条件，那么由各省、自治区、直辖市各行其是恐怕不太妥当，会造成同样的条件在不同的省、自治区、直辖市遭遇截然不同对待的情况发生，倒不如由全国人大常委会在村委会组织法中统一规定更为合理。第四，无论是从积极的肯定的方面，还是从消极的否定的方面规定村委会成员候选人资格条件，都在一定程度上限制了法律关于"年满十八周岁的村民，不分民族、种族、性别、职业、家庭出身、宗教信仰、教育程度、财产状况、居住期限，都有选举权和被选举权；但是依照法律被剥夺政治权利的人除外"规定的适用，而对法律规定适用的限制最好或只能由法律自身作出，而不是或不能交给法规作出（参见唐鸣等《草根民主的法律规制——村民自治面临的新问题及法律制度建设》，中国社会科学出版社2013年版，第498—499页）。

其二，从消极的否定的方面规定村委会成员候选人资格条件。北京规定："具有《中华人民共和国村民委员会组织法》第十八条规定情形的，不提名为村民委员会成员候选人。前款规定以外的严重违反法律、法规，或者被依法限制人身自由客观上不能履行村民委员会成员职责的村民，经村民会议或者村民代表会议决定，不提名为村民委员会成员候选人。"海南规定，选民提名候选人，应当从全体村民利益出发，推荐具备下列条件的选民为候选人，包括：选举日前三年内没有被判处刑罚，或者被羁押正在受侦查、起诉、审判；选举日前三年内没有违反计划生育法律、法规超计划生育；现任村党组织和村委会成员在选前审计中未发现存在严重违法违纪问题；现任村党组织和村委会成员在任期三年内，年度考核或者民主评议没有两次被评为不称职。其三，明确村民会议或者村民代表会议可以提出村委会成员候选人具体条件。浙江规定：村委会换届选举时，省村委会选举工作指导机构可以提出候选人的具体条件和审查程序，村选举办法应当明确候选人的具体条件和审查程序；江西规定：村委会成员候选人的具体资格条件，可以由县（市、区）和乡、民族乡、镇村委会选举工作指导小组提出指导意见，经村民会议或者村民代表会议根据本村情况讨论确定；安徽、内蒙古规定：对候选人的具体要求或其他要求，村民会议可以根据本村情况在选举办法或选举方案中作出规定；山西、天津规定：村民选举委员会结合本村的实际情况以及村委会的工作需要，可以拟订村委会成员候选人的具体条件，提请村民会议或者村民代表会议讨论通过。[①]

以上所说的是法律法规规定的情况。在政策上，近年来中央文件特别强调应当对村（居）委会成员候选人资格条件提出明确要求，并从负面列举和规定了一些资格条件。2017年3月7日中共中央组织部、民政部《关于加强农村基层组织建设 着力整治"村霸"问题的通知》规定：严格规范村"两委"换届选举，坚决把不符合村干部条件的人拒之门外。"严格人选标准，把好'入口关'，对选什么样的人要明确资格条件，对不选什么样的人也要旗帜鲜明、列出'负面清单'，坚决防止'村霸'等不符合村干部条件的人进入村'两委'班子。"[②] 2021年4月28日中共中央、国务院《关于加强基层治

[①] 参见唐鸣、朱可心《各省村委会选举办法比较研究》，《社会科学动态》2020年第1期。
[②] 中共中央组织部二局、民政部基层政权建设和社区治理司编：《村"两委"换届工作指导手册》，党建读物出版社2020年版，第250页。

理体系和治理能力现代化建设的意见》规定："强化党组织领导把关作用，规范村（居）民委员会换届选举，全面落实村（社区）'两委'班子成员资格联审机制，坚决防止政治上的两面人，受过刑事处罚、存在'村霸'和涉黑涉恶及涉及宗族恶势力等问题人员，非法宗教与邪教的组织者、实施者、参与者等进入村（社区）'两委'班子。"

根据中央文件规定，全国省、市、县、乡各级村（居）委会换届工作领导或指导机构普遍都列举出了村（居）委会成员候选人的负面清单。例如2021年某省省委省政府关于村（社区）"两委"换届工作的通知明确规定："有下列情形之一的，不得确定为村（社区）'两委'班子成员候选人：（1）政治觉悟不高、组织观念不强，不遵守政治纪律和政治规矩；（2）受过刑事处罚；（3）存在'村霸'、涉黄涉赌涉毒、涉黑涉恶、涉电信网络欺诈等问题；（4）非法宗教和邪教的组织者、实施者、参与者；（5）涉嫌严重违纪违法，正在接受审查调查（侦查）；（6）近3年内被评议为不合格党员且被劝退、除名，或者仍在限期改正；（7）存在拉票贿选等违反换届纪律行为，利用各种方式操纵、干扰、破坏选举工作；（8）长期无理上访或者组织、蛊惑群众上访，影响社会稳定；（9）法治意识淡薄，道德品质差，被依法列为失信联合惩戒对象；（10）其他违反党规党纪和法律法规规定不得提名情形。"

最近的动向是本章开始时已经提到的，有关的政策要求有可能会转化为法律规定，居委会组织法修订草案直接从消极的否定的方面规定了居委会成员候选人资格条件。

三　两种直接选举在候选人资格条件问题上的统一

同样是直接选举，为什么县乡人大代表选举会严格坚持选举权与被选举权统一的原则，国家法律和地方法规都没有规定高于选民资格的候选人资格条件，而村（居）委会选举会在选举权与被选举权统一原则上变通，政策法律法规实际规定了或倾向于规定候选人高于参加选举的村（居）民资格条件呢？

理由可能主要有二。其一，县乡人大代表选举的选举权与被选举权统一的原则为宪法明确规定，触碰这一原则直接违反宪法的规定，兹事体大，不可妄为；如要对这一原则予以一定的限制，只能通过修宪的方式由宪法本身来作出，而不能由法律来作出。宪法规定的选举权与被选举权以及二者统一的原则，均系对县乡人大代表选举的特别规范。村（居）委会选举的选举权与被选举权以及二者统一的原则，不在宪法规定规范的范围之内。虽然村（居）委会组织法也规定了选举权与被选举权统一的原则，但对这一原则予以一定的变通执行并不违宪，对这一原则予以一定的限制，可以由法律自身来作出。其二，县乡人大与村（居）委会不同，对县乡人大代表候选人和村（居）委会成员候选人的要求也应不同。县乡人大系集体议事机构，尽管其讨论和决策很重要，但并不负责日常管理。县乡人大代表众多，即便个别不适宜执行代表职务的人当选后停止执行代表职务，也不会影响县乡人大的正常召开和运作。村（居）委会虽然从实行合议制来说与县乡人大有类似之处，但二者性质很不相同，村（居）委会是日常管理机构。村（居）委会成员就是那么几个①，如果有一两个不适宜执行村（居）委会成员职务的人被选为村（居）委会成员，他们停止执行主任或委员职务则有可能造成村（居）委会的瘫痪。②

上述理由是否能够成立可以作进一步讨论，对于县乡人大选举是否应当规定候选人高于选民的资格条件也可以作进一步思考。问题的关键在于：允许受到或受过刑事处罚的人成为国家权力机关或者民意代表机关的成员候选人乃至成员是否恰当。

首先，从我国国家法治统一的视角看。其一，县乡人大代表选举和村（居）委会选举同为直接选举，却适用不同的规则；受到或受过刑事处罚的人无资格成为村（居）委会成员候选人，却有资格成为县乡人大代表候选人，标准双重，反差巨大。如果将两种直接选举放到同一时段一起来进行，甚至合并进行，适用同一程序，那么实际操作必然会遇到难以克服的困难和难以解决的矛盾。其二，按照我国现行法律的规定，一定要判处附加剥夺政治权利的对象很少，主要是那些被判处死刑、无期徒刑的罪犯；对于故意杀人、

---

① 据有关统计数据计算，从 2010 年到 2020 年，全国村委会成员的平均人数在 4 人左右，或为 3 人或为 5 人，居委会成员的平均人数为 5 人。

② 参见唐鸣、王林《关于村委会成员候选人资格条件问题的思考》，《华中师范大学学报》（人文社会科学版）2005 年第 4 期。

强奸、放火、爆炸、投毒、抢劫、盗窃（重大）等严重破坏社会秩序的罪犯，并非都一定要判处附加剥夺政治权利，只是需要剥夺选举权利的，才由人民法院判处附加剥夺政治权利[①]；绝大多数受到刑事处罚的人都是未被剥夺政治权利、有权参与县乡人大代表选举、有可能被提名为候选人，甚至有可能合法有效当选的，虽然这种可能性很小。其三，我国现行的法律明确规定，因犯罪受过刑事处罚的人既不能成为行政机关的公职人员，也不能担任监察官、法官和检察官。我国公务员法规定，下列人员不得录用为公务员：因犯罪受过刑事处罚的；被开除中国共产党党籍的；被开除公职的；被依法列为失信联合惩戒对象的；有法律规定不得录用为公务员的其他情形的。监察官法规定，有下列情形之一的，不得担任监察官：因犯罪受过刑事处罚，以及因犯罪情节轻微被人民检察院依法作出不起诉决定或者人民法院依法免予刑事处罚的；被撤销中国共产党党内职务、留党察看、开除党籍的；被撤职或者开除公职的；被依法列为失信联合惩戒对象的；配偶已移居国（境）外，或者没有配偶但是子女均已移居国（境）外的；法律规定的其他情形。法官法和检察官法规定，下列人员不得担任法官和检察官：因犯罪受过刑事处罚的；被开除公职的；被吊销律师、公证员执业证书或者被仲裁委员会除名的；有法律规定的其他情形的。既然受到或受过刑事处罚的人不能在行政机关、监察机关、司法机关担任职务，为何在法律上又允许受到或受过刑事处罚的人可以成为产生行政机关、监察机关、司法机关的权力机关的人员？

其次，从比较借鉴在此问题上外国的有关规定看。很多国家都规定被依法判处监禁或一定期限监禁的人丧失被选举权或无被选举资格，不能成为议员候选人或当选议员。如俄罗斯宪法规定，俄罗斯联邦公民有选举和被选入国家权力机关和地方自治机关的权利，并有参加全民公决的权利，但被认定为无行为能力的公民，以及依照法院判决被羁押在剥夺自由场所里的公民，没有选举权和被选举权。[②] 秘鲁宪法规定，被判处刑罚的，暂停行使包括选举

---

① 参见1984年3月24日全国人大常委会法制工作委员会、最高人民法院、最高人民检察院、公安部、司法部、民政部《关于正在服刑的罪犯和被羁押的人的选举权的问题的联合通知》。
② 参见孙谦、韩大元主编《公民权利与义务——世界各国宪法的规定》，中国检察出版社2013年版，第110页。

权和被选举权在内的公民权利。① 土耳其宪法规定，公民依照法律规定的条件，有选举权和被选举权；包括过失犯罪在内的在监狱和拘留所接受刑罚的犯人不得参加投票。② 澳大利亚宪法规定，根据英联邦法律或州法律可判处一年或一年以上监禁的罪行或叛国罪，已被定罪、正在判刑或准备判刑的，不得被选为参议员或众议员。新加坡宪法规定，曾被新加坡或马来西亚的法院判定他犯有罪行，并被判处不少于一年的监禁或不少于 2000 美元的罚款，并且没有得到自由赦免的人，不得成为议员。英国选举法规定，服刑 1 年以上的罪犯不得成为下院议员候选人。③ 韩国公职选举法规定，凡被判处监禁以上刑罚、其刑罚未失效者；因法院判决而停止或丧失被选举权者；犯妨碍国会会议罪，被判处 500 万韩元以上罚金其刑罚确定后未超过 5 年者，被判处缓期执行刑罚其刑罚确定后未满 10 年者，被判处徒刑并确定不受其执行后或该刑终止执行或免除执行后未逾 10 年者，无被选举权。法国规定，被定罪判刑者，终生剥夺其选民资格的，完全丧失候选人资格，在一定时期内被剥夺者则在一倍于上述时间里不具有候选人资格。④ 日本公职选举法规定，所有被判监禁或更严厉处罚且尚未完成判决或尚未停止执行的人（不包括暂停执行的人），担任公职触犯刑法而被处罚、自处罚结束之日起尚未过去五年或者被暂停执行的人，因与法律规定的选举、投票和公民审查有关的犯罪而被判监禁或更严厉处罚并被暂停执行的人，都无选举权和被选举权。之所以作出这样的规定，其理由，按照日本学者森口繁志的观察，是因为"处刑者或刑后者在日本，被认为作为公民其参加公务之实质的资格有缺陷者"⑤。按照美国学者科恩的看法，是"某些故意行为……使行为者丧失成员资格（或成员资格受到限制）。……例如罪犯，就是因为自居于反对社会之列而被剥夺充分参与社会事务的权利"⑥。按照法国学者让-马里·科特雷、克洛德·埃梅里的观点，是因为"根据马塞尔·普雷洛的公式，犯人的选票'已被他们的卑劣行

---

① 参见孙谦、韩大元主编《公民权利与义务——世界各国宪法的规定》，中国检察出版社 2013 年版，第 322 页。
② 参见孙谦、韩大元主编《公民权利与义务——世界各国宪法的规定》，中国检察出版社 2013 年版，第 35 页。
③ 参见聂露《论英国选举制度》，中国政法大学出版社 2006 年版，第 111 页。
④ 参见曲进《法国议会的选举制度》，《西欧研究》1988 年第 5 期。
⑤ ［日］森口繁志：《选举制度论》，刘光华译，中国政法大学出版社 2005 年版，第 117 页。
⑥ ［美］科恩：《论民主》，聂崇信、朱秀贤译，商务印书馆 1988 年版，第 54 页。

为所玷污，所以不能作数。这些被判刑者，他们以身试法，藐视全民的意志，公开地甚至使用暴力与纯洁的、有资格的人民群众相对抗，他们自己把自己摆在了人民的对立面'"①。按照国际民主与选举援助协会和国际选举制度基金会的说法，是"经过审判，确定了刑罚的人，要被剥夺被选举权是由选举的特性决定的。要成为候选人，首先要品行端正，与犯罪不沾边"②。

最后，从我国未剥夺政治权利罪犯与剥夺政治权利罪犯对政治权利的实际享有看。我国学界曾有人提出，"未剥夺政治权利的罪犯应停止行使选举权利"，亦有人提出，"剥夺政治权利当然适用于一切有期徒刑执行期间"。③ 遗憾的是这一建议未得到学者们的一致赞同和普遍接受，更未得到立法机构的认可和采纳。许多人坚持认为，未剥夺政治权利的罪犯仍然应当和可以行使选举权利（包括选举权和被选举权）。其实，从我国未剥夺政治权利罪犯与剥夺政治权利罪犯对政治权利实际享有的比较，即可看出这一主张内在的缺陷。剥夺政治权利包括剥夺选举权和被选举权，言论、出版、集会、结社、游行、示威自由的权利，担任国家机关职务的权利，担任企业、事业单位和人民团体领导职务的权利。正在服刑的罪犯，即便未被剥夺政治权利，也是不可能有集会、结社、游行、示威自由的，他们既不可能在监所内有集会、结社、游行、示威的自由，更不可能有出监所进行集会、结社、游行、示威的自由；也是没有担任国家机关职务的权利以及国有企业、事业单位和人民团体领导职务的权利的，有关的法律法规对此都作了禁止性的规定。那么，为什么一定要单单允许其享有和行使选举权利。既然未被剥夺政治权利的罪犯可以享有和行使选举权利，他们集会、结社、游行、示威自由的权利，担任国家机关职务的权利，担任企业、事业单位和人民团体领导职务的权利，在司法判决上未被剥夺，又为什么没有集会、结社、游行、示威的自由，没有担任国家机关职务的权利以及国有企业、事业单位和人民团体领导职务的权利呢？

基于上述考虑，我们认为，应当对刑法的有关规定进行修正或补充，明确规定剥夺政治权利当然适用于一切刑事处罚执行期间，以排除和避免正在

---

① ［法］让－马里·科特雷、克洛德·埃梅里：《选举制度》，张新木译，商务印书馆1996年版，第19页。
② 靳尔刚、詹成付主编：《国外选举制度精选》，中国社会出版社2003年版，第66页。
③ 刘强：《未剥夺政治权利的罪犯应停止行驶选举权利》，《政治与法律》1989年第5期；谢希鹏：《剥夺政治权利当然适用于一切有期徒刑执行期间》，《法学》1991年第4期。

受刑事处罚的人成为国家权力机关或者民意代表机关的成员候选人乃至成员。进一步，为排除和避免因犯罪受过刑事处罚以及因犯罪情节轻微被检察院依法作出不起诉决定或者被法院依法免予刑事处罚的人被提名和当选为人大代表，应当修改选举法，明确规定：因犯罪受过刑事处罚的人，因犯罪情节轻微被检察院依法作出不起诉决定或者被法院依法免予刑事处罚的人，不得被提名为人大代表候选人；如被提名，提名无效；如被投票，选票无效。这样做，的确在一定程度上限制了宪法规定的县乡人大代表选举选举权与被选举权统一的原则，但法律对宪法规定的限制或变通并非完全不可行，实践中多有先例。例如本章在前面曾经提到的，1979年，在宪法规定人大代表直接选举的层级为乡级的情况下，选举法的修改将直接选举的范围扩大到了县乡两级；1989年，在宪法规定"依照法律被剥夺选举权和被选举权的人除外"的情况下，修改的选举法规定"依照法律被剥夺政治权利的人没有选举权和被选举权"。如果对选举法作出上述修改，便可在候选人资格问题上达至两种直接选举规定的统一，为将来有可能的两种直接选举的统一进行铺平部分道路。

第七章
村委会选举中的委托投票问题*

《中共中央办公厅国务院办公厅关于加强和改进村民委员会选举工作的通知》（中办发〔2009〕20号文件）指出：在村委会选举中，要"严格规范委托投票，限定选民接受委托投票的人次，禁止投票现场临时委托"。这是在现有的法律制度框架下所做出的规定，无疑是正确和合理的。然而，着眼于发展，立足于长远，从科学规范村委会选举的角度来说，有必要对村委会选举中的委托投票问题作全面、深入的研究。

一 村委会选举委托投票的文本规定分析

从法律规定上讲，村委会选举中的委托投票制度系从人大选举借鉴而来。1979年7月第五届全国人大二次会议通过的《中华人民共和国全国人民代表大会和地方各级人民代表大会选举法》（以下简称人大选举法）第35条规定："选民如果在选举期间外出的，可以书面委托其他选民代为投票，但事先须经选举委员会认可。"也许是在该法颁布以后的选举实践中，出现了有的选民接受委托过多的问题，1986年12月第六届全国人大常委会第18次会议在对人大选举法进行修改时，将此条规定修改为："选民如果在选举期间外出，经选举委员会同意，可以书面委托其他选民代为投票。每一选民接受的委托不得超过三人。"

---

* 本章以《村委会选举中的委托投票问题研究》为题，发表于《中国农村观察》2009年第4期。

按照人大选举法的规定，合法有效的委托投票必须满足五个方面的条件：一是选民在选举期间外出，不能亲自参加选举和投票，方可委托他人代为投票；如果选民在选举期间并未外出，那么就不能委托他人代为投票。二是委托他人代为投票，必须经选举委员会同意；未经选举委员会同意或选举委员会不同意，不能委托他人代为投票。三是委托他人代为投票，必须采取书面的方式；委托人必须书写委托书，写明委托何人代为投票；受委托人必须凭委托人的委托书，领取选票并写票和投票；受委托人不能仅凭委托人的口头委托，代其投票。四是受委托人也必须是选民；选民不能委托非选民或没有选民资格的人代为投票。五是每一选民接受的委托不得超过三人，任何人都不能接受四人以上的委托代为投票。

由于1987年11月第六届全国人大常委会第23次会议通过的《中华人民共和国村民委员会组织法（试行）》和1998年11月第九届全国人大常委会第5次会议通过的《中华人民共和国村民委员会组织法》（以下简称村委会组织法）对村委会选举的规定都很简略，均没有也不可能涉及委托投票的问题；全国没有一部统一的村委会选举法，由各省、市、自治区在各自的村委会选举办法或村委会组织法实施办法中对委托投票问题作出规定，因此村委会选举中的委托投票制度既在各省、市、自治区之间有一定的差异，也与人大选举中的规范有一些不同。这表现在如下几个方面。

第一，选民是否只有在选举期间外出才能委托他人代为投票？有8个省级地方（广东、广西、黑龙江、辽宁、四川、新疆、浙江、山东）规定，选民如果在选举期间外出，可以委托他人代为投票。有5个省级地方（天津、山西、吉林、江苏、上海）规定，除因选举期间外出外，选民在选举期间因其他特殊原因（如生病）不能直接投票的，也可以委托他人代为投票。大多数省级地方（北京、河北、甘肃、贵州、海南、安徽、河南、湖北、湖南、江西、内蒙古、宁夏、青海、陕西、西藏、云南）规定，只要是选举日不能参加投票选举或因故不能参加投票选举的选民，都可以委托他人代为投票。

第二，委托他人代为投票是否必须经过村民选举委员会的同意？有10个省级地方（河北、山西、黑龙江、吉林、辽宁、内蒙古、宁夏、山东、西藏、上海）规定，委托他人代为投票，必须经村民选举委员会同意。有4个省级地方（天津、海南、安徽、江苏）规定，委托他人代为投票，须经村民选举委员会确认。大多数省级地方（北京、广东、甘肃、广西、贵州、河南、湖北、湖南、江西、青海、陕西、四川、新疆、云南、浙江）既未规定委托他人代为投票，必须经村民选举委员会同意，也未规定委托他人代为投票，必须经村民选举委员会确认。这里面，北京、河南、陕西、新疆等省级地方规定了委托他人代为投票，须通过村民选举委员会办理委托投票手续；而广东、甘肃、广西、贵州、湖北、湖南、江西、青海、四川、云南、浙江等省级地方则未明确规定委托他人代为投票，必须通过村民选举委员会办理委托投票手续。

第三，委托他人代为投票是否必须采取书面的方式？大多数省级地方（北京、河北、山西、广东、广西、海南、安徽、河南、黑龙江、湖南、吉林、江苏、辽宁、内蒙古、宁夏、陕西、四川、新疆、云南、浙江、上海）都明确规定了委托他人代为投票必须采取书面的方式，但也有些省级地方（天津、甘肃、贵州、湖北、江西、青海、山东、西藏）未明文规定委托他人代为投票必须采取书面的方式。

第四，委托是否有时间限制？大多数省级地方（广东、甘肃、海南、黑龙江、湖北、湖南、江苏、江西、辽宁、宁夏、青海、山东、四川、西藏、云南、浙江）未明文规定应当或只能在什么时间委托，部分省级地方（广西、贵州、陕西、北京、天津、安徽、河南、吉林、新疆、上海）明文规定应当在事前或投票选举前或选举日前委托，也有几个省级地方（河北、山西、内蒙古）规定应当在选举日的三日以前委托。

第五，村委会成员正式候选人是否可以接受其他选民委托代为投票？有13个省级地方（北京、天津、甘肃、广西、黑龙江、湖北、湖南、吉林、江西、山东、四川、新疆、浙江）明确规定村委会成员正式候选人不可以接受其他选民委托代为投票。海南省规定村委会成员候选人不得接受法定近亲属以外的选民的委托。江苏省规定村委会成员候选人及其配偶、直系亲属不得接受家庭成员以外选民的委托。另有14个省级地方（河北、山西、广东、贵州、安徽、河南、辽宁、内蒙古、宁夏、青海、陕西、西藏、云南、上海）对此则没有明确的限制条款。

第六，每一选民接受委托的人数最多为几人？大多数省级地方（北京、天津、广东、甘肃、广西、海南、江苏、江西、辽宁、内蒙古、宁夏、青海、山东、陕西、四川、西藏、新疆、云南、浙江）规定每一选民接受委托投票不得超过3人。有几个省级地方（河北、安徽、河南、湖北、上海）规定每一选民接受的委托不得超过 2 人。还有几个省级地方（山西、黑龙江、湖南、吉林）规定每个选民只能接受 1 人委托。贵州省未明确规定接受委托的最高人数限额。

第七，受委托人可否违背委托人的意愿或意志投票？河南、浙江、云南、山东、内蒙古、江苏、湖北、湖南等省级地方明确规定，被委托人不得违背委托人的意愿或意志进行投票。其他省级地方虽未在法规条文的文字上对此作明确规定，但应当认为这一精神是蕴涵于其字里行间的。委托投票的一个主要立法目的，应当是为不能到现场直接投票的选民行使选举权提供方便或提供保障。受委托人必须按照委托人的意愿或意志投票，才是代为投票，才符合委托投票的立法原意。如果受委托人可以违背委托人的意愿或意志投票，那么就不是代为投票而是自行投票了，就与委托投票的立法目的相悖了。

第八，委托投票是代为投票还是代为行使选举权？除贵州省外，其他所有规定村委会选举委托投票制度的省级地方，都将委托投票界定为受委托的选民代委托的选民投票。唯有贵州省规定委托投票是受委托的选民代委托的选民行使选举权。该省规定的原文为："投票选举前，不能参加投票的选民，应委托其他选民代其行使选举权。"

贵州省的这一规定在法理上似可斟酌和讨论。我们认为，选举权作为公民的一项政治权利，具有属人的特性，既不可转让给他人，也不可由他人代为行使，任何一个选民是否参加选举和选举何人的意思表示要由他自己独立作出，任何人不得代替他人作出是否参加选举和选举何人的意思表示。因为如果选举权可以转让给他人或可以由他人代为行使，就会破坏每一选民在一次选举中只能有一个投票权和每一选民投出的选票效力相同的选举的平等性原则，损害民主选举的公平性和公正性，严重的还会使选举背离少数服从多数的民主原则，导致其结果不能真正反映甚至违背大多数人的愿望和要求。[①]委托投票或代为投票与代为行使选举权是不同的，委托投票或代为投票应当是代投票人严格遵照被代投票人的意思或被委托人严格遵照委托人的意思写票和投票，这与受委托人根据自己的意志行使权利，从理论上讲，性质完全不同。

但从实际上看，在实际生活中，委托投票或代为投票很容易，也的确很多变成了代为行使选举权。由此看来，贵州省的上述规定只不过是坦率地承

---

① 参见唐鸣等《村委会选举法律问题研究》，中国社会科学出版社 2004 年版，第 153 页。

认了这一不合理但很普遍的现实而已。

二 村委会选举委托投票的实际状况考察

村委会选举中的委托投票是一个很普遍的现象。然而，从民政部门的正式统计数据看，村委会选举中的委托投票率虽然在各省级地方有较大的差异，但全国总体上的平均水平并不很高。

表7-1　全国若干省、自治区、直辖市村委会选举委托投票情况表①

省级地方	2001—2003年 委托投票数	2001—2003年 委托投票率（%）	2005—2007年 委托投票数	2005—2007年 委托投票率（%）
北京	273732	11.11	267383	9.58
内蒙古	186000	2.51	259058	2.71
辽宁	668486	4.64		
吉林	292021	4.07		
江苏	5591846	15.97	6419187	17.33
浙江	1579903	6.14		
湖北	3854207	18.03	4562314	17.47
广东	1926483	6.05		
广西	1707418	6.85		
海南	140351	4.47	182782	5.55
重庆	1321519	9.36		
四川	7981037	16.50	6519719	13.66
贵州	1154608	6.33		
陕西	1224278	7.26	1234000	6.50
青海	251470	13.23	291899	13.16

---

① 资料来源：史卫民、潘小娟等：《中国基层民主政治建设发展报告》，中国社会科学出版社2008年版，第33—35页；詹成付主编：《2005—2007年全国村民委员会选举工作进展报告》，中国社会出版社2008年版，第26—28页。

续表

省级地方	2001—2003 年		2005—2007 年	
	委托投票数	委托投票率（%）	委托投票数	委托投票率（%）
黑龙江			217016	1.84
安徽				9.10
福建			130702	0.82
西藏			177585	13.28
甘肃			983555	7.81
平均		8.83		9.14

2001—2003 年有统计数据的 15 个省级地方单位，村委会选举委托投票率最低的地方是内蒙古，为 2.51%；最高的地方是湖北，为 18.03%；5% 以下的有内蒙古、辽宁、吉林、海南 4 个地方；5%—10% 的有浙江、广东、广西、重庆、贵州、陕西 6 个地方；高于 10% 的有北京、江苏、湖北、四川、青海 5 个地方；平均 8.83%。

2005—2007 年有统计数据的 13 个省级地方单位，村委会选举委托投票率最低的地方是福建，为 0.82%；最高的地方仍然是湖北，为 17.47%；5% 以下的有内蒙古、黑龙江、福建 3 个地方；5%—10% 的有北京、海南、陕西、安徽、甘肃 5 个地方；高于 10% 的有江苏、湖北、四川、青海、西藏 5 个地方；平均 9.14%。

福建省委托投票率之所以最低，可能是因为福建在村委会选举办法中取消了关于委托投票的规定，村委会选举中的委托投票在福建已经不是合法的行为。统计数据显示福建仍然有少量的委托投票，一方面表明过去委托投票的习惯做法一时还难以彻底消除，另一方面也表明该统计数据较为客观地反映了实际情况，具有相当的真实性。

湖北省委托投票率最高，一般人们会认为，这可能与湖北常年在外打工的人员比较多有一定的关系。因为在其他情况相同或没有较大差异的条件下，常年在外打工选民数占选民总数的比率与委托投票率应当成正比，常年在外打工人员比较多的地方，委托投票率应当也比较高。但统计数据并不能支持这一符合常理的判断。据湖北民政部门的统计，2002 年第五届村委会换届选举时常年在外打工的选民数为 2837923 人，占选民总数的 11.13%；2005 年第六届村委会换届选举时常年在外打工的选民数为5420653人，占选民总数的20.43%。后者与前者相比较，比率提高了9.3。可是2005年第六届村委会换届选举与2002年第五届村委会换届选举相比较，委托投票率不升反降，由18.03%下降为17.47%。又据农业部的统计，在农村劳动力主要输出地的中西部地区，2004年外出劳动力占全部农村劳动力的比重，按顺序排列：江西省为46.0%，福建省为41.5%，安徽省为34.4%，重庆市为31.3%，河南省为30.30%，湖北省为29.9%，四川省为29.0%。[1] 湖北外出劳动力占全部农村劳动力的比重较江西、福建、安徽、重庆、河南等省、市都要低。加之湖北规定每一选民接受的委托不得超过2人，与安徽、河南相同，比江西规定每一选民接受委托投票不得超过3人还少1人。因此湖北的委托投票率不应当是最高的，可偏偏就是最高的。为什么会出现这样一种情况？在我们看来，最好的解释是统计数据的准确性出了问题。虽然湖北的统计数据也不会没有问题，这从前面提到的2005年与2002年相比较，常年外出务工人员大量增多，委托投票率不升反降的现象即可察觉，但相对于其他省、自治区、直辖市，湖北的委托投票率在统计上之所以较高，更有可能是因为湖北的数据较为准确。从全国各个省、自治区、直辖市关于委托投票每一选民接受委托人数的限制性规定即可以看出，各省级地方当局都不希望委托投票过多、委托投票率太高。因此在统计上，委托投票率较高的数据应当较为准确。

2008年湖北省第七届村委会换届选举中，全省的委托投票率达到了21.28%。从正式的统计数据来说，这可能又是一个新的全国最高纪录。然而这一纪录并不十分准确，实际的委托投票率，可以肯定地说比这要高。

表7-2　　　2008年湖北省第七届村委会换届选举委托投票情况表[2]

市级地方	选民总数（人）	常年外出打工选民数（人）	常年外出打工选民占选民总数的比率（%）	参加正式选举选民总数（人）	参加正式选举委托投票选民数（人）	委托投票率（%）
武汉市	1822234	470521	25.82	1712298	182588	10.66

---

[1] 参见国务院研究室课题组《中国农民工调研报告》，中国言实出版社2006年版，第86—87页。
[2] 资料来源：湖北省民政厅基层政权和社区建设处。

续表

市级地方	选民总数（人）	常年外出打工选民数（人）	常年外出打工选民占选民总数的比率（%）	参加正式选举选民总数（人）	参加正式选举委托投票选民数（人）	委托投票率（%）
黄石市	1065501	187691	17.62	979053	224395	22.92
襄樊市	2390814	629919	26.35	2059677	279630	13.58
荆州市	2746864	694641	25.29	2328612	463383	19.90
宜昌市	2155497	314441	14.59	1908084	359474	18.84
十堰市	1574334	373855	23.75	1241655	205421	16.54
孝感市	2650123	691597	26.10	2169340	527920	24.34
荆门市	1294513	222089	17.16	1022437	155676	15.23
鄂州市	555956	98075	17.64	552187	139062	25.18
黄冈市	4168868	935978	22.45	3672249	1041027	28.35
咸宁市	1973473	319856	16.21	1303260	333843	25.62
随州市	1265248	267624	21.15	1113943	44255	3.97
恩施州	2399251	491339	20.48	2024304	628977	31.07
仙桃市	587275	148726	25.32	498006	148713	29.86
潜江市	359448	82256	22.88	269098	105714	39.28
天门市	1103234	241040	21.88	658105	160183	24.34
神农架	37987	7449	19.61	27471	8198	29.84
合计	28150620	6177097	21.94	23539779	5008459	21.28

首先，2008年湖北省第七届村委会换届选举委托投票情况表中的个别数据肯定有比较大的误差，致使全省的委托投票率被错误地降低。具体说来就是，随州市的委托投票率只有3.97%。随州市的选民总数为1265248人，正式参加选举的选民总数达到了1113943人，未参加选举的选民只有151305人。常年外出打工的选民数为267624人，委托投票选民数只有44255人，回家投票和不回家投票的选民为223369人。这个数字比全市所有未参加选举的选民（151305人）还要多72064人。可以断定至少有72064常年外出打工的选民返

乡参加直接选举，这个数字占常年外出打工选民总数的26.93%。与其他地方的情况相比较，这也太特殊了；根据一般的观察和调研经验，这明显不合理。所以，随州市委托投票率的数字肯定有大的误差。

其次，湖北有些地方统计的委托投票率，从数据分析的角度来说，至少有非真实过低的嫌疑。例如，武汉市的委托投票率10.66%，就很可疑。武汉市的选民总数为1822234人，正式参加选举的选民总数达到了1712298人，未参加选举的选民只有109936人；常年外出打工的选民数为470521人，参加正式选举委托投票选民数只有182588人。据此计算：常年外出打工的选民数470521 - 参加正式选举委托投票选民数182588 - 未参加选举的选民数109936 = 177997，意味着即使是所有不是常年外出打工的选民都亲自直接参加了投票选举，那么常年外出打工的选民中至少有多达177997人返乡参加了直接投票选举，占常年外出打工选民总数的37.83%。这显然十分可疑。襄樊、荆门等市的情况与武汉类似。

最后，有些地方委托投票率比较高，参加正式选举委托投票的选民人数超过了常年外出打工的选民人数。例如，黄石市参加正式选举委托投票的选民数为224395人，常年外出打工的选民数为187691人，前者比后者多36704人；宜昌市参加正式选举委托投票的选民数为359474人，常年外出打工的选民数为314441人，前者比后者多45033人；鄂州市参加正式选举委托投票的选民数为139062人，常年外出打工的选民数为98075人，前者比后者多40987人；黄冈市参加正式选举委托投票的选民数为1041027人，常年外出打工的选民数为935978人，前者比后者多105049人；咸宁市参加正式选举委托投票的选民数为333843人，常年外出打工的选民数为319856人，前者比后者多13987人；恩施州参加正式选举委托投票的选民数为628977人，常年外出打工的选民数为491339人，前者比后者多137638人。这意味着在这些地方，许多非常年外出打工的选民，即在村的选民，并没有到选举现场去直接投票，而是采取了委托投票的方式参与村委会选举。可能有人会对此产生困惑，甚至提出疑问，其实这并没有什么值得大惊小怪的。

在2008年湖北省第七届村委会换届选举过程中，我们对多个村进行了选举观察。在我们观察到的那些村，常年外出打工的选民大体占全体选民的30%—40%，这些人很少有回村参加村委会直接投票选举的，他们的选票大都作为委托投票由亲戚朋友所代投。直接到选举现场投票选举的选民大体占全体选民的30%—40%，许多不到选举现场、在村选民的选票，也由他们所代投，但这部分代投的票许多并没有计算到委托投票的统计数内，而是仍被算为直接投票。例如一个村，共有选民1200余人。投票后收回选票1100多张，其中算作委托投票的选票有300多张。但实际到选举现场的选民只有400人左右，他们除帮助常年外出打工的选民代为投票外，也帮助那些不到选举现场的在村选民代为投票。又如另一个村，共有选民2100多人。实际到选举现场的选民共有600多人不到700人，但发出和收回的选票达到了2100多张，其中只有700余张被算作委托投票。据此推论，那些参加正式选举委托投票的选民人数超过常年外出打工的选民人数的统计，至少可以说是较为正常和真实的。

根据我们直接观察到的情况，我们认为，许多非常年外出打工的选民，即在村的选民，不到选举现场去直接投票，而委托其他选民或由他人代为投票参与村委会选举，是相当普遍的现象；真正直接到选举现场投票的直接投票率与统计数据反映的直接投票率存在相当大的差距；如果把那些在村的选民由他人代票进行投票都算作委托投票，那么实际上的委托投票率要大大超过统计上的委托投票率。

三 村委会选举委托投票的利弊得失探讨

大量存在的委托投票提高了正式统计上的参选率。按照民政部门的正式统计数据，村委会选举的选民参选率（投票选民人数占选民登记人数的比例）一直都很高。就各省、市、自治区的情况而言，在1998—2000年，参选率最高的达到了96.10%（广东），最低的也有85.50%（天津），平均为91.03%；在2001—2003年，参选率最高的达到了97.63%（浙江），最低的也有80.79%（重庆），平均为91.43%；在2004—2005年，参选率最高的为95.00%（浙江），最低的也有73.77%（重庆），平均为90.09%；在2005—2007年，参选率最高的高达99.06%（上海），最低的也有73.73%（重庆），平均为 90.97%。① 这比一些西方发达国家地方和基层选举的参选率要高出一大截甚至数倍。例如在美国，没有总统和国会选举强烈竞争的年份，选举市长和学校管理委员会时，实际投票者的比例能达到 10% 就算是高的了。② 然而，如果祛除委托投票，我国村委会选举中的选民参选率则会明显降低；特别是如果把所有代票的情况都从直接投票的统计中祛除，那么村委会选举的选民参选率则会进一步降低。2008 年，湖北省第七届村委会换届选举，选民的参选率为 83.62%；如果去除了委托投票数，选民的参选率为 65.83%。而根据我们直接观察的情况，即便不是全部湖北或湖北的大多数地方，也是湖北的许多地方，如果去除所有的代票，那么选民的参选率也就在 40% 左右。

因此，大量存在的委托投票最重要的功效是在形式上确保了"双过半"中的"前一个过半"。所谓"双过半"，是指村委会组织法规定，选举村民委员会，有选举权的村民的过半数投票，选举有效；候选人获得参加投票的村民的过半数的选票，始得当选。在选民的真正直接参选率不到 50% 的情况下，要在选票形式上做到"双过半"中的"前一个过半"，就只得求助于委托投票了。虽然到场的选民数不一定能够过半，但由于委托投票的存在，因此可以保证选票数一定能够过半。

但也正是委托投票的存在，在相当大程度上阻碍了"双过半"中的"前一个过半"从实质上得到保证。村委会组织法"双过半"的规定，从推行直接民主、直接选举的立法初衷来说，是希望有更多的有选举权的村民或选民直接到村委会选举的选举现场参加投票选举，希望村委会的选举是大多数选民参加的选举，希望选举产生的村委会有尽可能广的民意基础。委托投票的存在，使得这一立法初衷的实现在相当大程度上受到阻碍。由于可以请他人代为投票，因此许多本可以到选举现场去的在村选民也懒得跑一趟去直接投票了。如果按照每一选民接受委托投票不得超过 3 人的规定推算，在极端的情况下，到选举现场的选民每人都接受了 3 人委托，加上自己的 1 张票，他们每人都可以投 4 张票，那么只要 12.6% 的选民到达选举现场投票，便可以

---

① 参见史卫民、潘小娟等《中国基层民主政治建设发展报告》，中国社会科学出版社 2008 年版，第 29—30 页；詹成付主编《2005—2007 年全国村民委员会选举工作进展报告》，中国社会出版社 2008 年版，第 22—23 页。

② 参见［美］希尔斯曼《美国是如何治理的》，曹大鹏译，商务印书馆 1986 年版，第 395 页。

在形式上满足"双过半"中的"前一个过半"的要求。我们认为，这其实是背离了"双过半"规定的立法初衷的。

可能有人会说，根据委托投票的有关规定，被委托人不得违背委托人的意愿或意志进行投票，委托投票其实是体现或反映了委托人的意愿或意志的，因此尽管到达选举现场的选民可能不到选民的半数，但只要投出的选票超过半数，那么选举就体现或反映了半数或大多数选民的意愿或意志，就在实质上达到了"双过半"中的"前一个过半"的要求。在我们看来，委托投票问题的关键恰恰就在这里，既没有任何规定、办法、手段、措施，能够监督、保证被委托人不违背委托人的意愿或意志投票，更无法确保受委托人按照委托人的意愿或意志投票；在委托投票造成选票过半的情况下，是无法保证选举体现或反映半数或大多数选民的意愿或意志的。

假设在村委会选举中，委托投票的委托人明确向被委托人表达了自己的投票意向，村委会主任要选谁、村委会副主任要选谁、村委会成员要选谁。然而，根据秘密写票的原则，此委托意向除了被委托人，不应当被他人所知晓，即便是负责办理委托手续或同意批准委托的村民选举委员会也不应当知晓。同样根据秘密写票的原则，被委托人是否严格依照委托人的投票意向写票投票，是否不违背委托人的意愿或意志写票投票，就完全成为天知地知、除他而外没有别人知道的事情了。被委托人不严格依照委托人的投票意向写票投票，被委托人违背委托人的意愿或意志写票投票，不仅一点都不用担心会受到法律的处罚，甚至完全不用考虑会受到舆论的谴责。委托投票被委托人不得违背委托人的意愿或意志的法律规定，实际上连一个强道德规范的约束力都达不到。

其实，上述假设在大多数情况下是不成立的。在实际的村委会选举中，委托投票的委托人向被委托人明确表达自己投票意向的情况，即便不是绝无仅有，也属凤毛麟角、少之又少。据我们实际调查了解的情况，许多常年外出打工的选民，对本村村委会的选举不了解，对本村村委会成员正式候选人的产生不关心，他们对选谁不选谁都不知道、无想法，当然不会也无法明确地表达自己的投票意向。更有甚者，许多常年外出打工的选民，自己并没有参与村委会选举投票的意愿，也不可能回村办理委托投票手续，他们如果有时间、有意愿回村办理委托投票手续，倒不如到时回村亲自参加村委会正式选举投票，这反而会省去许多麻烦。他们的委托投票手续通常都是由在村的家人或亲属代办的,当然更不可能表达自己的投票意向了。这种所谓委托投票,实际上是没有委托的"委托投票",已经不是代为投票,而是演化成代为行使选举权了。这些常年外出打工选民的家人或亲属在投票时可能没有违背"委托人"的意愿或意志,但也并没有依照"委托人"的意愿或意志,而是依照自己的意愿、自己的喜好,做出抉择。这离委托投票制度设立的初衷当然相去甚远了。

委托投票在制度规定和实际操作中还有许多问题。其一,委托投票是否必须以委托人外出为前提?虽然各省、市、自治区对此的规定并不完全相同,但一般认为委托投票就"是指外出的有选举权的村民委托本人信任的有选举权的村民代表本人参加投票选举"[①]。于是问题就来了:为什么一定是外出的选民才能委托他人代为投票,在村的选民因各种原因不能到现场去为什么就不能委托他人代为投票?"外出"以什么为标准,是常年外出才算外出,还是临时外出也算外出;是离开本村很远才算外出,还是只要离开了本村就算外出?由于规定不一,更由于理解有异,在这些问题上面很容易发生争议,以至引起选举纠纷。由于大多数省级地方并没有明确规定委托投票必须以委托人外出为前提,这就造成了许多未外出的村民只要是本人不想到选举现场,就让他人代为投票的情况发生。

其二,委托投票每一选民接受的委托为什么要有人数限制,且各省级地方有的规定为3人,有的规定为2人,有的规定为1人?既然可以接受3人委托,为什么不可以接受4人,5人乃至更多的人委托?我们在湖北进行村委会选举观察时就曾遇到这样的问题。湖北省规定,每一选民接受的委托最多不能超过2人。一大妈家共五口人,除大妈在家看家种田外,其他4人都外出打工去了。大妈要求代家里所有的人参加村委会选举投票,村民选举委员会不同意。大妈因此很有意见,说是我们家五口人,为什么只给我三张票,不给五张票?难道另外两个人死了不成?为什么我家的人不能委托我来投票,反倒要委托我们不是十分信任的别人家的人投票?几经纠缠,村民选举委员会最后还是允许她投了五张票。

其三,委托投票可能产生不公平的情况。就村里的公共事务和公益事业

[①] 民政部基层政权和社区建设司编:《中华人民共和国村民委员会选举规程》,中国社会出版社2001年10月版,第89页。

来说，在村的选民比常年外出的选民要更加关切；就对村委会成员候选人人品状况和工作能力的了解来说，在村的选民比常年外出的选民应当更有发言权。可是，在村委会选举之时，常年外出的选民即便不回村，通过委托投票，同样有与在村的选民一样表达意见的机会。如果这还不能说是不公平的话，那么下述情况就颇有不公平的嫌疑了。一家4个选民，都在村务农；另一家4个选民，除1人在家种田外，其余3人皆常年外出打工。在村委会选举之时，前者4个在村的选民是4张选票，后者1个在村的选民同样是4张选票，二者对问题的决定权是一样的。把这种情况极端化，只要一些在村的选民能够获得足够的委托，就有可能产生不是在村选民的多数而是在村选民的少数决定村委会成员人选的情况。

其四，委托投票容易给贿选的得逞以可乘之机。贿选是近年来村委会选举中存在的一个较为突出的问题，一些人企图通过钱（包括物）权（选举权）交易，达到收买选票、当选获权（权力）的目的。然而在正式投票选举时，由于秘密写票、无记名投票的规定，使得贿选目的的得逞往往遇到了技术上的障碍，一般选民完全可以拿了某人的钱（包括物）但又不投此人的票。于是有人在委托投票上做起了文章，用数百元上千元收买选票，让卖票者办理委托手续，委托买票者的亲戚、朋友或与其一派的人代为投票，保证付出有收获，从而操纵选举。

总之，委托投票问题很多，弊大于利，应当废止。

废除委托投票有可能产生两个方面的问题。一方面，如前所述，委托投票的一个主要立法目的，应当是为不能到现场直接投票的选民行使选举权提供方便。废除委托投票，不能到现场直接投票的选民行使选举权，可能就没有在允许委托投票的情况下那么方便了。实际上，如果严格地依照有关程序规定，办理委托投票手续也是很麻烦的。在现实生活中，真正严格依照有关程序规定办理委托投票手续的不是没有，但是很少；真正严格依照委托人的意愿投票的也不是没有，但是很少。在委托投票的名义下，许多不能到现场直接投票的选民的选举权，实际上不是由自己行使，而是被他人行使。因此，与其用委托投票的方法为不能到现场直接投票的选民行使选举权提供方便，倒不如用函投（在将来信息技术发达的情况下甚至可以用网投）之类的方法为不能到现场直接投票的选民行使选举权提供便利。

另一方面，如前所述，实行委托投票在很大程度上是为了保证"双过半"

中"前一个过半"得以实现。废除委托投票，在大量村民常年外出打工经商的情况下，要想保证"双过半"中"前一个过半"得以实现，可能就有困难了。我们在前面已经论证了正是委托投票的存在，在相当大程度上阻碍了"双过半"中的"前一个过半"从实质上得到保证。这里我们要说的是，完全可以在取消委托投票的同时，用修改选民登记方法的办法，保证村委会选举满足"双过半"的要求。福建省规定："选民登记日前，因故离开本县、市的选民，村民选举委员会应当及时通知其回村参加选举；未能回村选举的，不计算在本届选民数内。"这一做法值得其他省级地方参考借鉴。

第八章
农村村级组织负责人党政"一肩挑"[*]

农村村级组织负责人党政"一肩挑"[①]，虽然不是一个十分严格、规范的概念，因为村委会既不是国家政权机关，也不是政府的下属机构，不属于严格、规范意义上的"政"的范畴，同时"一肩挑"显然只是一个形象、比喻的说法，但其意涵却并非含混而是明确的，是指村党组织书记和村委会主任两个职务由同一个人来担任。

自从"一肩挑"作为一项倡导性的政策提出以来，实践上有许多情况和问题，理论上有许多研究和争论。本章力求从理论和实践的结合上，全面深化对"一肩挑"问题的认识，为"一肩挑"政策的继续和正确实施进行论证与提出建议。

一 农村村级组织负责人党政"一肩挑"政策由来

村委会组织法开始试行不久，"一肩挑"便作为一种化解"两委"矛盾的方式在有的地方进行了初步尝试。鉴于"农村村级领导党政一把手"因为"谁说了算，谁越了权""而纠缠不清"；"农村组织中"，"较为突出地存在着因领导权不清造成班子内耗，战斗力弱；因党政分设，在实际工作中导致党

---

[*] 本章以《论农村村级组织负责人党政"一肩挑"》为题，发表于《当代世界社会主义问题》2015年第1期，被人大复印报刊资料《中国政治》2015年第7期全文转载。

[①] 也有称"一肩挑"为"一人兼"的。

政两个系统职能上重复,工作上交叉,责任和问题相互推诿,尤其是在重大问题决策上党政职责不清,议而不决,错失良机;因干部职数过多,相应加重农民负担;因党政分设造成党建工作与经济工作脱节,出现一手硬、一手软,工作适度不平衡等问题",湖北省谷城县冷集镇党委、政府于1988年底村级组织换届选举时在全镇13个千人以下的村推行"一肩挑"。通过几年的试验,他们认为,"一肩挑""不仅适应改革开放和经济发展的需要,同时也解决了村级组织中因干部职数多、群众负担重、职责不清楚、班子不团结出现的种种问题"。于是在1993年3月村级组织换届选举中全镇29个村全面普及"一肩挑"。① 同在1993年,山东省的部分地方也在一些乡镇开展了"一肩挑"的试点。②

与实践上的探索大体同时,有地方领导也有民政部官员主张并倡言"一肩挑"。1989年,在提交给全国农村基层政权建设理论研讨会的论文中,时任江西省南丰县委书记的余鼎革以《新形势下加强村级干部队伍建设的思考》为题写道:"总结目前村级党政组织主要领导职位分设书记、主任的经验教训,可以看出这种领导方式在村级没有必要,且容易产生工作矛盾、感情摩擦的弊病。村级组织如何体现党的领导,如何实施行政领导,我们认为,应根据农村工作的实际特点,相应地改变其领导方式,采取'党支部书记、村长一人双肩挑'的方法。从有的地方的实践看,实行书记、村长兼职制,有利于充分发挥基层党组织在农村的领导核心作用和战斗堡垒作用;有利于强化和明确村级领导干部的责任感;有利于建立和推行村级干部规范化、制度化管理的措施;有利于提高村级党政组织的工作效率,减少相互推诿和扯皮的现象;有利于推动农村各项工作的顺利开展。"民政部官员王金华通过分析"村级组织功能失衡的表现及原因",得出的一个结论是:应当"党政一体,建立强有力的村级领导班子。以贯彻落实《村民委员会组织法》为契机,确立村民委员会的权威和法律地位,使党的基层组织与自治组织汇为一体,不要人为地在村一级搞党政分开。党支部成员可以兼任村委会成员,支部书记可以一身兼二任"。民政部官员

---

① 参见袁正昌、宋海云《村级党政"一肩挑"的初步尝试》,《改革与开放》1993年第11期。
② 参见远山《不应硬性推广"一肩挑"》(《"一肩挑"是改善村级管理体制的理想出路吗》),《乡镇论坛》2001年第3期。

王振耀通过论证"中国农村社区的自治基础",反思村民自治政策,从另外的角度,表达了大体同一的主张:"党支书可以被选为村主任,不要搞什么硬性分开,党的领导作用不要放置于自治组织之外。"[①]

村委会组织法正式施行前后,"一肩挑"在山东、广东、海南等省得到一定范围和程度的推广。1998年9、10月,山东省威海市委组织部和民政局首先在永成市俚岛镇三个经济发展程度各不相同的村庄进行了村党支部书记竞选村委会主任实现"一肩挑"的试点。试点成功后,在威海市委的支持下,市委组织部决定鼓励全市农村党支部书记参选村委会主任。结果是全市2679个村庄中有2302个村实现"一肩挑",比例高达85.9%;6168名"两委"成员交叉任职,占村干部总数的76%;村委会成员中党员的比例达到92%。1999年山东省委在威海召开现场会,肯定威海的做法。同年11月,山东省委省政府在《关于进一步加强和改进以党支部为核心的村级组织建设的意见》中指出:"鼓励党支部书记和党支部其他成员经过法定选举程序兼任村民委员会主任、村民委员会成员;村民委员会主任和村民委员会其他成员是党员且具备条件的,要按照党内选举的有关规定和程序,及时充实进党支部班子。"1998年10月至1999年3月,在理顺农村管理体制、撤销管理区办事处、设立村委会的过程中,广东省的许多地方都鼓励村党支部书记竞选村委会主任。顺德市共有174名村党支部书记参加村委会主任竞选,其中有157名当选,当选率为90.23%;新会市成功实现村党支部书记与村委会主任"一肩挑"的村庄达到80%以上;南海市60%多的村党支部书记兼任村委会主任,20%的村委会主任兼任村党支部副书记。整个广东省在1998—1999年间的村委会选举中,村党支部书记成功当选村委会主任的达到53%;在全省10多万当选村委会干部中,党员占了77%。[②] 海南省琼海市在1998年11月底全面完成的村委会换届选举工作中,鼓励和要求村党支部书记参加村委会主任职位选举,全市203位村党支部书记中有198位参加村委会主任职位竞选(有5位村党支部书记因年老体弱多病没有参加竞选),其中167位村党支部书记被选举为

[①] 参见中国基层政权建设研究会、中国机构与编制杂志社编《实践与思考——全国农村基层政权建设理论研讨会文选》,辽宁大学出版社1989年版,第20、62、158页。

[②] 以上资料全部来自景跃进编《当代中国农村"两委关系"的微观解析与宏观透视》,中央文献出版社2004年版,第115—118页,谨致谢忱。

村委会主任，占参选书记的84%。在村委会换届选举的同时，市委组织部下发了《中共琼海市委组织部关于切实做好当前村级组织建设的几点意见》，规定"原村党支部书记因年龄老化或能力有限、政绩平平而在民主选举中落选的可以提前劝退，由当选的村委会主任提任党支部书记；原党支部书记年富力强，作风正派，政绩明显，因群众一时不理解而未当选为村委会主任的，可以实行村党支部书记、村委会主任'两肩挑'，由两人分别担任"。根据《意见》精神，琼海市村委会换届选举结束后，全市的村党支部全部进行改选，167位竞选当上村委会主任的前党支部书记在村党支部改选中全部再次当选为村党支部书记，34名当选为村委会主任的党员中，有33名当选为村党支部书记。从而使全市203个村委会中，实行村党支部书记、村委会主任"一肩挑"的达到200个，占总数的98.5%。① 2001年10月、11月被中共浙江省委、浙江省人民政府批转的《省委组织部省民政厅关于认真做好村党支部村民委员会换届选举工作的意见》提出，在2002年上半年进行的全省4万多个村党支部、村委会换届选举中，"提倡村党支部成员依法兼任村民委员会主任及其他成员。村委会主任及其他成员是党员且具备条件的，要按照党内选举的有关规定和程序，及时充实进党支部班子。要做好工作，提高村党支部和村委会成员的兼职比例，提高村委会成员中的党员比例"②。从概念上讲，浙江的这个《意见》所说的"交叉任职"应当是包括"一肩挑"的，但毕竟没有直接提出和强调"一肩挑"，因此"一肩挑"是否由此在浙江得到倡导和推进，可以作进一步推敲。

这段时间民政部对"一肩挑"究竟持什么样的态度，是一个可以讨论的问题。1998年11月10日，时任民政部副部长、分管基层政权和社区建设工作的李宝库在《中国社会报》发表了一篇题为《亿万农民当家作主的伟大实践》的文章，他在这篇文章中讲："村党支部是党的基层组织，在全体党员大会上选举产生，向党员大会报告工作，接受上级党委的领导；村民委员会是

---

① 参见海南省琼海市民政局《海南省琼海市试行主任支书交叉任职》，载《中国农村基层民主政治建设年鉴》编委会编《2001中国农村基层民主政治建设年鉴》，中国社会出版社2002年版，第417页。

② 《省委组织部省民政厅关于认真做好村党支部村民委员会换届选举工作的意见》，载《中国农村基层民主政治建设年鉴》编委会编《2002中国农村基层民主政治建设年鉴》，中国社会出版社2003年版，第130页。

基层群众性组织，由村民直接选举产生，对村民负责并向其报告工作，接受乡镇政府的指导。由于村党支部和村委会是性质不同的两种组织，因此二者必须在组织上分开，不能混淆；在职责上分开，各司其职，各负其责，该由村党支部组织的工作，就以党支部名义，通过党员的先锋模范作用，带领群众去实施；该由村委会组织的工作，就以村委会的名义，运用村委会的职权，组织村民去完成。"① 有学者根据这段话，认为当时民政部并不提倡"一肩挑"，并认为后来民政部态度转变是因为中办发〔2002〕14号文件肯定"一肩挑"起了关键作用。② 我们认为，从上述话语中固然不能看出民政部提倡"一肩挑"，但也不能简单地得出民政部是反对"一肩挑"的结论。李宝库虽然在这里谈到"由于村党支部和村委会是性质不同的两种组织，因此二者必须在组织上分开，不能混淆"，但并没有直接明确地否定村党支部和村委会的成员可以交叉任职，否定村党支部书记和村委会主任可以由同一个人来兼任。如果说中办发〔2002〕14号文件肯定"一肩挑"对民政部在这个问题上的态度起了关键作用，那么并非对其态度转变起了关键作用，而是对其表明态度起了关键作用，其实民政部的观点与中办发〔2002〕14号文件的提法从一开始就是一致的，是民政部的观点得到了中央的认可、肯定和采纳。③

伴随着实践上一定范围和程度的推广，是理论上激烈的争论。特别在2000年至2002年上半年，《乡镇论坛》《中国改革》和《中国农村观察》等刊物较为集中地刊发了多篇对"一肩挑"持不同意见的文章。有说村级党政合一意义十分重大的，也有说党政一体化不是理性选择的；有说"一肩挑"优越性很多很大的，也有说"一肩挑"不应硬性推广的；有说"一肩挑"应大力提倡的，也有说"一肩挑"不宜提倡的；有说"一肩挑"是解决村"两委"矛盾的有效途径和方法的，也有说"一肩挑"并不能真正解决村"两委"矛盾的；有说"一肩挑"应当普遍推行的，也有说山区农村不宜实行"一肩挑"的。意见纷呈，莫衷一是。

中办发〔2002〕14号文件，即2002年7月14日发布的《中共中央办公

---

① 李宝库：《亿万农民当家作主的伟大实践》，《中国民政》1999年第2期。
② 参见景跃进编《当代中国农村"两委关系"的微观解析与宏观透视》，中央文献出版社2004年版，第118页。
③ 根据笔者对文件起草者的采访。

厅、国务院办公厅关于进一步做好村民委员会换届选举工作的通知》，力排众议，力倡"一肩挑"，"一肩挑"作为一项倡导性的政策正式提出。中办发〔2002〕14号文件提出了"四个提倡"。第一，提倡把村党支部领导班子成员按照规定程序推选为村委会成员候选人，通过选举兼任村委会成员。第二，提倡党员通过法定程序当选村民小组长、村民代表。第三，提倡拟推荐的村党支部书记人选，先参加村委会的选举，获得群众承认以后，再推荐为党支部书记人选；如果选不上村委会主任，就不再推荐为党支部书记人选。第四，提倡村委会中的党员成员通过党内选举，兼任村党支部委员会成员。"四个提倡"的中心是提倡"两委"交叉任职特别是书记主任"一肩挑"。

自此，"一肩挑"这一倡导性的政策在中央或国家层面一直延续至今。2005年1月18日，《民政部关于做好2005年村民委员会换届选举工作的通知》明确指出，要按照中办发〔2002〕14号文件的要求，"四个提倡"，"积极推进村民委员会成员与村党组织成员的兼职。但是这种交叉兼职必须建立在尊重选民意愿、遵循民主选举程序的基础上，不搞'一刀切'"①。2008年6月30日，《中共中央组织部、民政部关于认真做好村党组织和村民委员会换届工作的通知》（组通字〔2008〕33号）指出："要提倡村党组织书记通过选举担任村民委员会主任，鼓励村'两委'班子成员交叉任职，但要坚持从实际出发，不搞一刀切。"② 2009年4月24日，《中共中央办公厅、国务院办公厅关于加强和改进村民委员会选举工作的通知》指出："提倡村党组织成员和村民委员会成员交叉任职，但要从实际出发，不搞一刀切。"③ 2009年5月31日，时任中央组织部部长的李源潮在全国村"两委"换届选举工作座谈会上的讲话中指出："提倡村党组织成员和村委会成员交叉任职，但不要搞一刀切。"④ 2011年4月28日，民政部副部长姜力在部分省区村"两委"换届工作座谈会上的讲话中，虽然没有直接使用提倡"两委"交叉任职和书记主任"一肩挑"这样的语句，但把"村党组织书记和村委会主任'一肩挑'、村

---

① 詹成付主编：《2005—2007年全国村民委员会选举工作进展报告》，中国社会出版社2008年版，第81页。
② 《改革开放30年农村基层民主政治建设重要资料选编》，民政部基层政权和社区建设司，2008年，第196页。
③ 《2009年农村基层民主政治建设重要资料汇编》，农村基层民主处，2010年，第13页。
④ 《2009年农村基层民主政治建设重要资料汇编》，农村基层民主处，2010年，第37页。

'两委'班子成员交叉任职的比例明显提高"[1] 列为村委会换届选举工作取得显著成效的一个重要方面，清楚表明了在此问题上的态度。2012 年 7 月 19 日，姜力在部分省（区、市）村委会换届选举工作座谈会上的讲话中指出："提倡村党组织成员和村委会成员交叉任职，但不要搞一刀切。"[2] 2014 年 7 月 11 日，在部分省区村"两委"换届工作座谈会上，中央组织部副部长陈向群讲话指出："提倡村党组织书记通过选举担任村委会主任，鼓励村'两委'班子成员'双向进入、交叉任职'，不搞'一刀切'。"

自中办发〔2002〕14 号文件提出"四个提倡"之后，"一肩挑"在省级地方层面开始为全国大多数省、自治区、直辖市普遍倡导。不过，各省、市、自治区对"一肩挑"的态度并不完全相同，而且同一省级地方对"一肩挑"的提法也因时而异。

第一，在是否倡导"一肩挑"的问题上，大多数省级地方持积极的、肯定的态度，但也有个别省级地方持消极甚至否定的态度。持积极、肯定态度的，或者是说"鼓励""提倡""一肩挑"，或者是说"推行""一肩挑"。持消极态度的，既不说"鼓励""提倡""一肩挑"，也不说"推行""一肩挑"，只是说"村党组织书记与村委会主任宜兼则兼，宜分则分"，或者说"根据实际可实行村党组织书记和村委会主任'一肩挑'"；持否定态度的，虽然在公开、正式的文件和领导人讲话中没有讲不"鼓励""提倡""一肩挑"，但在私底下交流和小范围会谈中，坦率地表明了不主张甚至反对"一肩挑"的立场[3]。

第二，在是否一般性地倡导"一肩挑"的问题上，多数省级地方没有设置限制性的条件，但也有些省级地方对"一肩挑"适用的范围作了限定。没有设置限制性条件的，笼统地、一般性地鼓励、提倡乃至推进"一肩挑"。对"一肩挑"适用范围作限定的，把鼓励、提倡或者推进"一肩挑"的范围限制在"有条件的村"，或者"条件成熟的村"，或者"条件适合并有必要的村"，或者"人口较少、经济总量较小、工作基础较好的村"。

---

[1] 《2011 年农村基层民主政治建设重要资料汇编》，农村基层民主处，2011 年，第 10 页。
[2] 《2012 年农村基层民主政治建设重要资料汇编》，农村基层民主处，2013 年，第 112 页。
[3] 在我们与某省民政厅有关领导交流的过程中，有关领导明确表明了不赞成"一肩挑"的观点和态度。

第三，在是否大力提倡甚至强力推行"一肩挑"的问题上，许多省级地方只是说"鼓励""提倡"，有的省级地方提的是"积极推行"，有的省级地方提的是"大力推行"，还有的省级地方提出了"全面实行"。在大力提倡甚至强力推行"一肩挑"的省级地方中，有提"努力提高'一肩挑'的比例"的，也有提"'一肩挑'的比例应高于上届"的，还有提"一肩挑"的"比例有一个大的提高"的，更有提"最大限度地实现""一肩挑"，"一肩挑"的比例要达到80%、90%以上的，甚至有提"力争做到全覆盖"的。

第四，在是先选村委会还是先选村党组织领导班子，实现"一肩挑"的问题上，有的省级地方规定："原则上先进行村委会换届选举，再进行村党组织换届选举"；也有的省级地方主张："提倡把村党组织领导班子成员按照规定程序推选为村民委员会成员候选人，通过选举兼任村民委员会成员，特别是由村党组织书记兼任村民委员会主任"；还有的省级地方要求：无论是先选村委会还是先选村党组织领导班子，"对于先选村党组织领导班子成员、后选村委会成员的，通过'两推一选'的办法，首先选好配强村党组织书记，然后依法参加村委会的选举；对于先选村委会成员、后选村党组织领导班子成员的，拟任村党组织书记人选首先参加村委会主任的选举，获得群众承认以后，再推荐为村党组织书记人选"。[①]

二　农村村级组织负责人党政"一肩挑"实践发展

数据统计表明：中办发〔2002〕14号文件颁布之前（1998—2000年），"一肩挑"的情况在一些地方就有，有的地方如天津（60.44%）、广东（55.22%）、上海（39.87%）等甚至达到了较高的比例。中办发〔2002〕14号文件颁布之后，全国"一肩挑"的平均比例在2002年至2005年曾经有过一个提升过程，由20%多提升为30%多，但在那个过程过去之后，"一肩挑"的平均比例不再继续提升，而是有升有降，维持在35%至40%之间。这表

[①] 各省、市、自治区对于"一肩挑"问题的态度和提法，从各省、市、自治区党委办公厅和政府办公厅关于做好某年或某届村委会换届工作的通知中提取，以及调查中获得，因来源广泛，恕不一一注明出处。

明,"一肩挑"这一倡导性的政策对"一肩挑"实践的发展有一定的促进作用,不过作用有限。为什么会这样?值得研究。再从各地的情况看,各省级地方"一肩挑"的比例一直存在差异,为什么会如此?可以讨论。

我们先从各省级地方"一肩挑"比例差异的情况谈起。各省级地方"一肩挑"比例的差异情况总体上可以概括为四点。一是差异大。比例高的达到了60%、70%、80%乃至90%(包括北京、山西、山东、湖北、广东、海南、新疆等),比例低的只有10%及以下(包括浙江、福建、重庆、四川、贵州、陕西、甘肃等)。

二是差异"地不分东西"。同是东部地区,既有比例高的(山东、广东等),也有比例低或比较低的(浙江、福建等)。同属西部地区,同样既有比例高或较高的(新疆、西藏等),也有比例低或较低的(甘肃、贵州等)。

表8-1 各省、市、自治区村级组织负责人党政"一肩挑"比例(%)情况①

年份 地区	1995—1997	1998—2000	2001—2003	2004—2006	2005年底	2006年底	2007年底
北京			30.59	35.33	33.69	35.63	46.07
天津		60.44	14.96	16.90	13.21	13.44	15.08
河北				43.60	19.51	29.18	28.27
山西		7.71	14.56	64.91	60.19	55.14	49.21
内蒙古		5.81		14.80	14.15	12.66	24.84
辽宁			21.90	28.04	28.75	28.25	36.61
吉林			13.00	21.90	17.94	18.38	22.53
黑龙江				25.38	28.23	29.69	16.01

① 1995—2006年的资料来源为史卫民等《中国村民委员会选举:历史发展与比较研究》下篇,中国社会科学出版社2009年版,第265—266页。2005年底至2013年底的资料来源为中华人民共和国民政部编《中国民政统计年鉴》(2005—2013各年卷),中国统计出版社2006年至2014年各年版。2006年卷和2007年卷只有村委会的总数,没有村委会主任的总数,这两年"一肩挑"比例的换算是根据"一肩挑"总数与村委会总数的比率来进行的,不是十分准确,因为村委会有可能出现主任暂缺的情况,村委会的总数往往大于村委会主任的总数。不过,村委会主任暂缺的情况在总体上不是很多,因此这两年换算的比例结果与实际的比例不会有很大的差异。四川2007年底的数据从前后数据判断肯定有误,特此注明。

续表

年份 地区	1995—1997	1998—2000	2001—2003	2004—2006	2005年底	2006年底	2007年底
上海	36.33	39.85	33.88	39.85	29.46	38.61	24.82
江苏	7.29		14.99	25.24	29.09	27.49	26.30
浙江		7.99	5.39	9.82	6.09	7.15	5.41
安徽			8.10	22.70	23.22	24.67	20.55
福建		1.55		5.07	5.49	5.30	3.82
江西		4.72	21.45	34.70	24.75	8.87	17.15
山东			69.27	88.60	62.96	72.91	77.92
河南				39.10	33.31	37.91	18.04
湖北	10.73		31.59	73.78	79.86	63.23	61.63
湖南				62.00	60.75	42.72	36.84
广东		55.22	67.13	71.10	65.78	61.67	60.44
广西			12.03	54.20	49.01	46.24	46.28
海南	93.90		63.03	83.04	83.20	83.09	81.82
重庆			1.77	0.91	2.92	3.00	6.78
四川			4.05	10.58	8.61	14.40	90.91（误）
贵州			2.92		1.17	2.28	3.31
云南			10.76	24.06	16.19	14.35	53.64
西藏				37.57	37.57	37.58	30.13
陕西	3.72		5.87	9.01	8.18	8.59	4.02
甘肃				5.99	7.22	6.66	8.67
青海	3.87		4.02	8.44	8.90	10.16	22.56
宁夏				7.89	10.40	52.94	53.50
新疆				10.46	7.07	7.82	32.32
合计	25.97	22.97	21.49	32.50	32.62	33.14	39.09

表8-2　各省、市、自治区村级组织负责人党政"一肩挑"比例（%）情况①

年份 地区	2008年底	2009年底	2010年底	2011年底	2012年底	2013年底	补正
北京	41.35	41.04	52.52	60.43	57.89	60.99	65.7（13）
天津	15.21	22.37	23.97	23.12	20.54	23.90	
河北	27.42	27.95	25.17	24.35	21.32	21.30	
山西	62.85	61.56	61.97	57.57	52.34	53.47	63.1（12）
内蒙古	15.36	18.94	21.06	21.13	19.29	18.66	
辽宁	39.14	40.30	42.88	43.23	36.99	36.59	33.5（13）
吉林	22.53	20.88	26.10	25.78	24.30	30.59	77.70（13）
黑龙江	18.05	21.31	21.25	22.38	16.12	15.69	
上海	24.74	29.40	27.56	28.64	27.84	30.78	
江苏	22.06	22.62	25.54	24.67	24.60	22.93	
浙江	5.60	6.02	4.06	4.49	4.66	4.48	6.13（14）
安徽	20.60	20.28	20.50	21.86	19.62	19.50	17（11）
福建	5.38	5.44	4.54	3.22	4.30	4.36	8.4（12）
江西	18.94	17.58	15.61	13.58	16.77	14.71	24.19（12）
山东	70.93	71.20	76.05	77.00	76.75	75.25	84（11）
河南	53.45	50.53	49.52	47.13	43.58	43.92	53.5（11）
湖北	70.64	69.18	68.27	63.53	64.19	63.57	60.5（11）
湖南	47.66	67.87	71.27	49.28	48.06	46.43	
广东	66.26	67.26	67.89	63.50	55.00	55.81	91.4（14）
广西	44.45	44.79	45.60	33.24	33.11	32.30	
海南	86.44	86.37	70.24	70.46	71.21	68.12	
重庆	6.11	3.86	6.36	5.86	5.56	4.10	2.83（14）
四川	12.15	13.12	10.40	11.27	10.84	7.49	2.62（14）

---

① 不同来源"一肩挑"比例的统计资料不尽相同。补正中的数据来自各省、市、自治区村委会换届选举工作总结或汇报，比例数字后面带括号的数字指的是年份。广东补正的数据为全省村（社区）党组织书记、村（居）委会主任"一肩挑"的比例数据。

续表

年份 地区	2008年底	2009年底	2010年底	2011年底	2012年底	2013年底	补正
贵州	6.90	7.12	8.18	9.61	10.38	8.70	
云南	60.84	60.18	57.33	50.23	47.50	44.17	39.62（13）
西藏	51.95	51.95	51.83	53.24	53.24	34.12	53.17（11）
陕西	5.96	5.61	5.69	5.61	5.52	5.49	9.51（12）
甘肃	9.37	9.29	10.45	10.74	9.41	8.81	6.5（14）
青海	26.19	24.75	27.00	11.90	27.39	27.58	6.8（11）
宁夏	45.25	50.39	59.63	61.16	45.13	39.76	39.7（13）
新疆	53.09	72.43	67.83	64.87	58.73	61.06	95.12（12）
合计	38.02	39.41	40.15	37.26	34.96	34.49	

三是差异长期持续。除少数例外，基本上是比例高的总是比例高，比例较高的总是比较高，比例低或较低的总是比例低或较低。这种状况大体上从2005年甚至更早开始一直延续到现在。

四是差异的分布有一定的特点，但很难说或不能说有什么规律性。在一个较长的时间里，东北地区的几个省，"一肩挑"的比例呈阶梯状，由高到低排序，一般都是辽宁、吉林、黑龙江（这种状况近年有改变）。华东地区，既有"一肩挑"比例很高乃至最高的省份，也有"一肩挑"比例很低乃至最低的省份。中南地区，"一肩挑"的比例都较高。按照补正的数据，西北地区，除了两个自治区外，"一肩挑"的比例都较低或很低。几个自治区，除内蒙古外，"一肩挑"的比例都较高。

看到各省级地方"一肩挑"的比例有这么大的差异，人们可能会产生统计数据是否有误差的疑问。原先我们曾经认为，比例差异与统计数据的误差没有什么关系。[①] 通过仔细地阅读材料和深入地进行调研，我们感到这个问题不是那么简单。一方面，上列各省、市、自治区村级组织负责人党政"一肩挑"比例情况表的统计数据不是十分准确，这从全国民政统计年鉴数据与各

---

① 参见唐鸣《农村基层党政关系问题研究》，《当代世界社会主义问题》2009年第3期。

地村委会换届选举工作总结报告数据的不同即可以看出，当然这两者的不同总体上相差并不悬殊，对各省级地方"一肩挑"比例差异的统计显示总体上不构成很大的影响。问题的关键在另一方面，即各省级地方"一肩挑"比例统计的不同有可能在一定程度上受到统计上报时主观人为因素的影响。我们初步判断，低比例的数据较为可靠，高比例的数据则可能有水分。在中央一直倡导"一肩挑"的情况下，所有低比例的省级地方都没有必要在数字上把"一肩挑"的比例做低。我们注意到有些低比例的省级地方[①]在村委会换届选举工作总结报告中仍然把"一肩挑"比例一定程度的提高作为一项成绩或成效提出，这说明他们并不以低比例为荣。我们虽然不能说所有很高比例省份的统计数据都有问题，但却可以对某些或某个提出很高比例要求省份的高比例统计结果提出合理的怀疑。根据我们对几个很高比例省份一些乡镇以及村的实地调研，发现因完不成高比例任务要求而人为提高统计比例数据的情况不是个别。例如，某乡共25个村，只有4个村实现了"一肩挑"，这与该省全省平均"一肩挑"很高比例的数据状况形成了鲜明的对照。乡民政助理告诉我们，报上去的数据比实际的数据要高得多，该县的其他乡镇亦是如此。又如，某镇"一肩挑"的比例虽然只有40%，但上报的比例数却达到了70%多，与该省全省正式公布的比例数基本相同。镇党委书记告诉我们，实际选举达不到这么高的比例，统计上报时上级要什么数字我们给什么数字。尽管如此，我们仍然没有根据说这种人为提高统计比例数据的情况十分普遍，没有根据说那些比例较高或很高省份的数据完全是编造出来的。按照民政部2005年对全国370多个农村社区的抽样调查，村党组织书记兼任村委会主任"一肩挑"的比例为26.4%[②]；按照华中师范大学中国农村研究院2013年寒假期间对全国209个村和暑假期间对全国252个村的抽样调查，村党组织书记兼任村委会主任"一肩挑"的比例数据分别为28.7%和35.3%，这与全国正式的统计差异并不是很大。据此我们认为，那些比例较高或很高省级地方

[①] 如中共青海省委组织部、青海省民政厅《关于2011年全省村（社区）"两委"换届工作的总结报告》就把"'一肩挑'的比例加大"，与"一大批'双带'力强的同志进入村'两委'"、"村（社区）干部队伍年龄、文化结构进一步优化"等一起，列为此次全省村（社区）"两委"换届选举工作的特点，而通过此次换届选举，青海村党组织书记和村委会主任"一肩挑"的行政村只有263个，只占行政村总数的6.8%。

[②] 参见詹成付主编《全国村民自治状况抽样调查报告》，中国社会出版社2009年版，第102页。

的数据可能有一定的水分，但并未达到对全国统计构成严重影响的程度，各省级地方"一肩挑"比例差异状况总体上是客观存在的。

看到各省级地方"一肩挑"的比例各不相同，人们也有可能会问，比例差异与不同省级地方农村经济发展水平的差距特别是农民收入水平的差距是否有关？理论上可以提出这样的假设，农村经济发展水平特别是农民收入水平可能在一定程度上间接地影响"一肩挑"的比例。一般来说，农村经济发展水平和农民收入水平低，村委会换届选举竞争的激烈程度就较低；反之，则较高。村委会换届选举竞争性不强的村，党在农村的基层组织（包括乡镇党委和村党组织）的组织意图较容易得到贯彻，较容易实现由一个人兼任村党组织书记和村委会主任。村委会换届选举竞争激烈的村，有可能出现的一种情形是，村党组织书记或者因为担心有可能在村委会换届选举中落选，或者想要实现某种利益的平衡、权力的分享等，而放弃或退出竞选村委会主任；有可能出现的另一种情形是，不担任村党支部书记的另一个竞争者较有竞争实力，在村委会换届选举中书记竞争不过非书记；还有可能出现其他不利于实现书记主任"一肩挑"的情形。如果这个推测成立，那么农村经济发展水平和农民的收入水平有可能与"一肩挑"的比例呈现出某种反比的状况。实际情况如何呢？观察2012年各地区农村居民纯收入与村级组织负责人党政"一肩挑"比例排名表，不用精确地计算就可以看出，各省级地方农民纯收入的水平状况与村级组织负责人党政"一肩挑"的比例情况不相关。2012年，上海农民纯收入排名第一，"一肩挑"的比例排名第十五；北京农民纯收入排名第二，"一肩挑"的比例排名第五；山东"一肩挑"的比例排名第一，农民纯收入排名第八；海南"一肩挑"的比例排名第二，农民纯收入排名第十八；福建"一肩挑"的比例排名倒数第一，农民纯收入第七；浙江"一肩挑"的比例排名倒数第二，农民纯收入排名第三。为严谨起见，我们用SPSS软件的简单相关分析算法对各地区"农村居民纯收入"与村级组织负责人党政"一肩挑比例"这两组数据进行了检验：变量"农村居民纯收入"的均值为8495.5097，标准差为3340.18554；变量"一肩挑比例"的均值为32.6510，标准差为21.37750。Pearson相关系数为0.004，即"地区农村居民纯收入"与"一肩挑比例"的相关系数为0.004，这两者之间不相关的双侧检验值为0.984。由此得出统计结果，这两者之间不相关。

表 8-3 2012年各地区农村居民纯收入与村级组织负责人党政"一肩挑"比例（％）排名[1]

地区	农民纯收入排名		工资性收入	家庭经营纯收入	财产性收入	转移收入	党政"一肩挑"比例排名	
北京	2	16475.7	10843.5	1318.1	1716.4	2597.8	5	57.89
天津	4	14025.5	7922.3	4126.3	921.0	1056.0	20	20.54
河北	12	8081.4	4005.3	3254.6	218.3	603.2	19	21.32
山西	23	6356.6	3175.5	2334.4	140.8	705.9	8	52.34
内蒙古	15	7611.3	1459.1	4689.1	323.0	1140.2	22	19.29
辽宁	9	9383.7	3630.2	4783.4	246.2	724.0	13	36.99
吉林	11	8598.2	1792.0	5617.6	393.0	795.6	18	24.30
黑龙江	10	8603.8	181608	5433.7	580.3	773.0	24	16.12
上海	1	17803.7	11477.7	902.6	1381.8	4041.5	15	27.84
江苏	5	12202.0	6775.9	3873.9	458.5	1093.7	17	24.60
浙江	3	1455.9	7678.2	5291.4	588.5	993.8	30	4.66
安徽	20	7160.5	3243.5	3265.5	111.8	539.5	21	19.62
福建	7	9967.2	4474.5	4570.4	319.8	602.4	31	4.30
江西	14	7829.4	3532.7	3742.4	120.9	433.4	23	16.77
山东	8	9446.5	438.2	4234.6	257.2	571.6	1	76.75
河南	16	7524.9	2989.4	3973.4	135.5	426.7	12	43.58
湖北	13	7851.7	3189.8	4123.5	65.9	472.5	3	64.19
湖南	17	7440.2	3847.6	2903.2	112.8	576.6	9	48.06
广东	6	10542.8	6804.4	2566.1	556.5	615.8	6	55.00
广西	25	6007.5	2246.5	3234.6	53.9	473.2	14	33.11

[1] 各地区农村居民纯收入的情况见国家统计局农村社会经济调查司编《中国农村统计年鉴》（2013年卷），中国统计出版社2013年版，第381页。

续表

地区	农民纯收入排名		工资性收入	家庭经营纯收入	财产性收入	转移收入	党政"一肩挑"比例排名	
海南	18	7408.0	2475.6	4182.7	173.3	576.4	2	71.21
重庆	19	7383.3	3400.8	2975.3	175.6	831.6	28	5.56
四川	21	7001.4	3088.9	3004.9	166.6	741.1	25	10.84
贵州	30	4753.0	1977.7	2249.2	71.5	454.5	26	10.38
云南	28	5416.5	1435.9	3328.1	234.2	418.4	10	47.50
西藏	27	5719.4	1201.9	3678.7	127.7	711.1	7	53.24
陕西	26	5762.5	2727.9	2294.4	200.1	540.2	29	5.52
甘肃	31	4506.7	1787.7	2114.8	112.1	492.1	27	9.41
青海	29	5364.4	1989.7	2221.9	95.3	1057.5	16	27.39
宁夏	24	6180.3	2510.5	3071.5	101.6	496.7	11	45.13
新疆	22	6393.7	1008.0	4239.0	170.7	976.0	4	58.73

我们在最初看到各省级地方"一肩挑"比例的差异时，曾经推测比例差异可能与村"两委"选举的先后有关。先选村委会，后选党支部，有可能提高"一肩挑"的比例；先选党支部，后选村委会，有可能降低"一肩挑"的比例。从统计数据可以看出，无论是2005—2007年，还是2013年，一直以来，所有省、自治区、直辖市村委会主任是中共党员的比例都比村委会主任同时是村党支部书记即"一肩挑"的比例要高，有的还高很多，全国平均高出一倍以上。如果所有省、自治区、直辖市都严格地按照中办发〔2002〕14号文件的要求做，先选村委会，后选党支部，把选上村委会主任的党员再选举和任命为村党支部书记，那么"一肩挑"的比例将会大大提高，全国平均有可能提高一倍以上。那些"一肩挑"比例比较高的省级地方，有可能是较多实行先选村委会后选党支部的地方。而那些"一肩挑"比例比较低的省级地方，有可能是较多实行先选党支部后选村委会的地方。先选党支部后选村委会之所以有可能降低"一肩挑"的比例，是因为一方面，有些当选的村党

支部书记缺乏竞选村委会主任的动力或魄力，不去竞选。在他们看来，自己已经当上了村级正职领导，该级别的岗位津贴已拿到手，再去竞选村委会主任也不会增加多少收入；让个位置给其他人，也是一个人情；况且，竞选村委会主任并不一定能够成功，失败了还丢面子。另一方面，有些当选的村党支部书记虽然得到党员和上级党组织的信任，但在村民中却缺乏群众基础，竞选村委会主任未必能得到多数选民的支持。也可能是另一个参与竞选的非党员村民或党员村民更有竞争力。[①] 更进一步的研究和思考表明，上述推测是不成立的。一个致命的缺陷是，我们在作上述推测时并没有收集到哪些省份较多地实行先选村委会后选党支部从而"一肩挑"比例较高和哪些省份较多地实行先选党支部后选村委会从而"一肩挑"比例较低的实际数据。在2005—2007年，全国各省、市、自治区及其各县、市、区乃至乡镇，村"两委"换届选举的先后顺序都不尽相同，很难从数据分析中得出先选村委会后选党支部确实提高了"一肩挑"的比例。不过有一点是肯定的，这就是许多先选村委会后选党支部的村并没有严格按照中办发〔2002〕14号文件的倡导，把选上村委会主任的党员选举和任命为村党支部书记，从而实现"一肩挑"。近年来，全国大多数地方，都实行的是先选党支部后选村委会[②]，各省级地方"一肩挑"比例的差异状况一直持续，这说明这一差异状况与村"两委"选举先后的不同关系不大或没有什么关系。到目前为止，我们尚未掌握全国各省、市、自治区"两委"换届选举先后情况的具体统计数据，但我们通过一个省的情况分析，便可以"窥一斑而知全豹"。从2011年湖北省村"两委"换届各地"一肩挑"比例情况表可以看出，都是先进行村党组织换届后进行村委会换届，但各地、市、州"一肩挑"的比例差异不仅存在，而且有的还很大。这说明比例差异不是村"两委"换届选举先后不同造成的。

[①] 参见唐鸣《农村基层党政关系问题研究》，《当代世界社会主义问题》2009年第3期。
[②] 先选党支部后选村委会现已成为一项统一的要求。中央组织部副部长陈向群2014年7月11日在部分省区村"两委"换届工作座谈会上的讲话中说："合理安排换届时间。一般要按照先村党组织、后村委会的换届顺序进行，合理安排前后时间间隔，既不能太长，也不能太短，确保村党组织在村'两委'换届中发挥领导核心作用。要把准备工作做扎实，不能匆忙上阵、把村党组织和村委会换届'一锅煮'。"(《中共中央组织部工作通报》第17期，中共中央组织部办公厅2014年8月11日印发，第9页）

表 8-4　　各省、市、自治区村级组织党政"一肩挑"比例与村委会主任党员比例情况①

时间 地区	2005—2007 年 "一肩挑" 比例	2005—2007 年 主任党员比例	2013 年 "一肩挑" 比例	2013 年 主任党员比例
北京	38.90	78.09	60.99	81.94
天津	16.90		23.90	63.62
河北	43.60		21.30	61.21
山西	64.91		53.47	70.97
内蒙古	14.80	72.42	18.66	61.29
辽宁	46.10	81.40	36.59	68.38
吉林	40.43	73.29	30.59	68.00
黑龙江	25.38	74.99	15.69	52.54
上海	39.85	96.26	30.78	77.51
江苏	25.24	89.88	22.93	81.38
浙江	9.82		4.48	54.71
安徽	22.70		19.50	81.41
福建	5.70	62.01	4.36	46.34
江西	34.70		14.71	54.90
山东	88.60		75.25	98.03
河南	39.10		43.92	71.14
湖北	73.78	91.85	63.57	86.53
湖南	62.00	88.00	46.43	86.88
广东	71.10		55.81	75.19
广西	54.20		32.30	80.77
海南	84.94	91.39	68.12	85.09
重庆	0.91	82.54	4.10	81.99

---

① 资料来源：詹成付主编：《2005—2007 年全国村民委员会选举工作进展报告》，中国社会出版社 2008 年 6 月版，第 38—41 页；中华人民共和国民政部编：《中国民政统计年鉴》（2014 年卷），中国统计出版社 2014 年版，第 597 页。

续表

地区\时间	2005—2007年 "一肩挑"比例	2005—2007年 主任党员比例	2013年 "一肩挑"比例	2013年 主任党员比例
四川	10.58		7.49	68.97
贵州		60.96	8.70	61.50
云南	71.05		44.17	76.88
西藏	37.57		34.12	78.65
陕西	9.01	60.90	5.49	65.97
甘肃	5.99	70.91	8.81	53.81
青海	8.44		27.58	59.49
宁夏	7.89	75.91	39.76	54.23
新疆	10.46	73.19	61.06	80.52
平均	35.47	77.88	34.49	73.36

表8-5　2011年湖北省村"两委"换届各地"一肩挑"比例情况[①]

	建制村总数	先进行村党组织换届后进行村委会换届的村数	"一肩挑"比例	村"两委"成员总数	村"两委"成员交叉任职比例
武汉	1917	1916	73.37	8907	48.34
黄石	780	780	38.50	3592	45.40
襄阳	2348	2348	77.00	10359	66.00
宜昌	1358	1358	61.12	5966	55.54
十堰	1782	1491	32.00	5264	25.00
荆州	2464	2464	58.00	11408	61.00
鄂州	320	319	95.30	1399	63.90
荆门	1396	1375	76.55	5987	60.34
黄冈	4199	4199	82.00	16229	82.00
孝感	2763	2759	41.86	9937	53.91

---

① 资料来源：湖北省民政厅。

续表

	建制村总数	先进行村党组织换届后进行村委会换届的村数	"一肩挑"比例	村"两委"成员总数	村"两委"成员交叉任职比例
咸宁	908	908	33.15	4137	40.99
随州	921	908	85.30	3750	89.00
恩施	2533	2533	18.70	13710	34.10
仙桃	624	624	84.31	2779	58.81
潜江	341	341	50.43	1950	48.46
天门	800	800	96.50	3399	89.00
神农架林区	67	67	29.00	231	41.00
合计	25521	25190（99.91）	60.53	109004	59.61

那么，究竟应当如何解释各省级地方"一肩挑"的比例会有从很低、较低到较高、很高这样大的差异呢？一个很简单但可能很有效的解释是，比例差异与各地对待"一肩挑"的态度和推进"一肩挑"的力度有关。笔者曾经认为，"比例差异并不因各个地方态度的不同而产生"。"看到有的地方'一肩挑'的比例特别低，很容易使人产生是否该地方不鼓励、促进'一肩挑'的疑问。但我们电话咨询其中一些地方主管部门时得到的答复是并非如此，这些地方是鼓励、促进'一肩挑'的。"① 根据最近的调查了解，必须承认，我们当时的研究不够全面深入，掌握的情况有限、有误。虽然并不是所有比例很低或较低的省级地方都不鼓励、促进"一肩挑"，但有的省级地方的确是对"一肩挑"持消极甚至否定态度的，其"一肩挑"的比例低与此态度实际是有着直接关系的。态度决定力度，如果在态度上是很积极、主动地倡导和推进"一肩挑"，自然就会在具体工作中很积极地采取措施、想方设法地提高"一肩挑"的比例。那些"一肩挑"比例比较高或特别高的省份，无不是推进、实行"一肩挑"的力度比较大或特别大的省级地方。姑且不论对提高"一肩挑"的比例提出较硬或较高的要求是否适当、合理，提出要求比不提出要求要有利于"一肩挑"比例的提高，应当是没有疑问的。云南省在第五届

---

① 唐鸣：《农村基层党政关系问题研究》，《当代世界社会主义问题》2009年第3期。

村委会换届选举工作中，由于取消了"一肩挑"的比例要求，致使村党组织书记兼任村委会主任的比例较上届下降了 14.40 个百分点。这是云南省村"两委"换届选举工作领导小组办公室①坦率承认的事实。可以说，在很大程度上正是因为各地对待"一肩挑"的态度和推进"一肩挑"的力度不同，致使各地"一肩挑"的比例不同。各省级地方是如此，各市、县级地方亦是如此，在一个省级地方内的各市、县，"一肩挑"的比例也会由于各自对待"一肩挑"的态度和推进"一肩挑"的力度的不同而不同，甚至出现较大的差异。

同时，各地对待"一肩挑"的态度和推进"一肩挑"的力度并不都是始终如一的，态度和力度的变化会导致"一肩挑"的比例出现一定的波动。从全国各省级地方对待"一肩挑"的态度和推进"一肩挑"的力度的总体情况看，最近几年大多数"一肩挑"比例很低、较低的地方，态度和力度都没有什么变化，有几个"一肩挑"比例较高、很高的地方取消或降低了"一肩挑"的比例要求（如云南、山东），也有几个"一肩挑"比例很高的地方对"一肩挑"的比例提出了更高的要求（如广东、湖北）②。我们已经看到（云南、广东）或可以预计（湖北、山东），这几个地方"一肩挑"的比例变化或将是很大的。

分析到此，我们可以对为什么"一肩挑"这一倡导性政策对"一肩挑"实践发展促进作用有限这一问题给出一个较为简单但也许能够部分成立的答案：个别省级地方对"一肩挑"持否定的态度；有的省级地方对"一肩挑"持消极的态度；有相当数量的省级地方虽然对"一肩挑"持积极的态度，但缺乏推进"一肩挑"的力度或推进"一肩挑"的力度不够大；尽管有的省级地方以特别积极的态度和非常大的力度倡导和推进"一肩挑"，但这些省份在全国毕竟只是少数，所有这些加在一起，致使全国"一肩挑"的平均比例一直未有大的提高。

---

① 云南省村"两委"换届选举工作领导小组办公室在《关于云南省村级党组织和第五届村民委员会换届选举工作总结的报告》（2013 年 7 月 24 日）中写道："由于取消了'一肩挑'比例要求，将空间下放给基层，村级班子之间的选配更加科学合理。村党组织书记兼任村委会主任 4991 人（占 39.62%，比上届下降 14.40 个百分点）。"

② 有的地方要求："要全面实行书记、主任'一肩挑'，力争做到全覆盖。""切实加强党组织对村委会换届选举的把关、掌控，通过合法的程序、正确的引导，尽最大努力实现全覆盖。"

三　农村村级组织负责人党政"一肩挑"问题探讨

人们对待"一肩挑"的态度和推进"一肩挑"的力度在很大程度上是由人们对"一肩挑"的观点和看法决定的。对于"一肩挑",无论在学术理论界还是在实际工作中都有各种各样的观点和看法。主要有两个方面的问题:一个方面的问题是,应不应当提倡"一肩挑",应不应当推行"一肩挑";另一个方面的问题是,应当怎样推进"一肩挑",应当如何实现"一肩挑"。

综合分析在"一肩挑"问题上各方面的观点和看法,仔细权衡推进和推行"一肩挑"的利弊得失,我们提出以下四点看法。

第一,"一肩挑"是协调"两委"关系、消除"两委"矛盾的有效途径。

曾经有一种意见,主张把党的领导与党的具体组织的领导分开,认为在村里面不能把党的领导等同于村党组织的领导。[①] 且不论这种意见是否合理或能够成立,有一点却是没有疑问的,它与现行国法和党规的规定不尽一致。村委会组织法规定:党在农村的基层组织,按照党章进行工作,发挥领导核心作用,领导和支持村委会行使职权;依照宪法和法律,支持和保障村民开展自治活动、直接行使民主权利。党的农村基层组织工作条例规定:村党支部(包括总支、党委)是村各种组织和各项工作的领导核心,领导和推进村级民主选举、民主决策、民主管理、民主监督,支持和保障村民依法开展自治活动;领导村委会,支持和保证村委会依照国家法律法规及村民自治章程充分行使职权。也就是说,根据村委会组织法和党的农村基层组织工作条例的规定,村党组织的领导是农村基层党的领导的体现,村党组织应当领导村委会,村委会必须接受村党组织的领导。

又曾经有一种意见,主张党的领导是政治领导、思想领导和组织领导,是总体性、导向性的领导,而不是具体事务的管理,认为不能把村党组织是

---

① 参见王振海《论村的社区特征与权力结构》,载中国基层政权建设研究会编《实践与思考——中国基层政权建设研究会》(1991年年会论文集),中国社会出版社1992年版,第179页;包心鉴、王振海主编《乡村民主——中国农村自治组织形式研究》,中国广播电视出版社1991年版,第173页;景跃进编《当代中国农村"两委关系"的微观解析与宏观透视》,中央文献出版社2004年版,第187—188页。

否全面管理村社区的各项社会事务作为是否坚持党的领导的衡量标志。① 也且不论这种意见是否正确,有一点也是明确无疑的,即在现行的有关规定中,村党组织领导核心作用的范围是十分广泛的,不仅仅限于总体性、导向性的领导,而且包括许多对具体事务的管理。按照党的农村基层组织工作条例的规定,村党组织作为村各种组织和各项工作的领导核心,其职责既全面,又具体:不仅要贯彻执行党的路线方针政策和上级党组织及本村党员大会的决议,而且要讨论决定本村经济建设和社会发展中的重要问题;不仅要对党员进行教育、管理和监督,而且要负责村、组干部和村办企业管理人员的教育、管理和监督;不仅要领导村里的政治建设,而且要领导村里的经济建设和精神文明建设。

还曾经有一种意见认为,鉴于村党组织与村委会是两个性质完全不同的组织,所以应当对村党组织与村委会各自的功能和职责权限作明确的区分。② 但正如何增科所说:"无论是《村民委员会组织法》还是《中国共产党农村基层组织工作条例》都没有就村委会和支委会的具体职责权限做出明确划分并对村务工作运行机制做出具体的、可操作的规定。"③ 按照现行国法和党规的规定,村党组织与村委会的职责权限有很多是交叉和重叠的。

表8-6　　　　　　　　　　村党组织和村委会的职责对照④

	村党组织的职责	村委会的职责
决定重要问题	讨论决定本村经济建设和社会发展中的重要问题	需由村民委员会决定的事情,由村民委员会依照法律和有关规定作出决定

---

① 参见王振海《论村的社区特征与权力结构》,载中国基层政权建设研究会编《实践与思考——中国基层政权建设研究会》(1991年年会论文集),中国社会出版社1992年版,第179页;包心鉴、王振海主编《乡村民主——中国农村自治组织形式研究》,中国广播电视出版社1991年版,第173页;景跃进编《当代中国农村"两委关系"的微观解析与宏观透视》,中央文献出版社2004年版,第188、191页。

② 参见景跃进编《当代中国农村"两委关系"的微观解析与宏观透视》,中央文献出版社2004年版,第191页。

③ 何增科:《农村治理转型与制度创新——河北省武安市"一制三化"经验的调查与思考》,《经济社会体制比较》2003年第6期。

④ 根据村委会组织法和党的农村基层组织工作条例制作。

续表

	村党组织的职责	村委会的职责
推进四个民主	领导和推进村级民主选举、民主决策、民主管理、民主监督	实行民主选举、民主决策、民主管理、民主监督
促进经济发展	领导制定本地经济发展规划，组织、动员各方面力量保证规划实施。加强对经济工作的领导，坚持以经济建设为中心，深化农村改革，发展农村经济，增加农民收入，减轻农民负担，提高农民生活水平	支持和组织村民依法发展各种形式的合作经济和其他经济，承担本村生产的服务和协调工作，促进农村生产建设和经济发展
支持集体经济	领导和支持集体经济组织管理集体资产，协调利益关系，组织生产服务和集体资源开发，逐步壮大集体经济实力	尊重并支持集体经济组织依法独立进行经济活动的自主权，维护以家庭承包经营为基础、统分结合的双层经营体制，保障集体经济组织和村民、承包经营户、联户或者合伙的合法财产权和其他合法权益
建设精神文明	制定社会主义精神文明建设规划。搞好本村的社会主义精神文明建设。对群众进行爱国主义、集体主义和社会主义教育，党的基本路线和方针政策教育，思想道德和民主法治教育，引导农民正确处理国家、集体、个人三者之间的利益关系，培养有理想、有道德、有文化、有纪律的新型农民	宣传宪法、法律、法规和国家的政策，教育和推动村民履行法律规定的义务、爱护公共财产，维护村民的合法权益，发展文化教育，普及科技知识，促进男女平等，促进村与村之间的团结、互助，开展多种形式的社会主义精神文明建设活动
做好计划生育	搞好计划生育工作	做好计划生育工作
改善生态环境	改善农业生态环境	引导村民合理利用自然资源，保护和改善生态环境

续表

	村党组织的职责	村委会的职责
搞好社会治安	搞好社会治安	协助维护社会治安
调解民间纠纷	及时疏导和化解人民内部矛盾，保持农村社会稳定	调解民间纠纷

在村党组织领导村委会，且这一领导包括许多对具体事务的管理、村党组织与村委会的职责权限有很多是交叉和重叠的情况下，"两委"之间在村庄事务的管理和处理上不出现纠纷和摩擦是不可能的。

有人主张在制度设计上，厘清村党组织与村委会的职责权限，从而消除"两委"矛盾、摩擦的根源。如徐付群、周郎断言，"如果不从立法和政策方面彻底厘清两委关系"，"则两委之间的矛盾冲突就永远没有结束的时候"。[①] 又如徐增阳、任宝玉认为，"可以通过制度创新，明确划分村支部与村委会的职责权限"，"党支部管方向性'大事'，村委会管具体事务"。[②] 但这种主张基本没有什么现实可行性。村庄里或许也有方向性的"大事"，但大量存在的是日常的具体事务。对于村党组织来说，离开了讨论决定本村经济建设和社会发展中的重要问题，其领导核心作用就无从发挥；离开了促进经济发展、支持集体经济、建设精神文明、做好计划生育、改善生态环境、搞好社会治安、调解民间纠纷等工作，就无法将领导和推进村级民主选举、民主决策、民主管理、民主监督，领导和支持村委会行使职权落到实处。在现行的体制下，实际上，无论是法律还是政策，都不可能划清村党组织与村委会的职责权限，使之不交叉、不重叠。

正是由于村党组织与村委会的职责权限交叉、重叠，不可能划分得一清二楚，因此如欲协调"两委"关系、消除"两委"矛盾，最好是实行"两委"交叉任职特别是书记主任"一肩挑"。道理很简单：同一件事情由不同的主体来管理或办理，虽然不同主体有可能就具体如何管或具体如何办达成一

[①] 徐付群、周郎：《杨家泊村两委关系问题调查》，载张明亮主编《村民自治论丛》（第一辑），中国社会出版社2001年版，第389页。

[②] 徐增阳、任宝玉：《"一肩挑"真能解决"两委"冲突吗——村支部与村委会冲突的三种类型及解决思路》，《中国农村观察》2002年第1期。

致，但彼此间的沟通、协调始终是一个问题；而一旦同一件事情由融为一体的主体来管理或办理，也就不再存在不同主体间的沟通、协调问题了。在村党组织书记和村委会主任由不同的人来担任且"两委"成员不交叉任职的情况下，争权夺利有可能时常产生，意见不一更无法完全避免。以书记为首的村党组织与以主任为首的村委会因职责权限交叉与重叠，而出现和存在矛盾是很正常和自然的。如果村党组织书记和村委会主任由同一个人来担任且"两委"交叉任职，争权夺利和意见不一就都不会有了，"两委"之间即便还存在着关系问题，也完全可以通过村党组织内部或村委会内部工作来协调，这比组织间的协调应当容易得多。

第二，"一肩挑"是实现组织意图与村民意愿有机结合、党的领导与村民自治内在统一的适当选择。

村党组织的权力，从本质上来说，是一种自上而下的权力。这不仅表现在权力来源上，村党组织成员特别是书记的产生，除了需要党员大会或党的委员会的选举，还需要上级党组织的批准；也表现在组织原则上，村党组织服从乡镇（或街道）党委，必须坚决执行乡镇（或街道）党委的决定。与之相比较，村委会的权力，从本质上来说，则是一种自下而上的权力。这既表现在村委会的选举产生上：选举村委会，由登记参加选举的村民直接提名候选人；村委会主任、副主任和委员，由村民直接选举产生；任何组织或者个人（包括乡镇党委和政府）不得指定、委派或者撤换村委会成员；由村民直接选举产生村委会无须任何组织或机构批准。也表现在村委会与乡镇政府的关系上：乡镇政府与村委会不是领导与服从的关系，而是指导与协助的关系，乡镇政府对村委会的工作给予指导、支持和帮助，但是不得干预依法属于村民自治范围内的事项；村委会协助乡镇政府开展工作。

如何使这两种权力得以有效衔接和良性互动，各地在实践中的探索各不相同或不尽相同，主要有三种典型方式：一是村党组织选举的"两票制"或"两推一选"，二是村党组织通过村民代表会议领导村委会，三是村党组织书记和村委会主任"一肩挑"。

村党组织选举的"两票制"，是指选举村党组织书记和委员会成员时，先由全体有选举权的村民或村民代表投信任票，获得多数或半数以上信任票的党员才有资格成为村党组织成员候选人，在乡镇党委确定村党组织成员正式候选人之后，再由全体党员投选举票，选举产生新一届村党组织班子成员。

村党组织选举的"两推一选",是指进行村党组织换届选举时,先分别召开村民会议或村民代表会议和党员会议,对原村党组织成员进行民主评议并推荐新一届村党组织成员候选人,在乡镇党委确定村党组织成员正式候选人之后,再召开全体党员会议选举产生新一届村党组织班子成员。"两票制"或"两推一选"将党内民主与党外民主结合了起来,兼顾了组织意图和村民意愿,在一定程度上扩大了村党组织的群众和民意基础,增强了村党组织的民主性,提高了村党组织的权威性,也在一定程度上加大了村党组织与村委会在涉及村民群众利益问题上达成共识、协商一致的可能性。但"两票制"或"两推一选"不可能在根本上改变村党组织权力来源自上而下的性质,不可能在根本上改变村党组织与村委会关系的结构和状态,因此也不可能形成一个有效的机制,使村党组织所代表的自上而下的权力和村委会所代表的自下而上的权力实现有效的衔接和良性的互动。

村党组织通过村民代表会议领导村委会,简单的概括,是指"村党组织领导、村民代表会议作主、村委会办事"。即村党组织为领导核心,村民代表会议为常设决策机构,村委会为村民代表会议决议的执行机构。村民代表会议经村民会议授权后,对授权范围内的村务工作具有最终决定权,成为村民自治的权力中心。要求村党组织书记按照民主程序依法竞选村民代表会议主席,党员竞选村民代表,使村党组织对村务工作的领导通过村民代表会议来进行,融入村民自治的运行体制之中。村党组织通过村民代表会议领导村委会,固然有助于促使组织意图与村民意愿的有机结合、党的领导与村民自治的内在统一,但由于根据现行的村委会组织法,村民代表会议主席不是一个法定的职位,村委会成员是村民代表会议的当然组成人员,村民代表会议由村委会召集,村民代表会议讨论决定的事项由村委会提前通知村民代表;有的省(如湖北)还规定,村民代表会议由村委会主任主持;在实际的运行中,村民代表会议系由村委会特别是村委会主任来主导,因此村党组织通过主导村民代表会议来领导村委会的方式不可能在全国推广,更不可能在全国普及。

村党组织书记和村委会主任"一肩挑",无论是先选村党组织书记,然后在村委会选举中,村党组织书记通过竞争选举担任村委会主任,还是先选村委会主任,然后在村党组织选举中,把本身是党员的村委会主任选举为村党组织书记,都要通过党内的党员选举关和上级党组织批准关以及党外的村民选举关，只要选举依法依规按照民主程序来进行，就可以较好甚或很好地实现组织意图与村民意愿的有机结合、党的领导与村民自治的内在统一。村党组织书记通过担任村委会主任来领导村委会，可以使党组织的意图直接在村委会的工作中体现和实现，有利于坚持和加强党的领导。担任村委会主任的村党组织书记，要想一直都得到村民群众的拥护，就必须时刻关心村民群众的利益，经常倾听村民群众的呼声，努力满足村民群众的需求，而这正是做好村民自治工作的前提和基础。

第三，"一肩挑"为多数农村干部群众所赞同，符合我党执政方式现代化、依法执政的总体要求。

据我们所知，对于广大农村干部群众究竟怎么看待"一肩挑"、是否赞同"一肩挑"，所做的问卷调查并不多，而为数有限的问卷调查所得出的结论也不尽相同或很不相同。肖唐镖在 2014 年 12 月南昌大学召开的"中国农村村民自治与基层治理"学术研讨会，介绍他所带领的团队调查得到的数据时说，根据他们此前所进行的调查，多数农民群众对村党组织书记和村委会主任"一肩挑"持否定的态度。① 但是，中央党校在 2006 年至 2007 年对参加"全国县委书记、县长社会主义新农村建设专题培训班"的县委书记进行的问卷调查表明，大多数县委书记是赞成村级组织党政"一肩挑"的：86.3% 的受访者同意"党支部书记竞选村委会主任，实行'一肩挑'"。② 我们在 2014 年组织华中师范大学的学生对全国 23 个省共 263 个村的村民所进行的 2389 份有效问卷的调查表明，大多数农民群众也是赞成村级组织党政"一肩挑"的：26.1% 的受访者完全赞同"一肩挑"，56.9% 的受访者认为可以"一肩挑"，5.2% 的受访者不置可否"一肩挑"，11.8% 的受访者表示反对"一肩挑"。

的确，对于"一肩挑"，在干部、群众乃至学者中都有一些反对的声音。批评意见最主要的有两点：一是村党组织书记和村委会主任由同一个人来担任的"一肩挑"，没有了在村党组织书记和村委会主任由不同的人来担任情况下的相互监督，容易滋生腐败；二是"一肩挑"导致农村基层传统的一元化领导体制的复归，书记主任兼职造成村级组织党政不分、以党代政。

---

① 撰写本章时，我们尚未看到肖唐镖对于"一肩挑"农民态度调查的文字材料。
② 参见肖立辉《中国基层民主创新研究》，人民出版社 2009 年版，第 224 页。

关于第一点批评意见。尽管到目前为止,我们并没有看到面广、确凿的统计数据,表明实行"一肩挑"的村党组织书记、村委会主任有更多的腐败,不实行"一肩挑"的村党组织书记、村委会主任腐败较少,但我们还是愿意相信,相互监督比自我监督更有效,"一肩挑"的确在这方面有自己的不足。不过,这一缺陷现已有了很好的补救措施。2010年经修订的村委会组织法第32条规定:"村应当建立村务监督委员会或者其他形式的村务监督机构,负责村民民主理财,监督村务公开等制度的落实,其成员由村民会议或者村民代表会议在村民中推选产生,其中应有具备财会、管理知识的人员。村民委员会成员及其近亲属不得担任村务监督机构成员。村务监督机构成员向村民会议和村民代表会议负责,可以列席村民委员会会议。"根据村委会组织法所设立的村务监督委员会,完全可以起到比村党组织书记和村委会主任相互监督更好的监督作用,这至少部分降低或消除了为有书记主任相互监督而不实行书记主任"一肩挑"的必要性。

关于第二点批评意见。就"一肩挑"与传统的一元化领导体制的关系而言,"一肩挑",从一定的意义上讲,是自下而上的权力和自上而下的权力的结合,而传统的一元化领导体制,要么是自上而下的组织任命,要么是上级指定人选的选举;"一肩挑",人员就一个,角色有不同,"在什么山头唱什么歌",书记管书记的事,主任管主任的事,而传统的一元化领导体制,书记尽管可能不兼任其他职务,但事事都要管,事事都能管,大事小事一把抓。因此,"一肩挑"与传统的一元化领导体制有不同,也不会必然导致农村基层传统的一元化领导体制的复归。就党政兼职是否会造成党政不分、以党代政而言,我们曾经从整个国家党政关系的角度对此进行过分析探讨:"从现代世界各国政党政治的情况看,执政党一般都是通过选举获得多数选民的支持而上台执政的,执政党执掌国家政权一般都是依靠其政党成员通过竞选获胜担任国家政权机构的领导职务来实现的。执政党的领导成员担任国家政权机构的领导职务并不会造成党政不分、以党代政。因为实行人员兼职,只不过是使兼职人员取得了双重角色,在不同的场合扮演不同的角色罢了。党的组织和国家政权在机构上并非要合二为一,其职能仍可明确分开。倒是如果执政党的领导成员不担任国家政权机构的领导职务有可能会导致党政不分、以党代政的情况发生,因为这些不担任国家政权机构领导职务的执政党领导成员有可能会站在国家政权机构之外或之上,指挥国家政权机构的运作。在此意义上,只有党政人员兼职,才能避免党政职能不分。"① 农村村级党政组织的状况也是同样,在村党组织书记不兼任村委会主任的情况下,村党组织书记不过问具体村务是不可能的,只有实行党政"一肩挑",才能做到"是党的归党,是政的归政",党务村务分开,避免党政不分、以党代政。

《中共中央关于全面深化改革若干重大问题的决定》把"完善和发展中国特色社会主义制度,推进国家治理体系和治理能力现代化"确立为全面深化改革的总目标,并提出要"紧紧围绕提高科学执政、民主执政、依法执政水平深化党的建设制度改革,加强民主集中制建设,完善党的领导体制和执政方式"。国家治理体系和治理能力现代化的一个重要方面是党的执政方式的现代化。党的执政方式现代化的一个重要表现,按照《中共中央关于全面推进依法治国若干重大问题的决定》的说法,是依法执政。而"善于使党组织推荐的人选通过法定程序成为国家政权机关的领导人员,善于通过国家政权机关实施党对国家和社会的领导"是其中的一项重要内容。据此,在农村基层,似也可以这样讲,应当善于使村党组织书记通过法定程序成为村委会主任,善于通过村委会实施村党组织对村民自治和农村社会的领导。

总之,从有效解决"两委"关系问题,协调"两委"关系、消除"两委"矛盾,加强党的领导,精简人员,提高效率来说,"一肩挑"是手段。从实现组织意图与村民意愿有机结合、党的领导与村民自治内在统一,村"两委"换届选举期望得到的一个结果②来说,"一肩挑"又是目的。因此,应当坚持提倡和大力推进"一肩挑"。

第四,推进和实现"一肩挑",应当尊重和遵守法律,尊重和遵从民意;必须因应不同情况,探索多种路径。

推进和实现"一肩挑",要在村委会选举和村党组织选举中进行,村委会选举必须遵循村委会组织法、村委会选举办法等法律法规,村党组织选举必须遵循党章、党的基层组织选举工作暂行条例等党内法规。这是做好

---

① 唐鸣:《农村基层党政关系问题研究》,《当代世界社会主义问题》2009年第3期。
② 村"两委"换届选举期望得到的结果包括充分全面地实现党员和村民民主选举的权利、顺利地实现村级组织领导班子的轮流更替、选出一个党员和村民满意和信赖的村级组织领导集体等。

村委会选举和村党组织选举工作的基础，也是正确推进和实现"一肩挑"的前提。

在村委会选举以及推进和实现"一肩挑"的过程中，违反法律规定的行为有两种：一是抽象行为违法，即制定发布和要求执行的文件违法；二是具体行为违法，即具体的选举组织或个体行为违法。主要表现为：在制定发布和要求执行的选举文件中，对村委会成员候选人资格条件、提名、资格审查等作出与法律不一致或相抵触的规定，如规定新任村委会成员年龄不超过55周岁，连选连任村委会成员年龄不超过60周岁；规定要保障和落实党组织对村委会换届选举的提名权等。在推选村民选举委员会时，不是通过村民会议或村民代表会议或村民小组会议推选，而是通过村"两委"联席会议推选；在提名产生村委会成员候选人时，不是由村民直接提名，而是由村民代表会议或村"两委"联席会议提名，甚或由乡镇党委政府指定；在确定村委会成员正式候选人时，不是依照得票多少的顺序来确定，而是不论村党组织书记得票多少，都要把他确定为村委会主任候选人。所有这些违法行为都是应当纠正或避免的。

有关村委会选举和村党组织选举的法律法规与党内法规，所规定的民主程序，是使村民意愿和党员意愿得以真实表达和有效实现的规范与保障。在村委会选举和村党组织选举以及推行和实现"一肩挑"的过程中，只有高度尊重和严格遵守法律法规和党内法规的规定，才能真正尊重和切实遵从村民的意愿和党员的意愿；反过来说，不尊重和遵从村民的意愿和党员的意愿，就必然会出现违背法律法规和党内法规的行为。

在村委会选举以及推进和实现"一肩挑"的过程中，做硬性规定，搞强迫命令，提很高乃至"一刀切"的指标要求，难免出现勉为其难、人为操纵的情况，弄虚作假、欺上瞒下的情况，违反法律、违背民意的情况。这当然都是应当防止和避免的。

村"两委"换届选举以及推进和实现"一肩挑"，本身是民主的形式和民主的表现，必须严格依照民主的程序，按照民主的步骤，体现和遵从大多数人的意见，不应当强制大多数人接受少数人的决定，千万不要用非民主的方法、手段致使村"两委"换届选举以及推进和实现"一肩挑"不民主或不够民主。

从上述意义上讲，大力推进"一肩挑"应当是适度推进"一肩挑"。所谓适度推进"一肩挑",就是在法律法规的框架内、在多数村民的同意下推进"一肩挑"。当然,从另一个角度讲,适度推进"一肩挑",也应当是因地制宜、因势利导、循序渐进、顺其自然推进"一肩挑",而不是强迫命令、不切实际、勉为其难、人为操纵推进"一肩挑"。

各地的情况各不相同,推行"一肩挑"的进度和实现"一肩挑"的程度也不可能完全一样。所以不能搞"一刀切",而必须因应不同情况,探索多种路径。

对于那些全体或多数党员自身素质好、工作能力强、群众威信高,党组织团结坚强、基础扎实、力量强大的村,应当毫不犹豫、坚定不移地推进和实行"一肩挑"。对于那些党员大多年老体弱、活力不强、缺乏威信,党组织软弱涣散、基础不牢、问题突出的村,不要急于推进和实现"一肩挑",而应当首先做好组织整顿、组织发展和组织建设工作。对于那些介于这二者之间的村,则应当相机行事,既积极引导,又顺其自然。

可以通过先进行村委会换届选举,再进行村党组织换届选举来实现"一肩挑"。① 也就是在先进行的村委会选举中,要求、鼓励拟推荐为村党组织书记的人选积极参与村委会主任的竞争选举,如果成功当选,就正式提名并选举为村党组织书记;如果他未得到大多数村民群众的拥护,就不再推荐为村党组织书记人选,而在通过组织考察的基础上,把另一当选为村委会主任的党员提名并选举为村党组织书记;如果当选为村委会主任的村民不是党员,只要他自身愿意和条件允许,就应当积极将其培养和发展为党员。也可以通过先进行村党组织换届选举,再进行村委会换届选举来实现"一肩挑"。② 也就是在先进行的村党组织选举中,以"两票制"或"两推一选"的方式产生村党组织书记,再让具有广泛群众基础和村民认可度的村党组织书记参与村委会主任的竞争选举。这两种途径或方式,各有利弊,各地情况不同,不应当强求一律。

此外,我们最近调查了解到在个别地方还有这样一种探索,即进行村党组织与村委会换届时间交错的选举来实现"一肩挑"。也就是村党组织的选举与村委会的选举交错进行,先由党员大会选举村党组织委员会委员,待村委

---

① 这是中办发〔2002〕14号文件曾经提倡的做法。
② 这是目前中组部要求的做法。

会主任、副主任、委员选举产生后,根据村委会选举结果再由新一届村党组织委员会第一次全体会议选举党组织书记、副书记。这种方式是否合规、妥当,可以研究。

第九章
村民会议的理想与现实[*]

村民会议承载着在农村基层实行直接民主的理想，享有法律法规规定的广泛地讨论决定涉及村民利益事项的职权。关于村民会议职权的现行法律法规规定，有的原本就是值得商榷的，有的随着形势的发展已变得不合时宜，有的需要根据新的情况增加内容。村民会议的实际运行状况和作用发挥不尽如人意，其原因主要包括客观上难以召开和主观上不愿召集两个方面。尽管村民会议难以召开和很少召开的问题较为普遍，但这并不意味着通过群众自治实行基层直接民主的理想是一个无法实现的理想。在新农村建设的新形势下，通过制度创新和积极工作，村级直接民主一定可以取得新的进展，获得新的成果。

一 承载着直接民主的理想

通过群众自治实行基层直接民主，是在1982年宪法和1987年村委会组织法（试行）制定以及村民自治制度在全国推行之时，我们党和国家领导人或集体曾经指明或提出的一个理想。1981年中共党的十一届六中全会通过的《关于建国以来党的若干历史问题的决议》，在总结历史经验的基础上明确提出：要"在基层政权和基层社会生活中逐步实现人民的直接民主"。1987年

---

[*] 本章以《村民会议与直接民主》为题，发表于《华中师范大学学报》（哲学社会科学版）2009年第6期，被人大报刊复印资料《中国政治》2010年第3期全文转载。

第九章　村民会议的理想与现实 | 151

村委会组织法（试行）（草案）在六届全国人大第23次会议审议之时，彭真围绕着村委会的问题作过一长段经典的论述，题目就是《通过群众自治实行基层直接民主》。彭真指出：人民如何行使民主权利，当家作主？这是一个很大的根本的问题。最基本的是两个方面：一方面，人民通过他们选出的代表组成全国人大和地方各级人大，行使管理国家的权力；另一方面，在基层实行群众自治，群众的事情由群众自己依法去办，由群众自己直接行使民主权利。没有群众自治，没有基层直接民主，村民、居民的公共事务和公益事业不由他们直接当家作主办理，我们社会主义民主的健全就缺乏一个侧面，还缺乏全面的巩固的群众基础。有了村民委员会，农民群众按照民主集中制的原则，实行直接民主，要办什么，不办什么，都由群众自己依法决定，这是最广泛的民主实践。①

由于彭真并没有严格地界定什么是直接民主，并且从他的上述论述中很容易引申出在基层实行直接民主、在基层之上或高层实行间接民主的结论，因此我国的一些学者对直接民主赋予了较为宽泛的含义。如徐勇认为，村民自治是一种基层直接民主形式，即由村民直接参与决定与村民利益密切相关的村级公共事务，包括民主选举、民主决策、民主管理、民主监督。②又如柳飒认为，村民自治是一种在农村基层社区实施的直接民主，这一基层直接民主通过村民会议、村代表会议、村选举委员会、村级直选等形式来表现民主选举、民主决策、民主管理、民主监督，村民代表会议是实现村级直接民主的一种理想制度，村民直选是一种基本的直接民主形式。③

而这种宽泛的理解，很可能是误解。且不说通常政治学理论关于直接民主的严格界定，仅就村委会组织法的立法者（部门）和执法者（部门）对村委会组织法的解释而言，显然村级直接民主并不包括村民代表会议等形式。2000年11月6日至8日，全国人大内务司法委员会在北京主持召开了一个"贯彻执行村民委员会组织法研讨会"。会议的宗旨之一是力求正确理解村委会组织法。参加会议的不仅包括全国人大内务司法委员会的领导成员，还包括全国人大常委会的一个副委员长、一个秘书长和一个副秘书长，包括中央

---

① 参见《彭真文选（一九四一——一九九〇年）》，人民出版社1991年版，第607—608页。
② 参见徐勇《中国农村村民自治》，华中师范大学出版社1997年版，第3页。
③ 参见柳飒《村级直接民主的困境》，《衡阳师范学院学报》2009年第2期。

组织部的一个副部长和民政部的一个副部长，包括各省、自治区、直辖市人大内务司法对口机构负责人和组织、民政部门的实际工作者。会议认为：村委会组织法的基本精神是村民实行直接民主。根据该法的规定，村民会议是村民实行民主自治的权利基础和基本形式。只有在人数较多或者居住分散，召开村民会议比较困难的村，才可以召开村民代表会，而且只能讨论村民会议授权的事项。在法律实施中，凡是条件具备，能够直接召开村民会议的地方，都应当用村民会议的形式决定村内的重大事项。在执法过程中，有些地方用村民代表会替代村民会议，不召开村民会议，或者由村民代表会决定村内一切重大事项，这种做法是与立法宗旨不相符的。[①] 由此可见，在主管村民自治立法和执法部门的人员看来，村民实行直接民主的形式就是村民会议，用村民代表会议来取代村民会议是与村委会组织法的基本精神相背离的。

正是本着通过群众自治实行基层直接民主的精神，从试行的村委会组织法到正式颁布的村委会组织法，从国家法律到省级法规，对村民会议这一村民自治的直接民主形式都重点作了规定。正式法比试行法更加强调直接民主，这表现在三方面。第一，试行法规定，有五分之一以上的村民提议，应当召集村民会议；正式法规定，有十分之一以上的村民提议，应当召集村民会议。正式法大幅度降低了对提议召开村民会议村民的数量要求。第二，试行法未规定村民会议至少应当多长时间召开一次；正式法规定，村民会议每年审议村民委员会的工作报告，并评议村民委员会成员的工作，实际是要求村民会议每年至少召开一次以上。根据村委会组织法的这一精神，大多数省级法规规定，村民会议每年至少举行一次；有的省级法规（如广东、四川）规定村民会议每半年要举行一次。第三，试行法规定，涉及全村村民利益的问题，村民委员会必须提请村民会议讨论决定；正式法规定，村民会议认为应当由村民会议讨论决定的涉及村民利益的所有事项，村民委员会必须提请村民会议讨论决定。从涉及全村村民利益的问题，到村民会议认为应当由村民会议讨论决定的涉及村民利益的所有事项，正式法拓展了村民会议管辖事项的广泛性、直接性。

---

① 参见民发〔2001〕2号《民政部关于转发全国人大内务司法委员会贯彻村民委员会组织法研讨会会议纪要的通知》（2001年1月5日）。

二 法定了多项重要的职权

从法律规定来讲，村民会议的组织形式和职责权限，随着实践和认识的发展，有着一定的变化和不同。

在组织形式上，1988年试行的村委会组织法和1998年正式实施的村委会组织法，虽然都规定"村民会议由本村18（十八）周岁以上的村民组成"，但试行法的规定为"村民会议可以由18周岁以上的村民参加，也可以由每户派代表参加。村民会议的决定，由18周岁以上的村民的过半数通过，或者由户的代表的过半数通过"，正式法的规定是"召开村民会议，应当有本村十八周岁以上村民的过半数参加，或者有本村三分之二以上的户的代表参加，所作决定应当经到会人员的过半数通过"。正式法较试行法对户代表参加的村民会议有更多的最低限度的人数上的要求。

在职责权限上，正式法与试行法规定完全相同之处只有一条，那就是：村民会议讨论并决定是否同意由乡级政府提出的村委会（该处的村委会应表述为建制村①）的设立、撤销、范围调整。规定有差别的包括三方面。第一，试行法只是规定，村民会议听取村委会的工作报告；正式法规定，村民会议不仅听取村委会的工作报告，而且每年审议村委会的工作报告，并评议村委会成员的工作。第二，试行法只是规定，村民会议讨论制定村规民约；正式法规定，村民会议不仅可以制定和修改村规民约，而且可以制定和修改村民自治章程。第三，试行法规定，村民会议有权撤换和补选村委会的成员；正式法规定，村民会议投票表决本村五分之一以上有选举权的村民联名提出的罢免村委会成员的要求。"撤换村委会成员"改为"投票表决罢免村委会成员的要求"，并且"罢免村委会成员须经有选举权的村民过半数通过"。补选村委会的成员未列入村民会议的职权范围。二者规定最大的不同在于：试行法规定，村民会议讨论决定村委会向本村经济组织或者村民筹集办理本村的公共事务和公益事业所需的费用，以及涉及全村村民利益的问题；正式法将村民会议讨论

---

① 参见唐鸣、陈荣卓《村委会组织法修改：问题探讨和立法建议》，《社会科学研究》2006年第6期。

决定的事项具体列出，包括乡统筹的收缴方法，村提留的收缴及使用，本村享受误工补贴的人数及补贴标准，从村集体经济所得收益的使用，村办学校、村建道路等村公益事业的经费筹集方案，村集体经济项目的立项、承包方案及村公益事业的建设承包方案，村民的承包经营方案，宅基地的使用方案等，并将村民会议讨论决定涉及全村村民利益的问题，改为村民会议讨论决定村民会议认为应当由村民会议讨论决定的涉及村民利益的其他事项。进一步明确和扩大了村民会议职责权限的范围。

村民会议讨论决定村民会议认为应当由村民会议讨论决定的涉及村民利益的其他事项，是一个兜底条款，本可以在实际执法操作中根据情况确定和添加许多内容。而许多省级地方，为明确有关问题，在其所制定的村委会组织法实施办法中，对村委会组织法未直接规定的内容，或多或少地作了一些具体补充规定，内容包括：村民会议讨论决定村发展规划，村年度发展计划，农业税附加、农业特产税附加的使用，计划生育指标的安排等；村民会议听取和审议村财务收支情况报告，撤销或者改变村委会不适当的决定，撤销或者改变村民代表会议不适当的决定，选举、补选村委会成员等。

三 现行的法定不等于应有

现行的法律法规规定了村民会议享有广泛的职权。但这些规定不一定都十分恰当，有的规定原本就是值得商榷的，有的规定随着形势的发展已变得不合时宜，有的需要根据目前新的情况增加内容。

如关于村民会议选举、补选村委会成员的规定，原本就是值得商榷的。

检索法规条款，我们可以看到，河北、辽宁、黑龙江、甘肃、陕西、云南、广东、湖南、河南、重庆、内蒙古、宁夏、贵州、新疆、广西等省、自治区、直辖市的地方性法规把选举村委会成员列为村民会议的职权；江苏、海南等省的地方性法规虽然未把选举村委会成员直接列为村民会议的职权，但把选举村委会成员列为村民会议不可授予村民代表会议行使的职权之一，实际上还是把选举村委会成员间接地列为村民会议的职权。河北、辽宁、黑龙江、甘肃、陕西、云南、广东、湖南、河南、重庆、内蒙古、宁夏、安徽、福建等省、自治区、直辖市的地方性法规把补选村委会成员列为村民会议的职权；湖北省虽未把补选村委会成员直接列为村委会的职权，但把补选村委会成员列为村民会议不可授予村民代表会议行使的职权之一，实际上还是把补选村委会成员列为村民会议的职权。

如果选举村委会系村民会议职权范围内的事项，那么选举村委会就必须召开村民会议；如果选举村委会不在村民会议的职权范围内，那么选举村委会就不必召开村民会议。反过来说也是一样。如果选举村委会必须召开村民会议，那么选举村委会一定属于村民会议的职权；如果选举村委会不必召开村民会议，那么选举村委会则不属于村民会议的职权。

那么，选举村委会是否一定要召开村民会议呢？换句话说，是否应当把选举村委会列为村民会议的职权呢？

从法律规定来看，村委会组织法第 13 条规定了村民会议有推选村民选举委员会成员的权力，第 18 条规定了村民会议有对村委会及其成员的工作进行监督的权力，第 19 条和第 8 条规定了村民会议对涉及全体村民利益的各项问题拥有直接决定的权力，第 20 条规定了村民会议在村民自治的范围内依法具有建章立制的权力，第 16 条规定了村民会议有对村委会成员依法进行罢免的权力，规定了罢免村委会成员应当召开村民会议，但村委会组织法没有任何一条规定村民会议有选举村委会权力，没有任何一条规定选举村委会必须召开村民会议。

按照有关的法律法规的规定，村委会选举与村民会议的程序规则有很大的不同。村委会选举三年一次，村民会议每年至少召开一次。村委会选举工作由村民选举委员会组织，村委会选举大会由村民选举委员会召集和主持；村民会议由村委会召集，一般由村委会主任主持。村委会选举的参加者为有选举权和被选举权的村民，被剥夺政治权利的村民没有选举权和被选举权，不能参加村委会选举；村民会议由本村 18 周岁以上的村民组成，只要是本村 18 周岁以上的村民，无论是否被剥夺政治权利，是否具有选举权和被选举权，都可以参加村民会议。选举村委会，有选举权的村民的过半数投票，选举有效；候选人获得参加投票的村民的过半数的选票，始得当选。召开村民会议，应当有本村 18 周岁以上村民的过半数参加，或者有本村 2/3 以上的户的代表参加，所作决定应当经到会人员的过半数通过。这两个"双过半"貌似相同，其实不一样。虽然按照绝大多数省级村委会选举法规（只有山西省除外）的规定，投票选举村委会时应当召开选举大会，但由于在选举大会的会场之外可以设置投票站，大多数省、自治区、直辖市规定可以设置流动票箱、可以委托投票，因此投票选举村委会的选举大会并不要求有选举权的村民的过半数参加。尽管参加选举大会的有选举权的村民有可能未过半数，但只要有选举权的村民的过半数投票，选举仍然有效。这也就是说，在村委会选举中，参加选举大会的人数很有可能未达到村民会议法定人数的要求，但整个选举仍然可能是合法有效的。反过来说，也是同样的情况。有本村 2/3 以上的户代表参加的村民会议，不可能达到全村有选举权的村民的过半数投票，显然不能选举村委会。有本村 18 周岁以上村民的过半数参加的村民会议，如果未能做到使全村有选举权的村民的过半数投票，仍然不能有效地选举村委会。问题的关键在于，合法有效的村委会选举大会与合法有效的村民会议不是一回事情，虽然既达到村民会议法定人数要求又达到村委会选举投票法定人数要求的选举大会，可以说是一种特殊形式的村民会议，但选举村委会却没有必要一定要召开村民会议。因此，我们认为，把选举村委会列为村民会议的职权，既不符合选举的一般法理，也不符合村委会选举的实际。

现行的村委会组织法对补选村委会成员的问题未作规定，绝大多数省、自治区、直辖市（除甘肃省未作规定和广东省的规定稍有不同以外）规定，补选村委会成员，适用选举村委会的程序和办法。既然是适用选举村委会的程序和办法，因此补选村委会成员除了一般是由村委会主持之外，与选举村委会并没有什么原则的不同，依旧是不必一定要召开村民会议。既然补选村委会成员不必一定要召开村民会议，因此也不应当把补选村委会成员列为村民会议的职权。①

其实，村民直接选举村委会和补选村委会成员与选民直接选举县、乡两级人大代表的情况类似，县、乡两级人大代表的选举不必通过召开全体选民会议的形式来进行，选举村委会和补选村委会成员也不必通过召开村民会议的形式来进行。为选举村委会和补选村委会成员而召开的选举大会，主要是一个统计选票和公布选举结果的场所，只要遵照程序进行和得到适当的监督，

---

① 本章前已述及：1987 年出台的村委会组织法（试行）曾经把补选村委会成员列为村民会议的职权，1998 年正式实施的村委会组织法将这一条已经删去，不再把补选村委会成员列入村民会议的职权范围。

即便到场的村民未达到村民会议的法定人数要求，其功能和作用照样能够正常发挥。①

除了如关于村民会议选举、补选村委会成员这样的规定原本就是值得商榷的以外，现行的法律法规还有些随着形势的发展已变得不合时宜的规定，还有的需要根据目前新的情况增加内容。如随着税费改革的完成，农业税、农业特产税以及"三提五统"的取消，法律法规关于村民会议讨论决定乡统筹的收缴方法，村提留的收缴及使用，农业税附加、农业特产税附加的使用等的规定，已不再适用。又如随着国家一系列"支农""惠农"政策和措施的实施，大量的资金、项目落到村里，需要民主监管；"低保户"的确定，需要民主评议等。

剔除不适当的内容，适应目前农村的状况，适当地增加一些内容，我们认为，村民会议的职权应当包括：

（一）制定和修改村民自治章程、村规民约，并报乡级人民政府备案；

（二）制定和修改村民会议和村民代表会议议事规则、村财务管理制度、村务公开制度；

（三）推选村民选举委员会成员，罢免村民委员会成员，审议通过村民委员会成员的辞职请求；

（四）推选村务公开监督小组成员和村民民主理财小组成员，罢免村务公开监督小组成员和村民民主理财小组成员；

（五）听取和审议村民委员会的工作报告、财务收支情况报告，评议村民委员会成员的工作；

（六）听取和审议村民代表会议、村务公开监督小组和村民民主理财小组的工作报告；

（七）讨论决定本村的发展规划和村民委员会年度工作计划及财务收支计划；

（八）讨论决定村集体经济项目的立项、承包方案，村集体经济所得收益的使用，村集体资产处置，村集体企业改制，村集体举债；

（九）讨论决定本村农田水利基本建设、修建村级道路、植树造林等集体生产和公益事业"一事一议"筹资筹劳方案；

---

① 参见唐鸣、王林《关于村民会议几个问题的法律探讨》，《江汉论坛》2005 年第 10 期。

（十）讨论决定村集体土地承包和租赁，宅基地的使用方案；

（十一）根据政府的有关规定，讨论决定本村落实政府"支农""惠农"政策和资金的方案；

（十二）根据政府的有关规定，讨论决定本村"低保户"的确定；

（十三）讨论决定本村村干部报酬及其他享受误工补贴的人数及补贴标准，救灾救济、移民安置款物的分配发放方案和被征用土地各项补偿费用的使用方案；

（十四）讨论决定本村社会治安综合治理方案；

（十五）讨论决定是否同意乡级人民政府提出的本建制村的设立、撤并、范围调整；

（十六）讨论决定村民会议认为应当由村民会议讨论决定的涉及村民利益的其他事项；

（十七）撤销或者改变村民代表会议、村民委员会不适当的决定；

（十八）授权村民代表会议讨论决定有关事项。

四 美好的理想要变为现实

尽管村民会议从法律上讲、从道理上讲，享有既重要又广泛的职权，尽管人们寄托了通过村民会议实行直接民主的美好理想，但在村民自治的整个实施过程中，在许多农村地方，村民会议的实际运行状况和作用发挥却不尽如人意。

实事求是地讲，以村民会议为主要形式的直接民主从来就没有在村民自治中占主导地位。在村民自治作为中国农民群众的三个伟大创造之一兴起之初，村委会的建立是关键；在村民自治作为宪法和法律规定的一项重要制度在全国推行之时，村委会的选举是中心；随着所谓"后选举时代"的来临，村务公开、民主管理成为村民自治工作的重点，村务公开监督小组和民主理财小组纷纷建立，村民代表会议制度逐渐完善，唯独作为村民自治直接民主最主要形式的村民会议很少召开和难以召开。

从村民自治已经走过的几十年的历史和全国大部分地方的情况看，村民会议难以召开和很少召开的问题一直存在。1995 年，长期在民政部基层政权和社区建设司做村民自治指导工作的汤晋苏，就曾公开发表文章说："村民会议难以召开。"① 2000 年，学者郎友兴、何包钢更公开发表文章说：村委会组织法关于村民会议的规定在实际中执行起来很难，"村民会议作为一种直接民主的理念在中国广大农村具有不可操作性"②。全国人大内务司法委员会调查组在 1999 年所做的一个调查报告中曾经说到：村委会组织法修订后颁布实施一年来，在实际工作中仍存在着不少问题，距离村委会组织法的要求还有很大差距。其中的一个表现就是"有的村一年也不召开一次村民会议"③。2001 年 8 月 29 日，在第九届全国人大常委会第 23 次会议上，全国人大内务司法委员会主任委员侯宗宾代表全国人大常委会执法检查组所作的关于检查村委会组织法实施情况的报告指出：各地在贯彻村委会组织法中，存在一些不容忽视的问题，其中之一就是"在民主决策中存在用间接民主代替直接民主的倾向"，"有些地方以村民会议难召开为由，长期不开村民会议，法律规定须经村民会议决定的事项，未经授权就由村民代表会议作决定"，"有些地方的村民代表会不但行使村务的代议权和决策权，而且还行使人事罢免权，自觉不自觉地用间接民主代替了直接民主，违背了村委会组织法的立法宗旨"。④ 民政部 2005 年至 2006 年曾经在全国范围进行了一次"中国农村村民自治现状抽样调查"，问卷统计结果表明："在全体村民会议方面，最近一年中没有召开的占 37.5%，有 28% 的人表示不清楚，召开过的占 34.6%。"而根据笔者多年农村调研观察的经验，现在农村的许多地方，村民会议很难召开、很少召开、从不召开的问题，比这个调查统计的情况更加严重。

　　村民会议为什么难以召开，人们给出了多种多样的解释和分析。原因归纳起来包括客观上难以召开和主观上不愿召集两个方面。客观上难以召开，具体表现为，第一，现在大多数村人口规模较大或过大，少的也有千人以上，多的达到八九千，甚至上万，既很难找到容纳所有村民聚集在一起开会的场地，也很难不人多嘴杂，很难从容顺利地议事。第二，许多村地域广阔，村

---

①　汤晋苏：《村民会议与村民代表会议》，《政治与法律》1995 年第 2 期。
②　郎友兴、何包钢：《村民会议和村民代表会议——村级民主完善之尝试》，《政治学研究》2000 年第 3 期。
③　《中国农村基层民主政治建设年鉴》编委会编：《2001 中国农村基层民主政治建设年鉴》，中国社会出版社 2002 年版，第 336—337 页。
④　《中国农村基层民主政治建设年鉴》编委会编：《2002 中国农村基层民主政治建设年鉴》，中国社会出版社 2003 年版，第 115 页。村

民居住分散，特别是在有的山区，居住较远的村民如果参加村民会议要赶几十里地，让大家聚在一起开会很不容易。第三，农民分户生产经营，各家各户各有各的营生、各有各的安排，忙碌和闲暇的时间不统一，要寻找一个大家都有空的时间把大家召集在一起开会不容易。第四，许多地方，特别是中西部的一些省份，青壮年的劳力都常年外出打工经商去了，要使出席村民会议的村民达到法定的人数有一定的困难。① 主观上不愿召集，是指许多村委会尤其是村委会主任，或怕召集困难，或嫌召集麻烦，或希望大权独揽、不愿意权力受监督被制约，不愿意召集村民会议。

　　村民会议之所以难以召开，可能还有另一个方面的原因，这就是：通过村民会议实行直接民主的理想与广大农民政治参与需求的现实存在着一定程度的反差，很多地方的许多农民不是很愿意把很多时间、精力花费在与他们个人和家庭现实经济利益关系不大的村民会议上。亚里士多德在《政治学》中谈到古希腊的农民时曾经有言：他们总是忙于生产，整天在田间劳作，极少参加公民大会。"只要从参与政治生活中得不到更多的好处，他们就对参与公共事务和统治国家没什么兴趣。"② 今天中国的农民当然与古希腊的农民有着根本和巨大的差别，但亚里士多德上述判断中的一些道理在现在的中国可能也还是大体可以成立的。第一，农民一家一户分散的个体生产和经营固然需要社会化的专业服务，但这与更多偏重于政治和社会管理的村这个层次的直接民主并无非常紧密直接的联系，一般情况下，村民会议并不解决或不能解决农业生产的社会化专业服务问题。第二，村里的公共事务和公益事业，虽然可以增进公共福利，但需要农民出钱、出力，只要有少数人不愿意就很难办成，加之很多人抱着搭便车的心态，于是一些村民不是很愿意参加村里为筹资、筹劳而举行的会议。第三，除了村里一般的公共事务和公益事业之外，应当由村民会议讨论决定的村内涉及村民利益的重大事项最主要的有两

---

① 参见汤晋苏《村民会议与村民代表会议》，《政治与法律》1995年第2期；郎友兴、何包钢《村民会议和村民代表会议——村级民主完善之尝试》，《政治学研究》2000年第3期。

② 转引自王绍光《民主四讲》，生活·读书·新知三联书店2008年版，第19页。吴寿彭译，商务印书馆1965年版（第317—318页）亚里士多德《政治学》中的表述为："这类人民的财产都不大，终年忙于耕耘，就没有出席公民大会的闲暇。""他们乐于田亩之间的作息，参政和服务公共事务既没有实际的收获，他们就不想染指。""这些群众即使有时感到政治地位和权力的需要，如果给予他们以选举行政人员和听取并审查这些行政人员的政绩和财务报告的权利就会感到满足了。"

项，一是村集体经济项目的立项、承包方案，村集体经济所得收益的使用，村集体资产处置，村集体企业改制等；二是集体土地的承包、租赁。但现在全国相当部分的村已基本没有什么集体经济，集体土地的承包一定是几十年不变或长久不变，因此在许多村一般的情况下没有多少因集体经济或集体土地问题而必须召开村民会议的强烈需求。

那么，这是不是说通过群众自治实行基层直接民主的理想就完全是一个无法实现的理想呢？不能这么认为。首先，村民自治就其严格的含义来说，既不是村委会自治，也不是由村民代表自治，而是全体村民的自治。只要我们仍然坚持实行村民自治，就应当努力探索、积极拓展全体村民直接参与村级民主决策、民主管理和民主监督的途径和渠道。其次，虽然很多地方的许多农民不是很愿意把很多时间、精力花费在与他们个人和家庭现实经济利益关系不大的村民会议上，但并不是大多数村民完全不愿意参加村民会议。与村民的利益相关的村民会议，村民只要有可能还是愿意参加的。如果村民会议能够增进村民的利益，村民参加村民会议的积极性就会大大提高。再次，在新农村建设、农村社区建设及其他惠农政策和措施的实施过程中，有许多涉及各家各户村民利益的问题需要全体村民共同参与研究讨论，如村庄规划需要村民共同商量和认可，新村建设需要调整宅基地，土地整理需要调整部分承包地等。所有这些，都有必要通过村民会议这样的直接民主形式来协商解决。最后，随着改革开放的深入和扩大，随着经济社会的发展，随着接收信息的增多，随着社会交往的扩大，随着村民自治的推进，广大村民的民主意识、法治意识、权利意识在不断增强，村民直接参与村庄公共事务管理的主动性、积极性也在不断提高。村级直接民主的需求在扩大，实现的可能性也在提高。

五　美好的理想怎变为现实

鉴于村民会议难以召开，人们提出了各种各样的替代方案。一种方案是以村民小组会议替代村民会议。这种方案认为，由于全体村民或18周岁以上过半数村民参加的村民会议因各种各样的原因而难以召开或无法召开，可以采取村民小组会议的形式替代村民会议进行议事和决策。这种方案没有考虑到，在村民小组会议议事与在村民会议议事不仅范围不同，而且作用有异。

问题的关键在于村民小组会议的决策与村民会议的决策不是一回事情。多数村民小组同意不等于多数村民同意，因为各村民小组人数不等，一个议案如果有的村民小组同意有的村民小组不同意，有可能出现多数村民小组同意而多数村民不同意的情况。

另一种方案是以村民代表会议替代村民会议。有学者（郎友兴、何包钢）一方面认为，"在村民自治实践中，村民代表会议的实际影响力与作用比村民会议要大。因为这些村民代表一般而言，在村中具有较高的威望，并且素质相对比较高，他们对村党支部、村民委员会有较大的影响力。并且，村民代表会议更容易举行或运作。因为村民数量多而流动性又大，因此村民大会召开实为不易。而村民代表会议一般规模适中，容易召集，可以节省各项会议开支，并且容易解决会议场地。此外，村民代表会议的代表更易具有荣誉感、成就感和责任感"。另一方面又承认，如果用村民代表会议替代村民会议，则"限制了政治参与，减少了普通村民参与村务的机会。在实际运作中，村民代表会议成为村里精英人物的碰头会，未必真能代表普通村民的利益"。虽然在他们看来，村民代表会议并不是"代议制民主模式"，但他们又没有讲，村民代表会议是直接民主。[①] 另有学者（董江爱）认为："村民代表会议听起来属于'代议制民主'模式，但由于村民代表会议的决策都是村民代表在广泛征求自己所代表的村民的意见的基础上形成的，所以最终所达到的效果是直接民主理念的实现。"[②] 照此观点的逻辑，如果人大会议的决策都是人大代表在征求自己所代表的选民的意见的基础上形成的，那么最终所达到的效果也将是直接民主理念的实现。据此逻辑推论，间接民主的形式完全可以实现直接民主的理念，直接民主与间接民主的区别将不复存在。依照我们的看法，"代表"即是"代其表达"，只要是代表会议，就不是直接民主，而是间接民主。

还有一种方案是多开三分之二以上的户代表参加的村民会议，不开或少开 18 周岁以上过半数村民参加的村民会议，因为前者比后者较容易召集和举行。固然按照现行村委会组织法的规定，三分之二以上的户代表参加的会议

[①] 参见郎友兴、何包钢《村民会议和村民代表会议——村级民主完善之尝试》，《政治学研究》2000 年第 3 期。

[②] 董江爱：《村民代表会议的制度化：直接民主理念的实现》，《马克思主义与现实》2005 年第 1 期。

是村民会议的一种形式，但是应当看到：第一，户代表参加的村民会议必须三分之二以上出席才合法有效，而要使出席的户代表达到三分之二以上也不是很容易的；第二，许多村务事项不能由三分之二以上的户代表参加的村民会议议决，必须由18周岁以上过半数村民参加的村民会议议决，不能完全用前者取代后者；第三，随着农村经济社会和文化的发展，农民公民意识、个人权利意识的增强，以及农户家庭内部观念的分化，户代表将越来越不能完全代表户内各个成员不同的看法和主张，加之户代表会议因有代表，不能算作严格意义上的直接民主，因此三分之二以上的户代表参加的会议将来是不是仍然算作村民会议的一种形式，依然存疑。

上述几种方案好像都有些问题，那么怎么办？在我们看来，为使通过村民自治实现农村基层直接民主的理想得以实现，可以主要从以下两个方面进行努力。

一个方面，在法律制度上充分尊重并积极鼓励村民群众召开村民会议的意愿，允许村民群众可以自行召开村民会议和确定村民会议的议程。

村委会组织法规定："村民会议由村民委员会召集。"村民在两种情况下可以提议或要求召开村民会议。一是十分之一以上的村民提议召开村民会议，"有十分之一以上的村民提议，应当召集村民会议"。二是五分之一以上有选举权的村民联名要求罢免村委会成员。"本村五分之一以上有选举权的村民联名，可以要求罢免村民委员会成员"，"村民委员会应当及时召开村民会议，投票表决罢免要求"。在这两种情况下，村民只是可以提议或要求召开村民会议，村民会议仍然是由村委会召集或召开。现行的村委会组织法未规定村民能够自行召开村民会议。

现行的村委会组织法也未规定村民可以自行确定村民会议的议题和议程。实际上，现行的村委会组织法对村民会议的议题和议程如何确定的问题完全没有作任何规定。而所有的省级村委会组织法实施办法也没有规定村民会议议题和议程的确定问题，当然也没有涉及村民是否可以自行确定村民会议的议题和议程的问题。不过海南省村委会组织法实施办法倒是有一条这样的规定："有1/10以上的村民提议讨论的事项，村民委员会应当召集村民会议讨论决定。"这是否意味着有1/10以上的村民提出的议题必须列入村民会议的议程，值得考虑。

在我们看来，现行的法律法规未规定村民能够或可以自行召开村民会议并确定会议议题和议程,并非十分妥当。因为第一,如果村民不能够自行召开村民会议,那么村民提出的召开村民会议的提议和要求就有可能得不到响应和满足。在上述两种情况下,虽然村民可以提出召开村民会议的提议或要求,但如果村委会不接受或拒绝村民的提议或要求,拒不召集或召开村民会议,那么村民除了指责村委会不依法办事之外,实际上无可奈何。村民在现有的法律法规中找不到为满足自己的意见和要求而采取进一步行动的依据。第二,如果村民不能够自行确定村民会议的议题和议程,那么村民的意见和要求就有可能在村民会议上得不到表达和讨论。在村委会特别是村委会主任独断专行,不听取广大村民的呼声,拒绝将众多村民提出的议题列入村民会议议程的情况下,村民除了撇开村委会自行召开村民会议外别无他法,而按照现行法律法规的规定,村民是不能自行召开村民会议的。

村民自治是村民的自治,是村民的自我管理、自我教育、自我服务,而不是村委会的自治,不是村委会的自我管理、自我教育、自我服务。村民会议是村民自治组织体系中的议事决策组织,是村民开展自治活动、直接行使民主权利的村级最高权力机构,而村委会只是村民会议决议、决定的执行组织,是村民自治事务的日常管理机构。罗伯特·达尔曾经把有效的参与、投票的平等、充分的知情、对议程的最终控制和成年人的公民资格列为社团民主的五项标准,他认为一个社团如果称得上是民主管理的话,那么其议程的最终控制权就不应当为社团中的小集团所把持,而应当为全体成员所掌握。[①]因此,村民会议是否应当召开和应当如何召开,最终应当由全体或多数村民说了算,而不是由组成村委会的几个人说了算。在村委会不依法行事和尊重多数村民意愿的情况下,村民应当可以自行召开村民会议并确定会议的议题和议程。

当然,为使村民自治秩序井然,村民自行召开村民会议或确定会议的议题和议程应有条件限制,应有章可循。我们设想,在法律或法规中似可作如下规定。其一,有十分之一以上的村民或者三分之一以上的村民代表联名提议,村民委员会应当在一个月内组织召开村民会议。其二,村民委员会逾期不召开村民会议的,乡级人民政府应当督促村民委员会及时召开会议。经督促,村民委员会仍不召开会议的,村民可以在乡级人民政府的指导下组织召

[①] 参见[美]罗伯特·达尔《论民主》,李柏光、林猛译,商务印书馆1999年版,第43—46页。

开会议。其三，村民会议的议题由村民委员会提出，也可以由村民单独或者联名提出，经村民委员会同意后列入会议议程。十分之一以上村民或者三分之一以上村民代表联名提出的议题，必须列入会议议程。①

另一个方面，另辟蹊径，在总体上坚持村民会议制度的同时，推广使用村务公决的办法，将直接民主落到实处。

村务公决，系村民通过投票（或举手）表决决定村务大事的一种方法，较早或最早（1997年8月）出现在山东省日照市东港区。根据东港区的经验，实行村务公决，解决了村民会议召集难、召开会议讨论难、讨论之后决策难、决策之后执行难的问题，使得村民真正成为村务大事决策的主人，有效地深化了村民自治。②

村务公决已在山东省全省推广了几年。2005年4月山东省民政厅制定颁发的《山东省村民会议议事规则》用其中的一章（第三章）对村务公决的方式、内容等作了专门的规定。按照其规定，村务公决是以户为单位通过投票决定村务大事的一种方法，是在村民会议不便召开或不能召开的情况下，由村民对村中大事直接行使决策权利的一种形式。村务公决的内容包括：农业税费改革后，办理由本村村民出资出力等"一事一议"的具体事项，本村享受误工补贴的人数及补贴标准，村集体经济所得收益的使用，村办学校、村建道路等公益事业的经费筹集方式，村集体经济项目的立项、承包方案及村公益事业的建设、承包方案，村民的土地承包经营方案，宅基地的使用方案，计划生育落实方案，本村经济、公益事业发展规划和年度工作计划，评议和监督村民委员会及其成员的工作，撤销或者改变村民委员会不适当的决定，撤销或者改变村民代表开会决定的事项，其他需要由村民通过投票作出决定的事项等。在我们看来，村务公决固然可以采取以户为单位投票表决的方式，但更多地应当采取18周岁以上的村民一人一票的投票方式，将来时机成熟以后可能只采用后一种方式，这其中的道理与户代表村民会议的情况相同。村务公决既有可能是在村民会议不便召开或不能召开的情况下，由村民对村中大事直接行使决策权利的一种形式，也应当包括在村民会议上，村民对村中大事的表决，因为这也是全体村民公开、共同决定村务的方式。村务公决的

---

① 参见唐鸣、王林《关于村民会议几个问题的法律探讨》，《江汉论坛》2005年第10期。
② 参见詹成付主编《新农村民主管理制度创新》，中国社会出版社2008年版，第20—28页。

内容应当涵盖村民会议职权范围所有涉及需要做出决定或决策的事项，因为凡是需要村民会议做出决定或决策的事项，也就是需要全体村民直接参与做出决定或决策的事项。

我们认为，村务公决的方法可以和应当在全国农村推广。实行村务公决，可以有效解决村民会议很难召开或很少召开的情况下广大村民直接参与村级民主决策的问题，也可以妥善解决村民会议因为人多嘴杂、意见不一而决策困难的问题。我们设想，一旦普遍采用和严格实施村务公决的制度，就可以有两种形式的村民会议：一种为既议事又决策的村民会议，如果18周岁以上的村民过半数参加，那么就是这种村民会议，这种村民会议享有前述村民会议全部应有职权；另一种为只能议事而不能决策的村民会议，如果18周岁以上的村民未过半数参加，那么就是这种村民会议，这种村民会议只享有前述村民会议全部应有职权中的部分职权。如果成功地召开了前一种村民会议，那么村务决策便可以在会上当场作出，既可以采取当场举手表决的方式，也可以采取当场投票表决的方式。如果出席村民会议18周岁以上的村民未能过半数，那么村务决策便不能在会上当场作出，而只能在会后以票决的方式作出。允许后一种形式存在，村民会议就可以不一定要18周岁以上的村民过半数参加才合法有效，可以经常召开、随时召开。在后一种形式下，村民会议是村中大事村民直接民主决策前的一个意见沟通、交流的场所和程序或者村民单纯议事的机构。经常开村民会议，村民可以随时集会讨论村中的大事小情；实行村务公决，村民无论在会上还是会下都可以直接对村里的事情当家作主。如果二者能够很好地结合，那么就能够顺利地达到通过村民自治实行农村基层直接民主的目的。

借用彭真在《通过群众自治实行基层直接民主》中说过的话："农民群众按照民主集中制的原则，实行直接民主，要办什么，不办什么，先办什么，后办什么，都由群众自己依法决定，这是最广泛的民主实践。他们把一个村的事情管好了，逐渐就会管一个乡的事情；把一个乡的事情管好了，逐渐就会管一个县的事情"，[①] 可不可以说，村务公决搞好了，就可以搞一些乡级公决，然后逐渐试着搞好县级某些问题的公决呢？我们认为，这并不是天方夜谭，并不是不可期待的梦想。

[①] 《彭真文选（一九四一——一九九〇年）》，人民出版社1991年版，第607—608页。

第十章
关于村规民约的几个问题[*]

制定合理和作用积极的村规民约是自治、法治、德治相结合的一个集中体现；健全、完善村规民约，是实现自治、法治、德治有机结合的一条有效途径。对于村民自治共同体及其权力机构——村民会议而言，总体上不适用法无授权不可为，而适用法无禁止即可为；村民自治共同体的内部处罚属于其自治范畴内的事项，并不需要行政处罚法的授权和规定。村规民约规定的惩罚措施或者内部罚则是有一定限度的，其底线是不能违反法律的禁止性规定；合理规定和恰当实施村规民约的惩罚措施，很好地发挥村规民约的作用，可以促进乡村有效治理。

一 村规民约与自治、法治、德治相结合的关系如何？

党的十九大报告把"治理有效"列为"实施乡村振兴战略"的总要求之一，强调要"加强农村基层基础工作，健全自治、法治、德治相结合的乡村治理体系"。《中共中央、国务院关于实施乡村振兴战略的意见》在"构建乡村治理新体系"，"深化村民自治实践"中指出，要"发挥自治章程、村规民约的积极作用"。

自治、法治、德治相结合既是一项普遍性的要求，也是一个系统性的工

---

[*] 本章以《关于村规民约的几个问题》为题，发表于《江汉论坛》2019年第7期。

程，适用于乡村治理的各个领域和环节。而制定合理和作用积极的村规民约[①]是自治、法治、德治相结合的一个集中体现。所谓制定合理，是指村规民约制定的程序和规定的内容都符合法律法规的要求、村民群众的意愿；所谓作用积极，是指村规民约在村民的日常生活中起着汇集民意、聚集民智、化解民忧、维护民利[②]、定纷止争、加强团结、促进和谐的作用。首先，制定合理和作用积极的村规民约，要么是村民会议或者村民小组会议制定出来并监督实施的，反映了全村村民或全组村民的共同利益和集体意志；要么是特定村民群体的约定，如老人协会的章程、妇女团体的规章等，反映了特定村民群体的共同利益和集体意志，弘扬契约精神、贯彻契约理念、采用契约方式，是自治的体现。其次，制定合理和作用积极的村规民约，本身即是一种规则之治，不仅不能违背国家的法律法规以及党和政府的政策，而且或者是国家法律法规以及党和政府政策的村庄表达，或者是国家法律法规以及党和政府政策的有益补充，是法治的体现。最后，制定合理和作用积极的村规民约，既继承了优秀的传统道德规范，也吸取了先进的现代伦理观念，既有思想上道德教化的作用，也有行为上道德约束的功能，是德治的体现。因此，健全、完善村规民约，是实现自治、法治、德治有机结合的一条有效的途径。

从法律规定看，村委会组织法规定："村民会议可以制定村民自治章程、村规民约。"虽然村委会组织法说的是"可以"，不是"必须"，也不是"应当"，但除个别例外[③]，绝大多数省级村委会组织法实施办法的立法意向都是村民会议应当制定村民自治章程、村规民约。北京、山东、陕西、上海、四川、云南、青海还专门规定了村民自治章程、村规民约应当包括的内容[④]，四

[①] 本章所说的村规民约只要是未与村民自治章程同时讲，都是指广义的村规民约，即包含村民自治章程的村规民约。村民自治章程其实是一种特殊形式的村规民约。

[②] 参见沈大友、董敬畏《发挥好村规民约在乡村治理中的作用》，《学习时报》2018年1月1日第4版。

[③] 内蒙古村委会组织法实施办法未对制定村民自治章程和村规民约作规定，贵州村委会组织法实施办法只规定了村民会议制定、修改村规民约。

[④] 将这些规定综合归纳，村民自治章程的内容应当或可以包括：制定章程的目的和依据，村民在自治活动中的权利和义务，村民会议、村民代表会议和村委会的具体组成和职权、相互关系、议事规则和工作制度，村民小组的划分，村集体经济管理制度，村公益事业服务和公共事务管理制度等；村规民约的内容应当或可以包括：村民履行法定义务，维护社会秩序，遵从道德规范等方面的行为准则。

川、广西、海南更是特别规定了制定村民自治章程、村规民约的程序①。

从实际情况看，截至2016年，全国98%的村制定了村规民约或村民自治章程②。一是村规民约的内容广泛。如南京市溧水区洪蓝镇三里亭村村规民约规定了社会治安、消防安全、村风民俗、邻里关系等方面的内容；扬州市邗江区西湖镇金槐村村规民约除前述几个方面外，还规定了婚姻家庭、村民保障、依法行政、责任惩处等方面的内容。二是村规民约的形式多样。除了通常条文式的形式外，还有其他较为生动的形式。如苏州市太仓市城厢镇东林村村规民约三字诀的形式："守法律、讲信用、知荣辱、识礼节、村安全、共筑防、邻相守、组相望、贼要赶、火要防。"连云港市灌南县李集乡徐庄村村规民约五字诀的形式："早晚都刷牙，一人用一刷，饭后要漱口，睡前应洗脚，一人各一巾，一人专一盆，饭前与便后，一定要洗手，头发经常理，澡要经常洗，勤晒被和褥，勤换衣和裤。"常州市新北区孟河镇小黄山村村规民约七字诀的形式："青山绿水美家园，安居乐业享物华；文明礼让讲诚信，崇德守法心向善；尊老敬长孝为先，爱幼育子莫护短；家庭和睦幸福多，邻里互助好人缘。"三是村规民约在不断更新。如据媒体报道，2018年5月前后，无锡很多村开始对村规民约进行梳理和审核，无锡村规民约进入"再议再订"高峰③。

二 村规民约是否可以规定惩罚措施？

村规民约的制定或修改，涉及许多方面的问题，既有制定主体和程序方面的问题，也有规约内容或实体方面的问题。前一个方面的问题虽然也值得研究，不过争议不大；后一个方面的问题颇具争议，更有必要讨论。

话说2014年网上曾经热炒一个所谓"最牛村规"。说的是湖北省襄阳市保康县尧治河村"婚丧喜庆管理办法"规定，在举行婚丧喜庆时限制消费，

---

① 将这些规定综合归纳，制定村民自治章程、村规民约的一般程序为：在调查研究的基础上拟定草案，公布草案并征求意见，将修改后的草案提交村民会议讨论决定，公布经村民会议通过的村民自治章程、村规民约，并报乡镇政府备案。

② 参见国务院新闻办公室《中国人权法治化保障的新进展》白皮书（2017年12月），人民出版社2017年版。

③ 参见《无锡"村规民约"进入"再议再订"高峰》，《无锡日报》2018年5月8日第2版。

村"两委"班子成员吸烟不得超过每包 10 元，酒不得超过每瓶 60 元；村企中层副职以上干部和中等以上收入家庭，吸烟不得超过每包 5 元，酒不得超过每瓶 50 元；普通职工家庭和村民吸烟不得超过每包 2 元，酒不得超过每瓶 20 元。如违背规定，将给予处罚。有两位村民，一个叫严小平，在办丧事时，另一个叫周定福，在办生日宴时，喝的是近 40 元的瓶装酒，抽的是每包 18 元的"黄鹤楼"，超标准消费，违背了规定，被尧治河村纪委、督办室联合下发通报，给予全村通报批评，并分别给予 2000 元罚款。

人民网记者就此事对我进行电话采访，我作了如下评论：领导干部掌握一定的公权力，其办理婚丧嫁娶事宜理应受到监督；对村民而言，这完全是个人行为，虽然从道德和社会风气角度应提倡节俭办理，但任何机构都不能强制其行为，更不能进行处罚。法律并没有授予村委会罚款的权力，村委会无权擅自设定处罚权。即便是该决定出台的程序合法，其内容本身也是不能侵犯村民的合法权利的。所以，对村民办理婚丧嫁娶事宜进行道德约束是可以的，但村委会出台明文规定进行限制并对违规村民进行处罚，是不妥的。如果村民的合法权利确实受到了侵害，可以向村委会或乡政府进行申诉，或者寻求法律途径解决。①

此后不久，湖北《楚天都市报》刊登了一篇记者撰写的长篇报道，以新闻通讯的方式为最牛"村规"辩护，概括起来，主要有六个方面的事实、理由或根据：一是村情特殊论，尧治河村是襄阳市的首富村，村民收入都很高；二是情有可原论，为了制止婚丧嫁娶大操大办风气的蔓延；三是符合程序论，管理办法在起草和通过中间经过了一系列的民主程序；四是前车可鉴论，在尧治河村，通过村规民约来规范行为，并非孤例，以前即有类似的规定，达到了很好的效果；五是大家接受论，村民们几乎一边倒地表示，那些争议不值一提，"这个规定对我们是有好处的"；六是将会改进论。通过村民代表大会，把文件上的规定形成协议，对违法违规的行为收取违约金 500 元，或者取消当年的村级福利待遇；干部和村民在操办婚丧喜庆事宜时统一标准限制，一律只能吸 5 元以下的烟，喝 50 元以下的酒。

在上述通讯见报的当天，网上发表了一篇题为《最牛"村规"能服村民

---

① 参见《湖北一村民吸烟"超标"被罚 2 千元 专家称村委会涉嫌侵权》，https://www.chinanews.com.cn/fz/2014/10-15/6682817.shtml，2014 年 10 月 15 日。

咋就难服网民?》的杂谈，说是看到记者的报道后，才知晓了最牛"村规"的真实情况，才知晓了当事村民的真实想法，有感于村干部的担当和释放的正能量，更钦佩村民对"村规"的遵守和赞许。杂谈在分析了为什么最牛"村规"当事村民心服口服拍手叫好，而网民骂声一片的原因后，得出结论说，那帮所谓的专家们，不假思索，不加调查，囫囵吞枣，煞有介事地给以评判、给以定论。倘若他们舍下身段，去认真探究一下，做些实地调查，其结论可能就不一样了。虽然没有点我的名，但矛头指向是很明确的。①

最近，我们注意到，在争议声中，尧治河村坚决将"最牛村规"推行到底。这些年来，尧治河村被评为"全国文明村"，跻身"全国十大幸福村庄"，被媒体热捧，不仅成为乡村振兴之产业兴旺的典型，而且成为乡村振兴之治理有效的榜样。中国文明网刊登的文章有特别为尧治河村"最牛村规"叫好的，称《"最牛村规"牛在得人心》。② 我们还注意到，尧治河村规之"最牛"早已被超越，现在有的村的村规"更牛"，如河北省赵县大安六村制定了"大安六村各户注意事项的明白纸"。该村规民约规定，"彩礼不得超过2万元，如若违反经举报情况属实按贩卖妇女和诈骗罪论处"③。

围绕"最牛村规"或"更牛村规"的争议，都直接关涉到一个看起来很小但实际上重要的问题：村规民约可否规定惩罚措施以及可以在多大限度上规定惩罚措施？

有一种甚为流行的看法是，处罚权的设定，直接影响到村民的人身权和财产权，因此，只能由法定机关依照法定程序来制定，我国的《立法法》和《行政处罚法》对行政处罚的设定和执行规定了非常严格的程序。村民会议，并非国家机关，作为村民自治组织，无权擅自设定处罚权。前述我在回答人民网、《京华时报》记者采访时所持的观点，与这种看法大体相同。但现在我的观点有了变化。

现在我认为，村规民约应当是可以规定惩罚措施的，原因如下。

---

① 参见 http://blog.sina.com.cn/s/blog_863a8b860102v7g6.html?tj=1，2014年10月23日。

② 参见 http://www.wenming.cn/wmpl_pd/msss/201702/t20170224_4075997.shtml，2017年2月24日。中国文明网系中央宣传部、中央文明办主办的网站，该网站上面刊登的文章虽然不一定就是中央宣传部、中央文明办官方观点的表达，但肯定不会是中央宣传部、中央文明办官方所反对的声音。

③ 《《"彩礼超两万按贩卖妇女论处"，石家庄一个村家家贴着这样的规定》，《河北青年报》2018年8月3日第4版。

第一，从历史的情况看，村民自治从一开始就是伴随着规定有惩罚措施的村规民约而产生的。广西宜州合寨村村民委员会之所以被认定为"中国第一个村民委员会"①，其根据是两份书证，即：果作屯的村规民约和封山公约，这两份村规民约的主要内容都是对违反规约惩罚措施的规定。诸如：不准在私宅、村里开设赌场，违者罚款10元；严禁放猪，违者罚款5角，并给赔偿损失处理；不准在村内、村附近对唱野山歌，违者罚款每人10元；不准在封山内砍柴、挖树根、割草皮、打石头，违者每百斤罚款10元；村里的风景树不准折枝乱砍，违者罚款15元；不准盗窃林木，违者每百斤罚款15元等。迄今为止，未见对这两份村规民约的任何质疑，包括对这两份村规民约规定惩罚措施合理性的任何质疑。

第二，从现实的情况看，目前得到政府有关部门认可并正在适用的许多村规民约是规定了惩罚措施的。江苏省法制宣传教育领导小组办公室和江苏省司法厅主办的法润江苏网所登载的村规民约，许多都规定有惩罚措施。如扬州市邗江区西湖镇金槐村村规民约规定，违反本村规民约的，除触犯法律由有关部门依法处理外，村民委员会可作出予以批评教育、责令其恢复原状或作价赔偿、取消享受或者暂缓享受村里的各种优惠待遇的处理；凡被依法处罚或违反本村规民约的农户，在本年度不评先进、文明户、五好家庭户、遵纪守法户。又如宿迁市东小店店东村村民公约规定，村民有事，要与村两委协商解决，不得妨碍和干涉村务活动，如妨碍干涉村务活动，视情节轻重，给予20—100元罚款，责令其赔礼道歉，并曝光警示；违反本公约的村民，由村委会建立档案，在本年度内不评先进，不得推选为"信用守法户"，不得评为五好家庭和遵纪守法户。这些规定了惩罚措施的村规民约登载在法润江苏网上，说明江苏省法制宣传教育领导小组办公室和江苏省司法厅对村规民约规定的这些惩罚措施是不持异议的。

第三，从国家法律规定的情况看，村委会组织法第二十七条规定：村民自治章程、村规民约以及村民会议或者村民代表会议的决定不得与宪法、法律、法规和国家的政策相抵触，不得有侵犯村民的人身权利、民主权利和合法财产权利的内容。村民自治章程、村规民约以及村民会议或者村民代表会议的决定违反前款规定的，由乡、民族乡、镇的人民政府责令改正。这一条

---

① 时任全国人大常委会委员长的吴邦国专门写有"全国第一个村民委员会"的题词。

款虽然没有正面直接规定村规民约可以规定惩罚措施，但也没有规定村规民约不可以规定惩罚措施，其对村规民约不得有侵犯村民的人身权利、民主权利和合法财产权利内容的规定，可以看作对惩罚措施的限制，从反面间接地表示了对村规民约规定惩罚措施的允许。

第四，从地方法规规定的情况看，尽管很少但还是有个别省级法规明确规定了村规民约可以规定惩罚措施。四川村委会组织法实施办法规定，村民自治章程、村规民约对村民违反村民自治的行为，可以规定批评教育、警告、责令改正、不良档案记录、取消相关荣誉评选资格、取消村组相关优惠待遇或福利等处罚措施。上海村委会组织法实施办法规定，村规民约可以规定惩罚措施。到目前为止，无论是国务院等国家机关、全国人大专门委员会、全国人大常委会工作机构，还是社会团体、企业事业组织以及公民个人，都没有因认为上述四川、上海的规定与村委会组织法相抵触，而向全国人大常委会或制定机关书面提出进行审查的建议或书面提出审查意见。这从一个侧面说明，至少上述国家机关并不认为四川、上海村委会组织法关于村规民约可以规定惩罚措施的条款是与村委会组织法相抵触的，在大多数人看来村规民约是可以规定惩罚措施的。

第五，从法理上讲，尽管建制村是国家基层建制的基本单元，村民委员会是宪法规定必须设立的组织机构且有着一定的公共管理的职能，但无论是村庄作为村民自治共同体，还是村委会作为基层群众自治组织，都不是国家机关也不是国家机关的下属机构。对于村民自治共同体及其权力机构——村民会议而言，总体上不适用法无授权不可为，而适用法无禁止即可为。只要法律法规没有禁止性的规定，村民自治共同体及其权力机构——村民会议就可以自行从事一定的行为和约定一定的行为规则，包括村规民约以及村规民约中的惩罚措施。行政处罚法适用的是行政处罚的设定和实施，规定的是行政机关对于行政相对人违反行政管理秩序应当给予行政处罚的行为如何认定和处罚。行政处罚是对与行政机关相对的个人或者组织实施的，不同于行政机关内部的行政处分。村规民约所规定的惩罚措施，既不是行政处罚，也不以（或不应以）村民自治共同体或村庄以外的个人或者组织为实施对象，在对象为内部人的问题上，与行政机关内部的行政处分类似。因此，村规民约所规定的惩罚措施其实也就是村民自治共同体或村庄的内部罚则。行政处罚法的确没有赋予村民自治共同体行政处罚权，而村民自治共同体的内部处罚并不需要行政处罚法的授权和规定。在一定范围内和一定程度上，村民自治共同体的内部处罚属于其自治范畴内的事项，属于其自我管理和自我监督的事项，属于其民主管理和民主监督的事项。

三 村规民约如何规定和怎样实施惩罚措施？

村民自治共同体的内部罚则只是在一定范围和一定程度上属于其自治范畴内的事项，超出一定范围和一定程度，就不属于其自治范畴内的事项了。换句话说，村规民约规定的惩罚措施或者内部罚则是有一定限度的，其底线是不能违反法律的禁止性规定。

根据立法法的规定，犯罪和刑罚、对公民政治权利的剥夺、限制人身自由的强制措施和处罚等事项，只能由法律来规定。因此，前述"彩礼不得超过2万元，如若违反经举报情况属实按贩卖妇女和诈骗罪论处"的村规民约显属违法，当然无效并应予纠正。

根据村委会组织法的规定，村规民约不得与宪法、法律、法规和国家的政策相抵触，不得有侵犯村民的人身权利、民主权利和合法财产权利的内容。因此，村规民约限制村民人身自由的规定不能有，开除村民村籍的规定不能有，限制村民参与村庄公共事务权利的规定不能有，取消村民选举村委会成员权利的规定也不能有。

村规民约不得有侵犯村民合法财产权利的内容，只是说村规民约规定的惩罚措施不得侵犯村民合法的财产权利，并不意味着村规民约不能规定在特别情况下可以对村民的财产权利予以减损。例如某一村民的行为直接侵犯了村庄公共的财产权利和经济利益，应当可以对其施以一定的经济处罚，此时的经济处罚就其性质而言其实是"赔偿金"。又如某一村民的行为违背了当初的承诺，对村庄的公共秩序、公共利益造成了损害，间接地侵犯了村庄公共的财产权利和经济利益，也应当可以对其施以一定的经济处罚，此时的经济处罚就其性质而言相当于"违约金"。

当然，无论是"赔偿金"还是"违约金"的数额，都应当在适度的范围之内。而衡量是否适度，主要应当遵循以下三项原则：一是大体相当的原则，即经济处罚的基准数额要与被处以经济处罚的村民所实施的行为造成公共利益直接和间接损失的程度大体相当；二是适当惩罚的原则，即大体相当只是确定经济处罚的基准数额，经济处罚具体数额的确定要考虑到对行为人违约和失当行为的惩戒，既惩罚、规训本人，也教育、规训他人；三是与本村村民平均的收入水平、生活水平以及村民普遍的可接受性相适应的原则，村规民约所规定的经济处罚应以不严重影响被处以经济处罚的村民正常的生活、造成被处以经济处罚的村民生活困难为限，应以村民普遍同意为前提。

村规民约是民间契约，从制定主体不是国家机关而是普通民众来看，与民事契约有一定的类似性。但村规民约并不是平等主体之间的民事契约，而是村民公约，其规定的内容包括社会治安、消防安全、村风民俗、邻里关系、尊老爱幼等，涉及村庄公共秩序乃至道德教化各个方面，因而它不是民法规范的对象，仅仅是因违反村规民约所产生的纠纷，如果未达到违反民事法律的程度，不可能通过民事诉讼的途径予以解决。如前所述，村规民约规定的惩罚措施或内部罚则不是行政处罚，因违反村规民约要交罚款与不愿交罚款的矛盾也不可能通过行政诉讼的渠道来解决。

就村规民约不能依靠国家强制力保证实施而言，村规民约是软法。但村规民约规定的惩罚措施或内部罚则并非无法实施，它既可以借助于村庄公共舆论的道德压力贯彻执行，也可以通过取消村组相关优惠待遇或福利来达到目的，在具体实施的过程中还可以通过类似听证会的形式起到村民自我教育的作用。村民自己制定、体现全体或大多数村民意愿的村规民约，对于全体或大多数村民来说，并不是外在的、外界强加的东西，既有心理认知，也有情感认同，遵守理所当然，违反理当纠正，这是顺理成章的事情。由此我们即可看出，村规民约在乡村治理中有着独特和重要的价值，很好地发挥其作用，可以促进乡村有效治理。

第十一章

各省实施村委会组织法办法比较[*]

村委会组织法第四十条规定："省、自治区、直辖市的人民代表大会常务委员会根据本法，结合本行政区域的实际情况，制定实施办法。"在 2010 年 10 月 28 日第十一届全国人民代表大会常务委员会（以下简称人大常委会）第十七次会议通过了对《中华人民共和国村民委员会组织法》（以下简称村委会组织法）的修订[①]之后，截至本章定稿之日[②]，全国有 30 个省份修订了[③]各自实施的《中华人民共和国村民委员会组织法》办法（以下简称实施办法），有 1 个地方（黑龙江）未完成这项工作。

一 形式比较：修订时间、体例结构和条文数量

1. 修订时间

在 2010 年 10 月 28 日村委会组织法修订之后，最早修订实施办法的是陕

---

[*] 本章以《各省实施村委会组织法办法比较研究》为题，发表于《社会科学动态》2019 年第 12 期。

[①] 2018 年 12 月 29 日十三届全国人大常委会第七次会议再次通过了对村委会组织法的修订，但此次修订只是修改了关于村委会任期的条款，将村委会的任期由三年改为五年，未涉及村委会组织法其他的内容。

[②] 本章定稿之日为 2019 年 10 月 1 日。

[③] 青海的情况有点特殊。青海省七届人大常委会第十七次会议于 1990 年 11 月 3 日通过了《青海省实施〈中华人民共和国村民委员会组织法（试行）〉办法》。在正式实施的村委会组织法出台之后，1999 年 7 月 30 日青海省九届人大常委会第九次会议废止了该办法，没有制定新的实施办法。因此，青海十二届人大常委会第三十六次会议 2017 年 9 月 27 日通过的不是对原有实施办法的修订，而是新的实施办法。西藏的情况也比较特殊。西藏自治区六届人大常委会第七次会议于 1993 年 12 月 26 日通过了《西藏自治区实施〈中华人民共和国村民委员会组织法（试行）〉办法》。这部实施办法在 1998 年全国人大常委会通过正式实施的村委会组织法后并未修订，而是在 2010 年村委会组织法修订后，于 2012 年 3 月 30 日才作修订。

西，接着是内蒙古、河南、河北、江西，这5个省份均在一年内完成了对实施办法的修订。两年内完成的有福建、西藏、浙江、海南、辽宁、贵州、北京、吉林、广东9个省份，三年内完成的有天津、山东、云南、甘肃、湖南、安徽、重庆、广西8个省份，四年内完成的有宁夏、湖北2个省份，五年内完成的有新疆1个省份，六年内完成的有四川、江苏2个省份，七年内完成的有上海、青海2个省份，八年内完成的有山西1个省份。

相比上次（1998年11月4日正式实施的村委会组织法通过之后）各省制定实施办法的情况，总体上看，本次修订实施办法的速度似乎较为缓慢，上次三年五个月便完成了28个省份实施办法的制定，本次八年一个月才完成30个省份实施办法的修订。但具体地看，其实本次多数省份的立法速度较上次要快或与上次相同。比上次快的有：内蒙古（上次两年内，这次一年内），河南（上次三年内，这次一年内），海南、北京（上次三年内，这次两年内），吉林（上次六年内，这次两年内），重庆、广西（上次四年内，这次三年内）。与上次同样快的有：陕西、河北、江西（两次都是一年内），福建、辽宁、贵州（两次都是两年内），天津、山东（两次都是三年内）。当然，也的确有相当一部分省份拉了后腿。比上次慢的有：浙江、广东（上次一年内，这次两年内），云南、湖南、甘肃（上次两年内，这次三年内），安徽（上次一年内，这次三年内），宁夏、湖北（上次三年内，这次四年内），新疆（上次三年内，这次五年内），四川、江苏（上次三年内，这次六年内），上海（上次两年内，这次七年内），山西（上次一年内，这次八年一个月）。

表11-1　　　　　2010年10月28日村委会组织法修订后
各省份修订实施办法的时间[①]

省份	陕西	内蒙古	河南	河北	江西	福建	西藏
修订日期	2011年5月20日	2011年7月28日	2011年7月29日	2011年9月29日	2011年9月29日	2012年3月29日	2012年3月30日
省份	浙江	海南	辽宁	贵州	北京	吉林	广东
修订日期	2012年3月31日	2012年5月30日	2012年7月27日	2012年9月27日	2012年9月28日	2012年9月28日	2012年9月28日

① 以修订的时间先后排序。

续表

省份	天津	山东	云南	甘肃	湖南	安徽	重庆
修订日期	2012年11月22日	2012年11月29日	2013年3月28日	2013年5月29日	2013年7月25日	2013年8月2日	2013年9月25日
省份	广西	宁夏	湖北	新疆	四川	江苏	上海
修订日期	2013年9月26日	2014年7月23日	2014年7月31日	2015年1月10日	2015年12月3日	2016年9月30日	2017年2月22日
省份	山西						
修订日期	2018年11月30日						

表 11-2　　　1998 年 11 月 4 日正式实施的村委会组织法通过后各省份实施办法的通过时间[①]

省份	广东	安徽	江西	陕西	河北	山西	浙江
制定日期	1998年11月27日	1999年1月27日	1999年6月30日	1999年9月8日	1999年9月24日	1999年9月26日	1999年10月22日
省份	贵州	湖南	云南	辽宁	内蒙古	甘肃	福建
制定日期	1999年11月28日	1999年11月28日	1999年12月28日	2000年3月30日	2000年4月7日	2000年5月26日	2000年7月28日
省份	上海	宁夏	山东	海南	湖北	江苏	四川
制定日期	2000年9月22日	2000年11月17日	2000年12月22日	2001年1月11日	2001年3月30日	2001年6月29日	2001年7月20日
省份	北京	黑龙江	天津	新疆	河南	广西	重庆
制定日期	2001年8月3日	2001年8月10日	2001年9月21日	2001年9月28日	2001年9月29日	2001年12月1日	2002年3月27日
省份	吉林						
制定日期	2004年1月13日						

① 以通过的时间先后排序。

2. 体例结构

30个已修订的实施办法，20个（内蒙古、吉林、浙江、安徽、福建、山东、河南、湖北、广东、广西、重庆、云南、西藏、陕西、宁夏、新疆、上海、江苏、青海、山西）是章节式的，10个（北京、天津、河北、辽宁、江西、湖南、海南、四川、贵州、甘肃）是条文式的。较之上次正式实施的村委会组织法通过之后全国共制定了29个实施办法，5个是章节式的，24个是条文式的，这次章节式的数目大为增加。大多是上次为条文式，这次改为章节式（浙江、安徽、福建、河南、湖北、广东、重庆、云南、陕西、宁夏、新疆、上海、江苏、山西）；上次为章节式，本次仍然为章节式（内蒙古、山东、广西、吉林）。只有个别上次为章节式，这次改为条文式（江西）。江西这次之所以把原来的章节式改为条文式，很有可能是因为：原来的实施办法包括村委会选举的规定，这次将这部分内容剥离了出来，专门出台了村委会选举办法。综括上次和这次实施办法的制定和修订情况，实施办法体例结构与其涵盖的内容有着一定的对应关系，凡包括村委会选举办法的实施办法，必采取章节式的体例结构方式。

但这次实施办法章节式数目大为增加的原因，倒不是将村委会选举办法包括了进去，而是因为村委会组织法由原来1998年的条文式改为2010年的章节式。2010年修订后的村委会组织法分为六章：第一章总则，第二章村民委员会的组成和职责，第三章村民委员会的选举，第四章村民会议和村民代表会议，第五章民主管理和民主监督，第六章附则。为适应村委会组织法的这一变化，许多省份的实施办法改为章节式。加之修订后的实施办法，条文数增加了许多，章节式结构更加合理，条理更加清晰。

20个章节式的实施办法，设六章的最多，共9个（内蒙古、吉林、安徽、福建、山东、广东、广西、西藏、陕西）。设七章的也较多，有6个（江苏、浙江、河南、重庆、上海、青海）。设五章的较少，有4个（云南、宁夏、新疆、山西）。设八章的只有1个（湖北）。全部都有"总则""附则""民主管理和民主监督"章[①]。全部都有题中包括"村民委员会"的章，章的名称有12个（内蒙古、吉林、浙江、安徽、福建、山东、河南、西藏、陕西、上

[①] 河南的章名为"民主决策、民主管理和民主监督"，江苏的章名为"民主管理、民主监督和社区服务"，青海"民主管理""民主监督"分设两章。

海、青海、山西)为"村民委员会的组成和职责",3个(广东、湖北、宁夏)为"村民委员会和村民小组",1个(广西)为"村民委员会、村民小组的组成和职责",1个(新疆)为"村民委员会、村民小组、村民代表",1个(云南)为"村民委员会、村务监督委员会的组成和职责",1个(江苏)为"村民委员会",1个(重庆)为"村民委员会及其下属委员会"。绝大多数都有题中包括"村民会议和村民代表会议"的章,章的名称有15个(内蒙古、吉林、安徽、福建、河南、湖北、广东、广西、重庆、西藏、宁夏、上海、江苏、青海、山西)为"村民会议和村民代表会议",3个(山东、云南、新疆)为"村民会议、村民代表会议和村民小组会议",1个(陕西)为"村民会议、村民代表会议和村民监督委员会",另有1个(浙江)以"民主决策"的章名涵盖了村民会议和村民代表会议的内容。专章规定"法律责任"的有7个：除吉林、浙江、安徽、湖北、广西、重庆外,还有山东,只不过山东章的名称不叫"法律责任"而叫"责任追究"。专章规定"农村社区建设"的有3个：浙江、湖北和上海。专章规定"村民自治的保障"有1个：湖北。专章规定"村民小组"的有1个：青海。设有"村民委员会的选举"章的有6个：内蒙古、福建、河南、广东、西藏、陕西,其中3个(福建、广东、陕西)虽然设有该章,但并没有对村委会的选举作全面、详细的规定,这几个省份都另专门制定有村委会选举办法；另外3个(内蒙古、河南、西藏)真正在该章对村委会的选举作了全面、详细的规定,这几个省份都没有单独制定和出台村委会选举办法。

3. 条文数量

2010年修订后的村委会组织法共41条,5958字[①](如将"村民委员会的选举"一章统计在外,则有31条,4411字)。各省据此修订的实施办法条文数量有多有少,全文字数也各不相同。

这次30个已修订的实施办法,条文数量相加,总数为1142条,平均为38条,较之15年前28个实施办法的条文数量情况,无论是总数,还是平均数,都大为增加。[②] 从表面上看,内蒙古的条文数最多,为65条,但由于其中有37条属于村委会选举办法,如果不将其计算在内,则实施办法只有28

---

① 所有的字数统计均用电脑进行,虽不十分精确,但大体准确。
② 15年前28个实施办法相加共有776条,平均为27.71条。

条。因此，从不包括村委会选举办法的角度来看，浙江、山东、湖北这 3 个省的条文数并列最多，都为 48 条。湖南的条文数最少，为 21 条。分段统计，条文数量 21—30 的有 10 个，31—40 的有 8 个，41—50 的有 10 个，61—70 的有 2 个。条文数较村委会组织法少的个数，多于较村委会组织法多的个数，前者为 18 个，后者为 12 个；实施办法的平均条数较村委会组织法要少 3 条。如果不算村委会组织法中"村民委员会的选举"一章的条文和 3 个省份实施办法中包含村委会选举办法的条文，那么有 10 个省份实施办法的条文数比村委会组织法要少；实施办法的平均条数则比村委会法要多 3 条。

表 11-3　　　　　　　　各省份实施办法的条文数量①

省份	湖南	贵州	辽宁	河北	甘肃	天津	江西	宁夏	新疆	西藏
条数	21	22	22	24	25	26	26	28	29	30（25）
省份	吉林	北京	海南	安徽	福建	广西	山西	云南	重庆	四川
条数	36	37	37	38	38	39	39	40	44	44
省份	江苏	青海	广东	陕西	上海	浙江	山东	湖北	河南	内蒙古
条数	44	45	46	46	46	48	48	48	61（23）	65（28）

表 11-4　　　　　　　　各省份实施办法的全文字数②

省份	湖南	甘肃	辽宁	天津	河北	宁夏	新疆	西藏	北京	贵州
字数	2800	2916	3238	3505	3556	3800	3846	4287	4676	4781
省份	安徽	江西	吉林	山西	青海	云南	福建	浙江	四川	江苏
字数	4877	5325	5459	5560	5693	5831	6272	6598	6826	6932
省份	陕西	广西	海南	山东	上海	重庆	湖北	广东	河南	内蒙古
字数	6936	7189	7324	7517	7556	8024	8343	8383	8898	10936

实施办法的条文数量与体例结构之间，存在较为密切的关系。条文数量

---

① 由少到多排序。西藏、河南、内蒙古括号后面的数字，均是不把村委会选举办法条文计算在内的数字。

② 由少到多排序。如果不把规定村委会选举办法的文字计算在内，那么西藏的全文字数为 3324 字，河南的全文字数为 3958 字，内蒙古的全文字数为 4817 字。

多,更有可能采取章节式;条文数量少,更有可能采取条文式。61—70 条的 2 个实施办法全部采取了章节式,章节式占比 100%;41—50 条的 10 个实施办法,几乎采取了章节式,只有四川 1 个采取了条文式,章节式占比 90%;31—40 条的 8 个实施办法,也大多采取了章节式,只有北京、海南 2 个采取了条文式,章节式占比 75%;21—30 条的 10 个实施办法,大多采取了条文式,只有新疆、宁夏、西藏 3 个采取了章节式,而且西藏还主要可能是因为包含村委会选举办法而采取章节式的,条文式占比 70%。

这次 30 个已修订的实施办法,全文字数相加,总字数为 177884 字,平均为 5929 字。字数最多的,如果不算包含村委会选举办法的内蒙古(10936 字)和河南(8898 字),那么就是广东(8383 字)、湖北(8343 字)和重庆(8024 字)。字数最少的,一个是湖南(2800 字),一个是甘肃(2916 字)。分段统计,2000 多字的有 2 个,3000 多字的有 5 个,4000 多字的有 4 个,5000 多字的有 5 个,6000 多字的有 5 个,7000 多字的有 4 个,8000 字以上的有 5 个。如果不去除村委会组织法包括村委会选举和实施办法包括村委会选举办法的文字,那么有一半以上,也就是 16 个省份实施办法的全文字数,较村委会组织法少;实施办法总的平均字数比村委会组织法要少 39 个字。如果去除了村委会组织法包括村委会选举和实施办法包括村委会选举办法的文字,那么仍然有 10 个省份实施办法的全文字数,比村委会组织法要少;实施办法总的平均字数则比村委会组织法要多 1116 字。

二 内容比较:关系和性质、职责和权限、运作和监督

1. 党在农村的基层组织与村委会的关系

关于党在农村的基层组织与村委会的关系,村委会组织法的规定有一个变化过程。1987 年试行法没有党在农村的基层组织的规定条款。1998 年的正式法增加了党在农村的基层组织的条款:"中国共产党在农村的基层组织,按照《中国共产党章程》进行工作,发挥领导核心作用;依照宪法和法律,支持和保障村民开展自治活动、直接行使民主权利。"2010 年经过修订,上述条款被修改为:"中国共产党在农村的基层组织,按照《中国共产党章程》进行

工作，发挥领导核心作用，领导和支持村民委员会行使职权；依照宪法和法律，支持和保障村民开展自治活动、直接行使民主权利。"

据2010年村委会组织法修订的各省实施办法在这一问题上的处理方式有以下几种。

一是把2010年修订的村委会组织法关于党在农村的基层组织的条款直接搬入实施办法，既未对该条款本身作任何增删，也未在该条款之外作任何添加。内蒙古、吉林、宁夏、安徽、江西、山东、四川、广西、江苏、青海等省份即是如此。

二是把2010年修订的村委会组织法关于党在农村的基层组织的条款直接搬入实施办法，未对该条款本身作任何增删，但在条款之外增加了其他的相关规定。上海、河南、福建、云南、陕西等省份就是这样[①]。

三是对2010年修订的村委会组织法关于党在农村的基层组织的条款在内容上作了一定的增加或语词上作了一定的删减。北京、广东、山西均规定，党在农村的基层组织除按照《中国共产党章程》进行工作外，还要按照《中国共产党农村基层组织工作条例》进行工作。浙江、新疆均规定，党在农村的基层组织除依照宪法和法律外，还要依照法规。湖北则把党在农村的基层组织按照《中国共产党章程》进行工作和依照宪法和法律在语词上作了省略。广东、湖北还从另一个方面规定："村民委员会应当维护中国共产党农村基层组织的领导核心地位"，"村民委员会应当接受中国共产党在农村的基层组织的领导"。

四是根据2010年修订的村委会组织法关于党在农村的基层组织条款的精神，不从党在农村的基层组织的角度，而从村委会的角度，规范二者的关系。河北规定："村民委员会应当在中国共产党农村基层组织的领导和支持下开展

---

① 如上海规定："本市建立健全以村党组织为核心……的村级治理体系。"河南规定："涉及村民利益的重大事项的决策，可以由村党组织……提出建议，并由村民会议或者村民代表会议作出决议。"云南规定："村党组织提出村民委员会职权范围内的议题建议，村民委员会应当召开会议研究讨论"，"对村务监督委员会成员的民主评议由村党组织主持"。福建规定："中国共产党在农村的基层组织成员与村民委员会成员可以交叉任职。"陕西规定："村党组织成员与村民委员会成员可以交叉任职"，"村民监督委员会成员候选人由村党组织征求各村民小组意见后提出……"，"村民委员会讨论决定重要事项……必要时，与村党组织召开联席会议，各方面取得共识后，再做出决定"，"村党组织提出村民委员会职权范围内的议题建议，村民委员会应当召开会议研究讨论"，"对村民监督委员会成员的民主评议由村党组织召集主持"。

工作。"天津规定:"村民委员会在乡、民族乡、镇、街、村的中国共产党基层组织领导下,依法做好其职责范围内的工作。"西藏规定:"村民委员会在党的基层组织的领导下行使职权。"

五是未使用 2010 年修订的村委会组织法的条款,仍然沿用 1998 年村委会组织法的条款:"中国共产党在农村的基层组织,按照《中国共产党章程》进行工作,发挥领导核心作用;依照宪法和法律,支持和保障村民开展自治活动、直接行使民主权利",作为实施办法的条款。有2个省(辽宁、贵州)是这种情况。

六是未规定党在农村的基层组织的条款。这又有两种情况:一种是湖南、重庆,在根据 1998 年村委会组织法制定的实施办法中,曾经规定有党在农村的基层组织的条款,这次在根据 2010 年修订的村委会组织法修订实施办法时,不是将原有条款修订,而是将原有条款删除;另一种是海南、甘肃,在根据 1998 年村委会组织法制定的实施办法中,就没有规定党在农村的基层组织的条款,这次在根据 2010 年修订的村委会组织法修订实施办法时,仍然延续了过去的做法。

为什么湖南、重庆、海南、甘肃等省份未规定党在农村的基层组织的条款?查阅有关立法资料①,这一问题可以有个明确的答案,理由就是:按照全

---

① 2000 年 11 月 27 日,海南省政府向海南省二届人大常委会第十七次会议作关于《海南省实施〈中华人民共和国村民委员会组织法〉办法(草案)》的说明,明确地讲:拟订草案的原则之一是"不重复母法规定。地方立法原则上不应重复国家法律、法规的规定。尽量不重复《村民委员会组织法》的规定"。在该次会议审议的过程中,有的委员和市县建议在草案中增加村党组织在农村中的作用。因此,建议增加一条规定:"中国共产党在农村的基层组织,按照《中国共产党章程》进行工作,发挥领导核心作用;依照宪法和法律,支持和保障村民开展自治活动、直接行使民主权利。"海南省人大常委会法工委、法规室一度接受了这一建议,将该条写进了提请 2001 年 1 月 11 日海南省二届人大常委会十八次会议审议的草案二次审议稿。但在该次会议上,这一意见还是被否定,最终通过的《海南省实施〈中华人民共和国村民委员会组织法〉办法》没有将此条放进去。2013 年湖南省人大常委会在对实施办法进行修订讨论时,起初的修订草案应当是包含党在农村的基层组织的条款的,因为湖南省人大内务司法委员会副主任委员王秋沙在 2013 年 5 月 25 日省十二届人大常委会第二次会议上作关于《湖南省实施〈中华人民共和国村民委员会组织法〉办法(修订草案)》的说明时,并没有提到修订的主要内容包括删去党在农村的基层组织的条款。此后湖南省人大法制委员会委员肖百灵代表省人大法制委员会在 2013 年 7 月 23 日省十二届人大常委会第三次会议上作关于《湖南省实施〈中华人民共和国村民委员会组织法〉办法(修订草案)》修改情况的汇报时说,"按照全国人大常委会的要求,实施性的地方性法规不要照抄上位法,要结合本省实际情况进行细化,有几条规定几条,突出法规的针对性和可操作性。为此,删除了办法修订草案第二条、第三条、第四条、第七条、第九条、(接下页)

国人大常委会的要求和地方立法实用性的考虑，子法不重复母法，地方立法不重复国家法律，实施性的地方法规不照抄上位法；村委会组织法已经规定了党在农村的基层组织的条款，地方的实施办法可以不做重复规定。

为什么辽宁、贵州这两个省不用新的规定而沿用老的条款？这一问题难以回答。查这两个省的立法资料，无论是提请省人大常委会审议的修订草案说明，还是根据省人大常委会审议意见对修订草案进行修改的报告，都没有提及村委会组织法修订了该条款，实施办法关于该条款的表述也要相应作改变的事情，好像完全无视村委会组织法关于党在农村的基层组织规定的变化。做改变其实很简单，村委会组织法改了，实施办法跟着改就是了，既用不着多做考虑，更用不着另外研究。倒是不改就应当掂量一番或者考虑很久了。然而由于缺乏材料，我们不知道这两个省的有关机构和人员究竟是怎么考虑的，更不能缺乏凭据地妄自猜测和推论。

2. 乡镇政府与村委会的关系

村委会组织法关于乡镇政府与村委会关系的一个总的规定是：第五条"乡、民族乡、镇的人民政府对村民委员会的工作给予指导、支持和帮助，但是不得干预依法属于村民自治范围内的事项"，"村民委员会协助乡、民族乡、镇的人民政府开展工作"。① 其中"但是不得干预依法属于村民自治范围内的事项"一句，1987年试行法没有，是1998年正式法补充进去的。该条目在

（接上页）第十条等照抄上位法的条文"。（《湖南省人民代表大会常务委员会公报》2013年第6期）2013年7月22日，重庆市民政局局长刘涛在市四届人大常委会第四次会议上作关于《重庆市实施〈中华人民共和国村民委员会组织法〉办法（修订草案）》的说明时，说道："草案主要对现行办法中与上位法不一致的内容进行了修改调整，删除了现行办法中与上位法重复的规定。"同日同一会议上，重庆市人大内务司法委员会关于《重庆市实施〈中华人民共和国村民委员会组织法〉办法（修订草案）》审议意见的报告，也认为："修订草案较好体现了实施性立法的特色"，"突出上位法已有规定的地方立法不再重复规定的原则，删除了现行办法与上位法内容重复的条款5条"。（《重庆市人民代表大会常务委员会公报》2013年第4期）

① 其实，除第五条外，村委会组织法的第二、三、十七、二十七、三十一、三十五、三十六、三十七条，都与乡镇政府与村委会的关系有关。特别是其中第三十六、三十七条的规定："村民委员会不依照法律、法规的规定履行法定义务的，由乡、民族乡、镇的人民政府责令改正。""乡、民族乡、镇的人民政府干预依法属于村民自治范围事项的，由上一级人民政府责令改正。""人民政府对村民委员会协助政府开展工作应当提供必要的条件；人民政府有关部门委托村民委员会开展工作需要经费的，由委托部门承担。"由于这些条文牵涉到整个村民自治包括民主选举、民主决策、民主管理、民主监督的各个方面，太广泛，且本章以下的比较研究将会涉及，因此这里仅就实施办法对第五条的具体化或补充规定做一些分析。

2010 年村委会组织法修订时没有变化。

30 个已修订的实施办法在援引、补充、具体化村委会组织法第五条上有以下几种情况。

大多数（陕西、宁夏、内蒙古、吉林、浙江、江西、河南、河北、广西、贵州、云南、西藏、安徽、福建、广东、山西 16 个省份）是原封不动地直接援引村委会组织法第五条作为实施办法的条款。

有几个（重庆、上海、天津、山东、北京 5 个省份）虽然也是援引村委会组织法第五条作为实施办法的条款，但在援引时或在字词上有变动，或在内容上有补充。对于村委会组织法"乡、民族乡、镇的人民政府对村民委员会的工作给予指导、支持和帮助"的表述，重庆改变为"乡、民族乡、镇人民政府指导、支持和帮助村民委员会开展工作"；上海改变为"乡、镇人民政府指导、支持、帮助村民委员会依法开展自治活动"，天津改变为"乡、民族乡、镇的人民政府应当指导、支持村民委员会在法律规定的范围内开展自治活动，帮助村民委员会成员提高综合素质和工作能力、解决在工作中遇到的问题"，山东改变为"乡镇人民政府指导、支持村民委员会依照法律、法规履行职责，帮助村民委员会依法管理本村集体资产等事务"；北京改变为"乡、民族乡、镇人民政府指导、支持和帮助村民委员会建立健全各项自治制度，依法开展自治活动"。对于村委会组织法"协助乡、民族乡、镇的人民政府开展工作"的表述，上海改变为"协助人民政府做好本村社区公共服务、公共管理、公共安全等有关工作"。上海、北京还在村委会组织法"不得干预依法属于村民自治范围内的事项"规定外，增加了"不得侵占或者违规处置村、村民小组集体财产"，"不得侵占或者自行处置村集体财产"的规定。

另有几个（海南、甘肃、湖南 3 个省份）虽然未直接援引村委会组织法第五条作为实施办法的一个条款，但或者在实施办法中对村委会组织法第五条的内容作了分散的规定，或者透过其他条款的规定表明对村委会组织法第五条内容的肯定。海南、甘肃均在村委会职责条目中规定了"协助乡镇人民政府开展工作"的款项。海南在另外的条目中规定了"县级以上人民政府民政等有关部门和乡镇人民政府应当对村民委员会的工作给予指导、支持和帮助"。湖南规定："城市街道办事处依照本办法的有关规定指导、支持和帮助所辖村的村民委员会开展工作。"湖南这个规定比较有意思。这本是一个补充条款，应当是补充"乡、民族乡、镇的人民政府对村民委员会的工作给予指导、支持和帮助"的规定。但翻遍整个湖南实施办法，我们并未看到有此方面的"有关规定"。

还有几个（辽宁、湖北、新疆、四川4个省份）具体规定了乡镇政府对村委会的工作给予指导、支持和帮助的内容或方式以及村委会协助乡镇政府开展工作的内容。前者，新疆规定了5个方面，辽宁、四川规定了6个方面，湖北规定了8个方面，综合起来主要是：指导村委会及其成员的换届选举和民主评议，对村委会成员进行培训，组织村委会成员的任期和离任经济责任审计；对村委会成员履职行为进行监督，对其违规违纪行为进行调查和处理；指导和支持村委会依法履行职责，指导村委会在法律、法规和国家政策范围内开展工作，办理公共事务和公益事业，推动本村经济的发展；指导和帮助村民委员会开好村民会议和村民代表会议，制定和实施村民自治章程、村规民约，建立、健全和实施民主决策、民主管理、民主监督等各项制度。后者，新疆作了个总体规定：协助政府依法管理宗教事务、维护社会治安，做好反恐维稳、流动人口服务管理以及社会保障、义务教育、青少年教育、计划生育等方面的工作。四川分别规定了6个方面：宣传宪法、法律、法规和国家政策；落实男女平等基本国策，教育并推动村民履行服兵役、义务教育、计划生育等法定义务；管理与发放政府拨付和社会捐赠的救灾救助、扶贫救济、补贴补助等款物；开发、利用与保护农村土地，维护与改善农村生态环境；维护农村社会治安秩序，开展农村社区矫正工作；以及其他应当协助的政府管理性事务。

青海未规定乡镇政府对村委会的工作给予指导、支持和帮助，只是规定了村委会协助乡镇政府开展工作。

3. 村委会

村委会组织法规定："村民委员会由主任、副主任和委员共三至七人组成。""村民委员会成员中，应当有妇女成员，多民族村民居住的村应当有人数较少的民族的成员。""村民委员会根据需要设人民调解、治安保卫、公共卫生与计划生育等委员会。村民委员会成员可以兼任下属委员会的成员。人口少的村的村民委员会可以不设下属委员会，由村民委员会成员分工负责人民调解、治安保卫、公共卫生与计划生育等工作。""村民委员会应当实行少数服从多数的民主决策机制和公开透明的工作原则。""对村民委员会成员，根据工作情况，给予适当补贴。"村委会组织法在"村民委员会的组成和职责"一章用3个条目共7个款项规定了村委会及其成员的职责。

对上述规定的具体化，各省实施办法的特点或差异主要表现在以下几个方面。

村委会的构成人数、名额确定和人员回避。构成人数：吉林、新疆、青海、山西规定应为单数；河南、湖南规定一般三至五人，"人口较多且居住分散或者经济发达的村不超过七人"（河南），"个别人口较多或者经济组织较发达的村，可以由七人组成"（湖南）；西藏规定五至七人；海南规定"1000人以下的村，一般设3人；1001人以上2500人以下的村，一般设5人；2501人以上的村，一般设7人"；陕西规定"人口在一千人以下的村，村民委员会成员设三人；一千人以上，三千人以下的村，设三至五人；三千人以上的村，设五至七人"。名额确定：福建、河南、广西、陕西规定由村民会议或者村民代表会议讨论决定；内蒙古、吉林、湖南、海南、贵州、山西规定由乡镇政府提出建议，村民会议或者村民代表会议讨论决定。人员回避：内蒙古、陕西规定村委会成员之间不得有近亲属关系，广东、河南规定村委会成员之间不得有夫妻、父母子女、兄弟姐妹关系；山东、内蒙古规定村委会主任及其近亲属不得兼任村财会人员或本村的财务工作，陕西规定村委会的会计、出纳或者记账人员不得由村委会主任、副主任兼任，与主任、副主任之间不得有近亲属关系。

村委会会议。山东、湖北、海南、四川、云南、陕西、青海等省份对村委会会议作了规定：一般每月召开一次，需要时可随时召开（云南、陕西），或每月至少召开一次（山东、青海）；由主任召集，主任因故不能召集可委托副主任召集（湖北、海南、四川、云南、陕西）或者其他成员召集（四川）或者由村委会推举一名委员召集（湖北）；村务监督机构成员应当列席（四川）或者可以列席（湖北、海南、陕西），村民小组长可以列席（山东、湖北、海南、陕西），村委会下属委员会主任可以列席（山东）。村委会决定事项应当经村委会全体成员过半数通过（湖北、海南、四川、云南、陕西）。

村委会下属委员会的种类及成员产生的方式。根据需要设立下属委员会，除村委会组织法列举的几种外，各省实施办法还提出了文化体育、妇女儿童（北京），社会福利（辽宁），老年人和妇女儿童权益保障（上海），侨眷、护林（福建），生产福利、教科文卫（贵州），林业防护（云南），社会保障（西藏），宗教事务（新疆），生态环境保护（青海）等名称。浙江、安徽规定应当设立人民调解委员会。辽宁规定人口少于五百人的村的村委会可以不设下属委员会。北京规定村委会设立下属委员会的，应当在村委会选举结果公布后十五日内由村民会议或者村民代表会议推选产生下属委员会成员。福建规定村委会下属委员会的成员由村委会提名，经村民会议或者村民代表会议表决通过。辽宁规定村委会下属委员会的成员由村委会决定。

村委会成员的补贴。与村委会组织法规定有所区别或不尽一致的说法有：村委会成员"不脱离生产"[1]（辽宁、福建）；"根据情况"[2]（辽宁）；"根据本地区经济社会发展水平和农村人均可支配收入情况，结合工作岗位、工作绩效等"（上海）；"根据工作情况和当地经济社会发展状况、农村劳动力平均收入水平"（山东）；"按照不低于当地农村劳动力平均收入水平"（湖北）；"按照本村集体经营实际状况"（海南）；"根据本村集体经济状况和村民委员会成员工作情况"（广东、广西）；对村委会成员，给予"工作报酬"（上海）、"基本报酬"（四川）、"基本报酬和业绩考核奖励报酬"（新疆）、"基本报酬和业绩考核奖励"（西藏）、"职务补贴"（广东、海南）、"职务补贴和统筹补贴"（广西）、"固定补贴"（贵州）；对村委会主任，给予基本报酬，对村委会其他成员，给予"适当补贴"（浙江）；对于坚持常年工作的给予"固定补贴"，其他的给予适当的"误工补贴"（福建）。报酬或补贴的经费来源，很多地方明确为政府财政（安徽、海南、西藏、甘肃、宁夏、贵州），也有些地方规定为本村集体经济收益和政府财政补贴（浙江、山东、广东、重庆）。

村委会的职责。除湖南未规定村委会的职责，北京用5个条目共6个款项规定村委会的职责外，其他省份都用1个条目不同数量款项的形式列举村委会的职责或主要职责。列4个款项的有宁夏、安徽[3]，列7个款项的有云南、新疆，列9个款项的有上海、海南、甘肃，列10个款项的有青海，列11个款项的有浙江、四川、山东、江苏、河南、山西，列12个款项的有辽宁、江西、河北，列13个款项的有重庆、天津、陕西、内蒙古、湖北、贵州，列

---

[1] 2010年修订的村委会组织法已删除了原法中关于村委会成员不脱离生产的规定。
[2] 2010年修订的村委会组织法将原法中的"根据情况"修改为"根据工作情况"。
[3] 安徽实施办法是在村委会组织法所规定的之外另列举了4款村委会的职责。

14 个款项的有西藏、吉林、广东、福建①，列 16 个款项的有广西。虽然款项列的有多有少，但并不一定表明各省实施办法对村委会职责内容的规定大不相同，因为款项数量的多少在很多情况下是对不同职责的归并和拆分造成的。不过，比较分析其中的差异，可以看出在认识和处理问题的方式上有些不同的省份确有些不同。如关于村委会管理本村村务的职责和协助政府工作的职责，有的在具体款项上明确了协助政府的事项，山西规定村委会"应当协助乡（镇）人民政府做好环境与资源保护、土地管理、建设规划、优抚救助、公共安全、治安保卫、社会矫正、安全生产、应急管理等工作"，新疆规定村委会"协助政府依法管理宗教事务、维护社会治安，做好反恐维稳、流动人口服务管理以及社会保障、义务教育、青少年教育、计划生育等方面的工作"，"协助有关部门对社区矫正、刑满释放等重点管控人员进行教育、帮助和监督"；但有的在具体规定上模糊不清，贵州规定村委会的职责之一是"对依照法律被剥夺政治权利、管制、缓刑、假释、取保候审、监视居住、保外就医的人进行监督、教育"，海南规定村委会的职责包括"维护社会治安，禁毒、禁娼、禁赌"，未能明确这些到底是属于村委会本身的职责，还是属于村委会协助政府的职责。

4. 村民小组

2010 年修订的村委会组织法将原来"村民委员会可以根据村民居住状况分设若干村民小组"的规定，修改为"村民委员会可以根据村民居住状况、集体土地所有权关系等分设若干村民小组"，同时增加了关于村民小组会议的规定。尽管增加的内容不多或者只是对实际状况和既有关系的确认，但一定程度上提高了人们对村民小组在整个村民自治体系和结构中重要性的认识。这可能是从总体上看根据 2010 年村委会组织法修订的各省实施办法对于村民小组规定的条款有所增加和"村民小组"或者"村民小组会议"上了有些省份（山东、湖北、广东、广西、重庆、云南、宁夏、新疆、江苏、青海）实施办法章的名称的重要原因。

在村委会组织法已有规定的基础上，各省实施办法对于村民小组进一步的规范主要有以下内容。

---

① 福建实施办法第九条第二款"村民委员会的主要职责"之前的第八条第一、二款和第九条第一款，实际上都是关于村委会职责的规定。

村民小组①分设的依据②和村民小组与村委会的关系。对于前者，江苏增加了"本村的规模"，甘肃增加了"本村规模、生产生活实际"，天津增加了"生产特点"，海南增加了"便于自治、有利生产"，湖北增加了"历史习惯"，青海增加了"农村服务管理需要"。对于后者，甘肃、广东、内蒙古、新疆规定村民小组在村委会领导下开展工作，安徽、浙江、青海规定村民小组应当接受村委会的指导③。

村民小组撤销、范围调整的程序。涉及这一问题的实施办法，云南的规定最简单，一句话："报乡级人民政府备案。"其他省份的规定繁简不一、五花八门、各不相同。贵州：征得有关村民小组意见→村委会报乡镇政府批准。上海：村委会提出→村民小组会议同意→乡镇政府审核同意。广西、湖北、四川：村委会提出→村民小组会议同意→乡镇政府批准→县级政府民政部门备案。甘肃：村委会提出→村民会议同意→乡镇政府备案。海南：村委会提出→村民会议同意→乡镇政府批准。江苏：村民小组会议同意→村委会提出→村民会议或者村民代表会议同意→乡镇政府和县级政府民政部门备案。广东、浙江：村委会召集相关村民小组会议讨论决定后提出→村民会议或者村民代表会议讨论通过→乡镇政府批准→县级政府民政部门备案。青海：相关村民小组会议讨论决定→村委会提出→征求乡镇政府意见→村民会议或者村民代表会议表决通过→县级政府民政部门备案。上海还规定："村民委员会、村民小组撤销或者范围调整的，应当按照规定的程序先行对村、村民小组集体资产清产核资、明晰产权，并制定集体资产处置方案。集体资产处置方案应当符合市、区有关规定，并经村民会议、村民小组会议分别讨论通过，报乡、镇人民政府审核同意后实施。"

村民小组组长、副组长及其推选，村民小组组长补贴。村民小组设组长一人，这应当是各省实施办法的共识，尽管有的（江苏、上海、四川、青海等）明文规定了"一人"，许多没有明文规定"一人"。在规定村民小组设组长一人的基础上，有的（福建、广东、广西、海南）还规定根据需要可以设副组长一至二人。村民小组组长的推选时间，宁夏规定应当在村委会换届选

---

① 四川规定的不是村委会可以分设若干村民小组，而是村委会分设若干村民小组。
② 贵州仍然规定"村民委员会可以按照村民居住状况分设若干村民小组"。
③ 江苏规定村民小组长在村委会指导下开展工作。

举后五日内，北京、湖南规定为新一届村委会产生之后十五日内，海南、江苏、云南、青海规定为新一届村委会产生之后三十日内。村民小组组长的人选范围，福建、浙江规定为村民代表，湖南规定一般为村民代表，贵州、新疆、河南、江苏、四川、青海规定村委会成员可推选为或可兼任或鼓励兼任村民小组组长。明确规定村民小组组长补贴的不多，只有重庆、贵州、新疆、四川、江苏、湖北、青海。重庆、贵州规定的是实行误工补贴；新疆规定的是给予岗位补贴；四川规定的是实行任职补助，给予基本报酬；青海规定的是报酬；江苏、湖北规定的是可以根据工作情况，给予适当补贴。

表11-5 规定村民小组撤销、范围调整程序的各省份实施办法的情况

	提出前需经同意的组织	提出组织	提出后需经同意的组织	批准机构	备案机构
贵州	村民小组意见	村委会		乡镇政府	
上海		村委会	村民小组会议	乡镇政府	
广西		村委会	村民小组会议	乡镇政府	民政部门
湖北		村委会	村民小组会议	乡镇政府	民政部门
四川		村委会	村民小组会议	乡镇政府	民政部门
甘肃		村委会	村民会议		乡镇政府
海南		村委会	村民会议	乡镇政府	
江苏	村民小组会议	村委会	村民会议或村民代表会议		乡镇政府和民政部门
广东	村民小组会议	村委会	村民会议或村民代表会议	乡镇政府	民政部门
浙江	村民小组会议	村委会	村民会议或村民代表会议	乡镇政府	民政部门
云南					乡镇政府
青海	村民小组会议	村委会	乡镇政府	村民会议或村民代表会议	民政部门

村民小组长的职责。有些省份（北京、广西、河北、湖北、湖南、江西、

山东、上海、青海）以一个款项的形式概括了村民小组长的职责，也有些省份（福建、海南、江苏、宁夏、四川、云南）以数个款项的形式分列了村民小组长的职责。将这些规定归纳整理，村民小组长职责的第一个方面是由村到组的事项，包括：组织本村民小组村民执行村民会议、村民代表会议的决定、决议（江苏、湖北、江西、山东、海南），向本组村民传达村委会作出的决定（湖南、陕西、上海、四川、云南、河北、福建、广西、青海），组织督促本组村民执行村委会的决定（北京、甘肃、四川、云南、海南），组织完成村委会布置的工作任务（北京、福建、广西、宁夏、山东、四川、云南、上海）。第二个方面是组内的事项，包括：召集和主持村民小组会议讨论决定本小组的有关事项（福建、海南、河北、湖北、湖南、江苏、江西、宁夏、陕西、上海、四川、云南、青海），组织本村民小组村民执行村民小组会议的决定（海南、湖北、湖南、江苏、江西、宁夏、山东、陕西、上海、四川、青海），为本小组村民生产、生活提供服务（云南）或者组织本小组村民开展各种生产、生活服务（海南、福建），管理本小组财务（福建、云南），经营管理属于本组集体所有的土地、企业和其他财产（甘肃），定期向村民小组会议报告本组年度工作和财务收支情况（四川）。第三个方面是由组到村的事项，大家的规定都相同：向村委会反映本组村民的意见、建议和要求。在这中间最大的差异性规定是关于办理公共事务和公益事业的规定。在此问题上村民小组长的职责，江苏的规定是协助村委会办理公共事务和兴办公益事业，广西、河北、湖北、湖南、宁夏、陕西、上海的规定是协助村委会办理本村公共事务和公益事业，甘肃、青海的规定是协助村委会办理本组的公共事务和公益事业，北京、海南的规定是办理本组的公共事务和公益事业。

应当由村民小组会议讨论决定的事项。新疆规定了4项，海南、湖南、陕西、四川规定了5项，浙江规定了8项。虽然款项有多有少，但其内容基本上都在村委会组织法"属于村民小组的集体所有的土地、企业和其他财产的经营管理以及公益事项的办理，由村民小组会议依照有关法律的规定讨论决定"规定的范围之内。当然，有的规定还是比较有特色的。如浙江把"本村民小组享受误工补贴的人员及补贴标准"，湖南把"公共卫生、环境保护、防灾救灾等"，列为应当由村民小组会议讨论决定的事项。

村民小组的村民理事会。除安徽外，各省份都没有规定村民理事会。安徽规定：村民小组的村民可以自愿成立村民理事会，其成员由村民推选产生。

村民理事会配合、协助村委会开展工作，村委会支持、指导村民理事会组织村民开展精神文明建设、兴办公益事业。

5. 村民会议

村民会议是村民直接民主的基本形式。2010年修订的村委会组织法对村民会议的组成、召集、参加人数、决定通过人数、职权、讨论决定的事项等作了较为全面的规定。各省份实施办法依据修订了的村委会组织法并结合实际情况，对自身原有规定进行了调整、充实和完善。

村民会议召开的最低时间要求。无论是1998年通过正式实施的村委会组织法，还是2010年修订的村委会组织法，均未规定村民会议召开的最低时间要求，也就是要求在一定的时间内至少召开一次村民会议。各省依据1998年通过的正式法制定的实施办法，大部分对此都有规定：规定"一般每半年举行一次"的有陕西、广东、宁夏，"每半年举行一次"的有四川，"每六个月至少举行一次"的有湖北，"一般每年召开两次"的有湖南，"每年至少召开一次"的有天津、山西、海南、安徽、北京、贵州、重庆、浙江、福建、江西、广西、云南、山东、河北、辽宁、甘肃、黑龙江、内蒙古，"每年一般召开一次"的有江苏。只有上海、河南、新疆未规定。然而，各省依据2010年修订的村委会组织法修订实施办法，从大部分对此都有规定改变为大部分对此没有规定：上海、河南、新疆原未规定，现在仍未规定；安徽、贵州、河北、湖南、江苏、内蒙古、宁夏、山东、天津、重庆、浙江、山西等原有规定的，现在不再规定；另外，青海、西藏也未规定。没有改变的：广东仍为"一般每半年举行一次"，四川仍为"每半年举行一次"，北京、福建、甘肃、广西、海南、江西、辽宁、云南仍为"每年至少召开一次"。陕西由"一般每半年举行一次"改为"每年至少召开一次"，湖北由"每六个月至少举行一次"改为三年至少召开一次①。之所以会有这样一个变化，很可能是因为很多省份考虑到实际上召开村民会议比较困难，要求在一定时间内至少召开一次村民会议实际上做不到。

召开村民会议的变通形式和人数统计方法。村民会议难以召开，与村委会组织法关于村民会议出席人数的规定和村民会议集中举行的形式有一定的关系。村委会组织法规定："召开村民会议，应当有本村十八周岁以上村民的

---

① 湖北实施办法的表述是"村民委员会换届选举时应当及时召集村民会议"。

过半数，或者本村三分之二以上的户的代表参加，村民会议所作决定应当经到会人员的过半数通过。"在农户分散经营、村庄规模扩大、大批村民外出务工经商的情况下，要把村民集中起来召开达到村委会组织法规定的人员数量要求的会议，难度很大。于是一些省份允许以变通的形式召开村民会议，如安徽、广西、海南、云南、福建等省份规定，人口较多或者居住分散的村，可以分片的形式召开村民会议；福建还规定，对于应当由村民会议讨论决定的事项，可以将方案印发全体村民征求意见，由村民投票决定。有的省份还设计了在大批村民外出的情况下满足村委会组织法对于村民会议人员数量要求的人数统计方法，如重庆规定："村民外出，村民委员会不能与本人取得联系或者联系后不能回村参加会议的，以及正在发病期间的精神病患者和无法明确表达本人意志的智力残疾者，不计算在参加村民会议的村民总数内。村民委员会应当在村民会议上报告村民总数统计情况和不计算在参加村民会议的村民总数内的村民的联系情况。"

村民会议的职权或职责和经村民会议讨论决定方可办理的事项。这二者，看起来似乎不同，但其实是一件事情的两个方面。村民会议的职权或职责就是讨论决定涉及村民利益的事项，经村民会议讨论决定方可办理的事项也就是村民会议的职权或职责范围。因此，各省实施办法，有些（如甘肃、贵州、河北、湖北、江苏、江西、辽宁、陕西等）分列村民会议的职权或职责和经村民会议讨论决定方可办理的事项[①]，有些（如上海、安徽、广东、河南、云南、新疆、山西等）单列村民会议的职权或职责，有些（如福建、西藏等）单列经村民会议讨论决定方可办理的事项，其实只是形式上的区别，与内容关系不大或没有什么关系。真正涉及内容差别的，一是源于制度设计的不同。如有的省份（重庆、广东、甘肃、河北、山西、河南、江苏[②]）把选举、罢免、补选村委会成员都列为村民会议的职权或职责，而有的省份（安徽、贵州、福建）只把罢免、补选村委会成员列为村民会议的职权或职责，应当与他们关于村委会选举制度设计上的不同有关。二是因为地方政策的特点。如

---

① 那些把"村民会议的职权"和"经村民会议讨论决定方可办理的事项"分列的实施办法，是在列举完"村民会议的职权"之后，另将村民会议的职权之一——讨论决定涉及村民利益的重要事项中的"事项"分列，另名为"经村民会议讨论决定方可办理的事项"。

② 江苏列了选举、罢免，未列补选。

北京把村公益事业专项补助资金的使用方案列为经村民会议讨论决定方可办理的事项,很可能是因为北京实行了村公益事业专项补助的政策。三是出于具体实际的考虑。如北京把村日常运行经费的使用方案,辽宁把村订阅报刊的种类、份额及金额,列为经村民会议讨论决定方可办理的事项,说明北京认为村日常运行经费的使用,辽宁认为村订阅报刊的开支,很重要。

村民自治章程和村规民约。村委会组织法规定:"村民会议可以制定村民自治章程、村规民约。"虽然法律在这里说的是"可以",既不是"必须",也不是"应当",但除个别例外①,绝大多数实施办法的立法意向都是村民会议应当制定村民自治章程、村规民约。有的(四川、湖南)规定,村应当制定村民自治章程和村规民约;村委会应当根据本村实际情况,以适当形式召集村民会议,制定和修改村民自治章程、村规民约。有的(北京、海南)规定村民会议制定和修改村民自治章程、村规民约。有的(江西、四川、云南)规定村民会议的职责之一是制定和修改村民自治章程、村规民约。有的虽然只是规定村民会议可以制定和修改村民自治章程、村规民约(广西、浙江、山东、吉林),或者只是规定村民会议的职权之一是制定和修改村民自治章程、村规民约(安徽、甘肃、广东、贵州、河北、河南、湖北、重庆、江苏、辽宁、陕西、新疆),或者只是把制定和修改村民自治章程、村规民约列为经村民会议讨论决定方可办理的事项(福建、上海、西藏),但他们都大同小异地规定遵守并组织实施村民自治章程和村规民约是村委会的职责。有的(宁夏、天津)虽然没有提及村民会议制定和修改村民自治章程、村规民约,但却规定了村委会应当教育引导村民遵守村民自治章程和村规民约;村委会及其成员应当遵守并组织实施村民自治章程、村规民约。北京、山东、陕西、上海、四川、云南、青海还规定了村民自治章程、村规民约应当包括的内容②,四川、

---

① 内蒙古未规定村民自治章程和村规民约,贵州只规定了村民会议制定、修改村规民约。

② 将这些规定综合归纳,村民自治章程的内容应当或可以包括:制定章程的目的和依据,村民在自治活动中的权利和义务,村民会议、村民代表会议和村委会的具体组成和职权、相互关系、议事规则和工作制度,村民小组的划分,村集体经济管理制度,村公益事业服务和公共事务管理制度等。村规民约的内容应当或可以包括:村民履行法定义务,维护社会秩序,遵从道德规范等方面的行为准则。四川规定,村民自治章程、村规民约对村民违反村民自治的行为,可以规定批评教育、警告、责令改正、不良档案记录、取消相关荣誉评选资格、取消村组相关优惠待遇或福利等处罚措施。上海规定,村规民约可以规定惩罚措施。

广西、海南还规定了制定村民自治章程、村规民约的程序①。

村民会议向村民代表会议授权。根据村委会组织法的规定，村民会议具有广泛且重要的职权，许多涉及村民利益的事项必须经过村民会议讨论决定方可办理。然而，在许多地方，村民会议不很容易或难以经常召开。为使村庄的事务在民主的基础上得到及时办理，村委会组织法规定，许多涉及村民利益的事项村民会议都可以授权村民代表会议讨论决定。但村委会组织法对村民会议如何向村民代表会议授权并没有作具体规定，这为省级实施办法在此问题上的规定提供了必要和留下了可能。对于授权方式，吉林、北京规定，村民会议授权村民代表会议讨论决定的具体事项可以或者应当在村民自治章程中规定；江西规定，村民会议对村民代表会议授权，可以通过召开村民会议的形式进行，也可以在制定、修改村民自治章程中明确；浙江、安徽、湖南、上海规定，村民会议向村民代表会议授权，可以通过召开村民会议或者村民书面表决形式进行，也可以在村民会议通过的村民自治章程中明确；上海规定，采用书面征求意见形式的，应当由村委会向本村全体十八周岁以上村民或者全体户的代表征求，过半数的十八周岁以上村民或者三分之二以上户的代表实名向村委会反馈意见的，征求意见程序有效。村民或者户的代表的同意意见超过反馈意见的半数的，方可进行授权；宁夏规定，村民会议可以一次性授权村民代表会议讨论决定若干村务事项，也可以授权村民代表会议讨论决定某个村务事项。对于授权时间，湖北规定在村委会换届选举时，辽宁规定在村委会换届选举后，山东、四川规定在新一届村委会选举产生后，应当及时召集村民会议，提出向村民代表会议授权的范围和事项，提请村民会议讨论通过。

6. 村民代表会议

2010年修订的村委会组织法比较原法，明确规定了"村民代表会议"的概念，规定了村民代表会议的组成、会期、召开和通过决定的法定人数比例，使得各省实施办法在此问题上补充规定的空间和相互比较的差异都有一定程度的缩小，当然依然存在。

---

① 将这些规定综合归纳，制定村民自治章程、村规民约的一般程序为：在调查研究的基础上拟定草案，公布草案并征求意见，将修改后的草案提交村民会议讨论决定，公布经村民会议通过的村民自治章程、村规民约，并报乡镇政府备案。

村民代表会议设立的前提。村委会组织法规定："人数较多或者居住分散的村，可以设立村民代表会议。"这里面有一个多少人数算是较多的问题。天津规定，不满 100 户的村，可以不设村民代表会议；北京规定，100 户以上的村，可以设立村民代表会议；辽宁规定，150 户以上的村，可以设立村民代表会议；广东规定，200 户以上的村，可以设立村民代表会议；浙江规定，人数在 300 人以上的村，可以设立村民代表会议。这里面还有个怎样算是居住分散的问题。没有一个实施办法回答这一问题，但福建规定，村民会议根据需要，可以设立村民代表会议；100 户以下，只要是居住分散的村，也可以设立村民代表会议。对于村委会组织法规定的村民代表会议设立的前提，一些省份（海南、湖北、湖南、吉林、西藏）没有规定，江苏的规定是："村可以设立村民代表会议。"可能这些省份都认为，所有的村都可以或者应当设立村民代表会议。特别是西藏，西藏是全国建制村平均人口最少、人口居住最为分散的省份，但西藏仍然坚持村应当设立村民代表会议。由于西藏村庄村民的户数较少，按照村委会组织法村民代表由村民按每 5 户至 15 户推选 1 人的规定，有可能产生不了足够数量的村民代表，因此西藏规定"村民代表按每一户推选一人"，尽管根据村委会组织法的规定 1 户 1 人户代表参加的会议其实是村民会议，而不是村民代表会议。

村民代表的人数下限。村委会组织法没有直接规定村民代表的人数下限，但从村委会组织法关于村民代表应当占村民代表会议组成人员的五分之四以上的规定，可以推算出村民代表总数应为 12 人以上。① 各省实施办法规定的村民代表人数下限，都大大高于 12 人，福建、广东、海南、四川为不少于 20 人，湖北为不少于 25 人，安徽、北京、贵州、江西、宁夏、浙江为不少于 30 人，辽宁、上海为不少于 35 人。一些地方还对村民代表的分段人数下限作了规定，福建为：800 户以上的村不得少于 55 人，600 户以上不足 800 户的村不得少于 45 人，300 户以上不足 600 户的村不得少于 35 人，100 户以上不足 300 户的村不得少于 25 人，不足 100 户且居住比较分散的村不得少于 20 人。贵州为：人口不足 2000 人的村不少于 30 人，人口 2000 人至 3000 人的村不少于 40 人，人口 3000 人以上的村不少于 50 人。江西为：人

---

① 村民代表会议由村委会成员和村民代表组成，村委会成员至少有 3 人，要满足村民代表应当占村民代表会议组成人员的五分之四以上的要求，村民代表的人数应当在 12 人以上。

口不足 2000 人的村不少于 30 人，人口 2000 人至 3000 人的村不少于 40 人，人口 3000 人以上的村不少于 50 人。浙江为：人数不足 500 人的村不少于 30 人，人数在 500 人以上不足 1000 人的村不少于 40 人，人数在 1000 人以上的村不少于 50 人。

村民代表的推选。村委会组织法未规定村民代表的推选时间，只是规定"村民代表由村民按每五户至十五户推选一人，或者由各村民小组推选若干人"。对于村民代表的推选时间，有的省份作了规定，海南、青海规定新一届村民代表应当在新一届村民选举委员会产生前推选产生，辽宁规定村民代表由村民选举委员会在选民登记前组织村民推选，湖南规定村民代表的推选应当在新一届村委会产生前进行，宁夏规定村民代表由村委会在换届选举后 5 日内组织村民推选。对于村民代表的推选方式，大多数省份沿用了村委会组织法的规定，也有个别省份作了带有补充性的规定，如江苏规定：按户推选村民代表的，应当有推选户十八周岁以上的村民半数以上参加推选；村民小组推选村民代表的，应当有该小组三分之二以上的户的代表参加推选。推选村民代表采用无记名投票或者举手表决方式，按得票数从高到低产生。又如青海规定：村委会根据村民会议决定，可以将妇女村民代表和人数较少的民族的村民代表名额分配至村民小组；村民代表由村民小组推选产生的，应当召开村民小组会议，由本村民小组有选举权的三分之二以上村民或者三分之二以上的户的代表参加，采用无记名投票或者举手表决方式，按得票数从高到低产生；每户不得产生二名以上的村民代表。还有少数省份作了带有限制性的规定，福建规定村民代表以村民小组为单位推选或者直接选举产生，河南规定村民代表由各村民小组按每 5 户至 15 户推选 1 人，云南规定村民代表按每 5 户至 15 户 1 人由村民小组会议推选产生，云南、内蒙古规定村委会成员不得或一般不得兼任村民代表，湖南、江苏、浙江规定 1 户不得产生 2 名以上的村民代表。

村民代表的资格与职责。北京、天津规定了村民代表的资格条件，二者基本相同：是具有选举权和被选举权的本村村民，具有正常履行职责的身体条件，遵守法律，品行良好，办事公道，有较高的群众威信，能代表群众意愿与利益，有一定的议事能力。天津、广东、辽宁、宁夏、上海、四川规定了村民代表的职责，综合起来包括：参加村民代表会议，讨论决定村民会议授权的事项；联系其推选户或者村民小组，反映其推选户或者村民小组的意见和建议；向其推选户或者村民小组传达村民代表会议决定，并动员村民遵守和执行；村民代表应当向其推选户或者村民小组负责，接受村民监督。

7. 村务公开

村委会组织法和各省实施办法对村务公开的规范，包括村务公开的内容、形式、时间等。

村务公开的内容，也就是村委会应当公布的事项，村委会组织法列了5项，其中一项为"本法第二十三条、第二十四条规定的由村民会议、村民代表会议讨论决定的事项及其实施情况"。如果把这一项的内容具体展开，那么村委会组织法要求村委会应当及时公布的事项包括：（1）村委会的年度工作报告（年度工作报告应当包括过去一年的工作总结和未来一年的工作计划，而过去一年的工作总结应当有过去一年工作计划的实施情况）；（2）民主评议村委会成员工作的情况；（3）撤销或者变更村民代表会议不适当决定的情况；（4）撤销或者变更村委会不适当决定的情况；（5）本村享受误工补贴的人员及补贴标准及其实施情况；（6）从村集体经济所得收益的使用情况；（7）本村公益事业的兴办和筹资筹劳方案及建设承包方案及其实施情况；（8）土地承包经营方案及其实施情况；（9）村集体经济项目的立项、承包方案及其实施情况；（10）宅基地的使用方案及其实施情况；（11）征地补偿费的使用、分配方案及其实施情况；（12）以借贷、租赁或者其他方式处分村集体财产的情况；（13）村民会议认为应当由村民会议讨论决定的涉及村民利益的其他事项及其实施情况；（14）国家计划生育政策的落实方案；（15）政府拨付和接受社会捐赠的救灾救助、补贴补助等资金、物资的管理使用情况；（16）村委会协助政府开展工作的情况；（17）涉及本村村民利益，村民普遍关心的其他事项。此外，如果把村委会组织法第三十五条规定的内容包括在内，那么就有（18）村委会成员的任期和离任经济责任的审计结果，该项也应当属于"由村民会议、村民代表会议讨论决定的事项及其实施情况"中的一项。这是一个内容相当广泛的事项清单。

对于这样一个清单，各省实施办法，有的（福建、重庆、甘肃、河北、湖南、宁夏、四川、天津、新疆）照单全收，不再另列①；但多数还是根据自身的情况和考虑，或增或删，略有变化，重新列出②。列 5 项的有辽宁，列 6 项的有浙江、西藏，列 7 项的有山东、广西，列 8 项的有广东，列 9 项的有湖北、吉林、江苏、云南，列 10 项的有海南、河南、北京、江西、山西，列 11 项的有上海、贵州，列 12 项的有内蒙古，列 13 项的有陕西。仔细分析和归纳这些清单列出的事项，可以发现，其中除许多是重复村委会组织法的规定之外，有些对村委会组织法的规定作了补正或补充，也有些是实施办法自身重复、多余的规定。

先看对村委会组织法的补正或补充。具体有以下几个方面的事项（按照规定省份的多少为序排列，括号内是规定省份的名称）。（1）社会保障方面的事项。"村社会保障、合作医疗、优抚救济政策、工作措施和落实情况"（北京），"新型农村合作医疗的收支情况、参加农村合作医疗的农民的医药费用报销情况"（广东），"农村最低生活保障、医疗救助、临时救助等社会保障的享受对象、标准和五保供养享受对象"（广西），"农村最低生活保障、五保供养、农村医疗救助、新型农村合作医疗、新型农村社会养老保险等社会保障的享受对象、标准"（贵州），"农村五保户、孤儿、困难残疾人、建档立卡低收入农户以及享受最低生活保障、医疗救助、临时救助等社会保障的人员名单和补助标准"（江苏），"合作医疗、养老保险等政策落实情况"（江苏），"农村低保、新型农村合作医疗等政策的落实情况"（河南），"合作医疗、低保、五保、养老保险等政策的落实情况"（湖北），"农村最低生活保障、五保供养、农村医疗救助等社会保障的享受对象、标准"（江西），"村民享受低保、'五保'情况"（内蒙古），"享受最低生活保障家庭的救助情

---

① 福建规定，村委会依法实行村务公开制度，对村委会组织法第三十条规定的事项和村民会议或者村民代表会议决定公开的其他事项，村民委员会应当及时公布，接受村民监督；重庆规定，法律规定按照季度公布的村务事项，应当在下一季度第一个月的十五日前公布，法律规定按照月公布的村务事项，应当在下月的十五日前公布，法律规定随时公布的村务事项，应当在事项发生之日起十日内公布；甘肃规定，村务公开的内容等按照国家和本省的有关规定执行；宁夏、新疆规定，村务公开的内容或事项等按照国家和自治区有关规定执行。另外，甘肃、河北、宁夏、四川有省或自治区人大常委会通过的村务公开条例或办法，新疆有自治区民政厅制定的村务公开办法。

② 安徽没有分项列，只是作了一个概括的规定：除按照村委会组织法规定应当及时公布的事项以外，还应当公布本村经济和社会发展规划及年度计划，对村委会成员的民主评议、考核和审计结果等涉及本村村民利益和村民普遍关心的事项。

况"（山东），"农村最低生活保障、医疗救助、临时救助等社会保障的享受对象、标准和五保供养享受对象"（浙江），"落实农村低保、五保供养等情况"（西藏）。（2）财产财务方面的事项。"村财务收支情况"（北京、浙江、海南、内蒙古、广西），"本村财务收支和债权债务情况"（广东），"村集体财务收支情况"（贵州），"村财务收支情况和债权债务情况"（河南），"集体财产的保值、增值以及处置情况"（山东），"村集体债权债务情况"（云南、陕西），"村委会财务收支、预算、决算及其管理的资产、资金、资源等情况"（上海）。（3）计划生育方面的事项。"国家计划生育政策的落实方案及其执行情况"[①]（江西），"计划生育政策落实情况"（江苏、河南、湖北、山东、辽宁），"村民执行计划生育的情况"（海南）。（4）规划计划方面的事项。"本村经济和社会发展规划及年度计划"（安徽），"村建设长期规划"（河南），"本村经济社会发展规划的实施情况"（湖北），"本村经济、建设发展规划的实施和财务收支情况"（山东）。（5）管理监督方面的事项。"村委会成员的分工"（上海），"对村委会成员的考核结果"（安徽），"村务监督委员会的组成及村务监督情况"（上海）。（6）户籍变化方面的事项。"村民户籍关系变更情况"（江苏、河南、湖北），"农转非情况"（北京）。（7）支农政策方面的事项。"国家有关强农惠农富农的政策"（江苏），"落实政府强农惠农政策情况"（贵州）。（8）自治章程方面的事项。"村民自治章程、村规民约的制定实施情况"（北京）。（9）社会治安方面的事项。"重大治安案件和民事纠纷的处理情况"（海南）。另有一个情况可以提一下，1998年修订的村委会组织法曾经把"水电费的收缴"列为村务公开的事项之一，2010年修订的村委会组织法将其删去，但根据2010年修订的村委会组织法修订的实施办法，河南、陕西、云南等仍将"水电费的收缴情况"列为村务公开的事项之一。

　　再看实施办法自身重复、多余规定的情况。没有分列清单的安徽规定：除按照村委会组织法规定应当及时公布的事项以外，还应当公布……对村委

[①] 村委会组织法把"国家计划生育政策的落实方案"而未把"国家计划生育政策的落实情况"列为村委会应当公布的事项，尽管依照法理可以把"国家计划生育政策的落实方案"扩张解释为"国家计划生育政策的落实方案及其落实情况"，但对适用于农村村民的村委会组织法及其实施办法来说，还是尽量不用解释即可理解、一目了然为好。

会成员的民主评议……审计结果等事项。"对村委会成员的民主评议、审计结果"，在村委会组织法规定的应当及时公布的事项之内，因此实施办法的规定是重复的。在分列的清单中，除内蒙古外，都列有一项：村民会议、村民代表会议讨论决定的事项及其实施情况。许多实施办法似未能仔细辨明该一项其实包括许多事项，这可能是它们出现重复规定的原因。北京列有"村民负担费用的收缴及使用情况"，该事项其实包含在"本村公益事业的兴办和筹资筹劳方案及建设承包方案及其实施情况"的事项之内，因此即便不是明显重复，也是隐形重复。贵州所列的"集体经济组织土地承包和经营权的流转、调整情况"、"征地补偿费的收支情况"、"民主评议村民委员会成员以及其他村务管理人员情况"；海南所列的"村委会年度工作目标执行情况"①、"民主评议村民委员会成员以及由村民或者村集体承担误工补贴的聘用人员情况"；河南所列的"集体土地的承包、租赁、开发利用情况及宅基地使用情况"；湖北所列的"宅基地审批、征地补偿费的使用分配方案、土地承包经营调整方案和村集体经济项目的立项承包方案"、"村民委员会成员履职评议情况"、"村'一事一议'筹资筹劳情况"（同前述北京的"村民负担费用的收缴及使用情况"一样）；吉林所列的"村集体经济收益分配情况"、"宅基地报批情况"②；江苏所列的"村劳务用工情况"；江西所列的"征地补偿费的收支情况"、"民主评议村民委员会成员以及其他村务管理人员情况"；山东所列的"村公益事业和筹资筹劳方案的实施情况"，都在"村民会议、村民代表会议讨论决定的事项及其实施情况"之内，都属于重复规定。

村务公开的形式，也就是采取什么方式进行村务公开，村委会组织法未作规定，大多数省份的实施办法对此作了规定。固定或规范的村务公开栏，是所有规定了村务公开形式的实施办法（安徽、北京、福建、广东、广西、贵州、海南、湖北、湖南、吉林、江西、辽宁、山东、上海、云南、重庆、山西）的首选形式。其他的形式还有广播（北京、广西、贵州、海南、湖北、湖南、吉林、江西、辽宁、山东、上海、重庆），会议（广西、贵州、海南、湖南、江西、山东、上海、重庆），宣传单或明白纸、明白卡、公开信（贵州、湖南、江西、重庆、广西、山东、湖北、辽宁），网络（北京、贵州、湖

---

① "村委会年度工作目标执行情况"，应当是包括在"村委会的年度工作报告"之内的。
② "宅基地报批情况"，应当是包括在"宅基地的使用方案及其实施情况"之内的。

北、吉林、山东、上海、重庆），电视（北京、贵州、湖北、吉林、山东），村务公开电子信息平台（安徽、广东），视频（上海），刊物（北京），手机短信（湖北），流动公开栏（江西）。

村务公开的时间。除西藏外，其他省份对于村务公开的时间要求与村委会组织法相同："一般事项至少每季度公布一次；集体财务往来较多的，财务收支情况应当每月公布一次；涉及村民利益的重大事项应当随时公布。"① 在此基础上，福建要求"公布的时间不得少于十五日"；广西要求"村务公开栏的内容应当至少保留15日；村民普遍关注、容易引发矛盾纠纷的事项，应当公开60日以上。村务公开电子信息平台公开的内容应当长期保留"；贵州要求"涉及村民利益的重大事项应当在村务事项发生之日起3日内公布；每年一月份集中公布上年度村务重大事项"；江西要求"定期公开的村务应当在每季度、每月结束后十日内公布，随时公开的村务应当在公开事项发生之日起三日内公布"；重庆要求"按照季度公布的村务事项，应当在下一季度第一个月的十五日前公布；法律规定按照月公布的村务事项，应当在下月的十五日前公布；法律规定随时公布的村务事项，应当在事项发生之日起十日内公布。在村务公开栏公布的内容应当保留十日以上，少于十日的，应当重新公布"。

8. 村务监督机构

设立村务监督机构，是2010年修订的村委会组织法新的规定。村委会组织法第三十二条对村务监督机构的责任、组成及任职回避等作了规定。除辽宁②而外，各省实施办法在此基础上分别作了或相同或有异的规定。

村务监督机构的形式和名称。村委会组织法考虑到村务监督机构形式和名称各地实际上的差异和看法上的不同，未要求统一采取"村务监督委员会"的形式和名称，只是规定"村应当建立村务监督委员会或者其他形式的村务监督机构"。贵州、江西、天津、河北、内蒙古、四川、海南等对各自省份范围内村务监督机构的形式和名称也没有作统一的要求，或者沿用村委会组织法的规定："村应当建立村务监督委员会或者其他形式的村务监督机构"（河北、内蒙古、四川），或者对村委会组织法的规定稍作增删，规定"村应当建

---

① 西藏规定："一般财务收支事项每年至少公布两次。"
② 辽宁实施办法未对村务监督机构作规定。

立村务监督委员会、村务监督小组或者其他形式的村务监督机构"（海南），抑或径直规定"村应当建立村务监督机构"（贵州、江西、天津）。安徽、北京、福建、甘肃、广东、广西、河南、湖北、湖南、吉林、江苏、山东、上海、西藏、新疆、云南、浙江、重庆、青海、山西等要求各自省份范围内的村务监督机构统一采取"村务监督委员会"的形式和名称，宁夏、陕西则以"村民监督委员会"冠名各自省份范围内的村务监督机构。

村务监督机构的人员组成、推选产生、任职回避和补贴。村委会组织法规定村务监督机构的成员由村民会议或者村民代表会议在村民中推选产生，村委会成员及其近亲属不得担任村务监督机构成员，未规定村务监督机构的人员数量和内部分工，亦未规定村务监督机构的成员是否拿补贴。关于人员组成，北京、福建、甘肃、广西、贵州、海南、河北、湖北、内蒙古、宁夏、陕西、云南、山西规定，由三至五人组成；安徽、江苏、四川、浙江、广东规定，一般由三至五人组成；吉林、江西、山东、青海规定，由三人或者五人组成；河南规定，一般由三人组成，人口较多的村不超过五人；上海、天津规定，由三人至七人组成①；河南、广东、宁夏、陕西、云南、山西规定，由主任、委员组成；山东规定，由主任、副主任和委员组成；河北、宁夏规定，应当有妇女成员。关于推选产生，福建、陕西、云南规定，推选会议由村民选举委员会召开或主持；山东、四川、青海规定，推选会议由村委会主持；江苏规定，村务监督机构成员的推选原则上与村委会换届选举同步进行；河北规定，在新一届村委会产生后应当及时推选产生新一届村务监督机构的成员；海南、青海规定，新一届村务监督机构应当在新一届村委会产生后30日内推选产生；陕西规定，村务监督机构成员候选人由村党组织征求各村民小组意见后提出，有选举权的村民十人以上或者村民代表三人以上联名也可以提出候选人；福建规定，村务监督机构主任由成员推选产生。关于任职回避，福建、山东、上海、云南规定，村财会人员也不得担任村务监督机构成员；海南规定，村民小组长及其近亲属也不得担任村务监督机构成员；浙江规定，村文书、村报账员也不得担任村务监督机构成员；上海规定，村集体经济组织管理人员及其近亲属也不得担任村务监督机构成员；湖南规定，所有经村民代表会议认定可能影响公正监督的人员都不得担任村务监督机构成

---

① 天津规定，村务监督机构可以设立民主理财、村务公开等监督小组。

员；安徽、广东、江西、浙江、海南把近亲属的范围界定为配偶、父母、子女、兄弟姐妹、祖父母、外祖父母、孙子女、外孙子女；贵州、江西把近亲属的范围界定为配偶和直系亲属。关于补贴，甘肃、湖北、江苏、陕西、云南规定，给予适当补贴；新疆规定，给予岗位补助；贵州、西藏、重庆规定，给予误工补贴；四川规定，实行任职补助，给予基本报酬；青海规定，给予报酬；甘肃规定，由政府给；云南规定，由县以上政府给；西藏规定，从村级组织工作经费中支出；重庆、江苏规定，由本村集体经济负担，乡镇政府或县级政府给予适当补助。

村务监督机构的监督事项或工作职责。对于村务监督机构的监督事项或工作职责，村委会组织法用一句话来概括："负责村民民主理财，监督村务公开等制度的落实。"省级实施办法在将村委会组织法的规定具体化的过程中，大大扩展了村务监督机构的监督事项或工作职责，将其归纳整理，主要有下列各项。(1) 督促村委会建立健全村民自治的各项制度（福建、湖北、云南、西藏）。(2) 监督村级重大事项的决策程序和落实情况（上海、山东），或者监督村级重大事项民主决策情况（浙江），或者监督村级事务民主决策（安徽、广东、湖北），或者监督村务民主决策的内容及程序（青海），或者监督村委会决策的内容及程序（湖南），或者监督村委会民主决策程序的执行情况（四川）。(3) 监督村民自治章程、村规民约的执行情况（重庆、四川、上海、山东、山西）。(4) 监督村民会议和村民代表会议决议、决定（决定事项）的执行情况（广西、新疆、河南、浙江、江苏、四川），或者监督（检查、督促）村委会落实（执行）村民会议和村民代表会议决议、决定（决定事项）情况（安徽、西藏、福建、湖北、云南、青海），或者监督落实村民会议、村民代表会议、村民委员会会议、村民小组会议讨论决定的事项（海南）。(5) 监督村务公开情况（重庆、安徽、山东、青海、山西），或者监督村务公开制度执行（落实）情况（海南、西藏、四川、上海、湖南、江苏、浙江），或者监督村务公开事项的实施情况（河南、湖北），检查、监督村委会村务公开的内容、时间、形式和程序（福建、广东、广西、云南、新疆）[1]。(6) 参与制定村民主理财制度（新疆），或者参与制定本村集体（经

---

[1] 浙江、新疆还有审查村委会提出的村务公开方案，云南还包括检查、监督村民小组组务公开的内容、时间、形式和程序。

济）的财务计划和各项财务管理制度（福建、湖北、云南、山东），或者参与制定村委会各项财务管理制度并监督制度的落实情况（上海），或者参与审查本村集体的财务计划和各项财务管理制度，对本村集体财务活动进行民主监督（广东）；监督民主理财情况（山东）或监督落实村民民主理财制度（海南）；监督村集体资源、资产、资金的管理使用情况（广西、湖南、浙江、新疆、上海、四川、安徽）[①]；检查、审核财务账目及相关的经济活动事项（福建、湖北、西藏、云南、山东、广西、重庆）[②]；监督村集体（经济）负责人和财会人员执行财务制度、遵守财经纪律的情况（福建、湖北、西藏、新疆）[③]。（7）监督村委会等村级组织依法履行职责的情况（江苏、四川），或者监督村委会成员行使职权（广东、广西），或者监督村委会成员履行职责和廉洁自律情况（安徽、湖南、重庆、新疆、上海、山东、青海）。（8）收集、受理村民的意见、建议，及时向村委会反映，并督促村委会及时办理（安徽、福建、广东、广西、湖北、江苏、重庆、浙江、云南、新疆、西藏、四川）[④]。（9）主持或组织民主评议（广西、重庆、西藏、云南、山东、青海）。（10）监督村民会议或者村民代表会议授权的其他事项（河南、湖南、上海、青海），或者监督法律、法规规定的其他监督事项（海南、重庆、新疆、青海），或者监督涉及本村村民利益，村民普遍关心的其他事项（安徽、西藏、四川）。

---

① 四川还包括监督村、组工程项目招投标、预决算、建设施工、质量标准的实施情况，监督扶贫政策措施、扶贫资金、扶贫项目的落实情况，监督惠农政策措施的落实情况。
② 山东、重庆还特别标明否决不合理开支。
③ 新疆还包括监督村民小组集体经济负责人和财会人员执行财务制度、遵守财经纪律的情况。
④ 浙江规定的是向村级组织反映，广西还规定了向村民小组反映，云南还规定了督促村民小组及时办理，四川还规定对村委会职责范围内的工作提出意见与建议，并督促村委会研究处理。

第十二章
省级法规视角下的村民自治制度建设[*]

村委会组织法第四十条规定："省、自治区、直辖市的人民代表大会常务委员会根据本法，结合本行政区域的实际情况，制定实施办法。"在2010年10月28日十一届全国人大常委会十七次会议通过了对《中华人民共和国村民委员会组织法》（以下简称村委会组织法）的修订之后，迄今为止，全国已有29个省份修订或制定了[①]各自的实施《中华人民共和国村民委员会组织法》办法（以下简称实施办法），有2个地方（黑龙江、山西）还未完成这项工作。对实施办法的修订时间和规定内容进行比较，可以提取一些问题进行探讨。

---

* 本章以《省级法规视角下的村民自治制度建设——各省实施村委会组织办法比较之问题探讨》为题，发表于《当代世界社会主义问题》2018年第2期，被人大复印报刊资料《中国政治》2018年第10期全文转载。

① 青海的情况有点特殊。青海省七届人大常委会第十七次会议于1990年11月3日通过了《青海省实施〈中华人民共和国村民委员会组织法（试行）〉办法》。在正式实施的村委会组织法出台之后，1999年7月30日青海省九届人大常委会第九次会议废止了该办法，没有制定新的实施办法。因此，青海十二届人大常委会第三十六次会议2017年9月27日通过的不是对原有实施办法的修订，而是新的实施办法。西藏的情况也比较特殊。西藏自治区六届人大常委会第七次会议于1993年12月26日通过了《西藏自治区实施〈中华人民共和国村民委员会组织法（试行）〉办法》。这部实施办法在1998年全国人大常委会通过正式实施的村委会组织法后并未修订，而是在2010年村委会组织法修订后，于2012年3月30日才作修订。

一 实施办法的制定或修订出台是否应有时间要求？

表 12-1 2010 年 10 月 28 日村委会组织法修订后各省份修订实施办法的时间①

省份	陕西	内蒙古	河南	河北	江西	福建	西藏
修订日期	2011 年 5 月 20 日	2011 年 7 月 28 日	2011 年 7 月 29 日	2011 年 9 月 29 日	2011 年 9 月 29 日	2012 年 3 月 29 日	2012 年 3 月 30 日
修订日期	2012 年 3 月 31 日	2012 年 5 月 30 日	2012 年 7 月 27 日	2012 年 9 月 27 日	2012 年 9 月 28 日	2012 年 9 月 28 日	2012 年 9 月 28 日
省份	天津	山东	云南	甘肃	湖南	安徽	重庆
修订日期	2012 年 11 月 22 日	2012 年 11 月 29 日	2013 年 3 月 28 日	2013 年 5 月 29 日	2013 年 7 月 25 日	2013 年 8 月 2 日	2013 年 9 月 25 日
省份	广西	宁夏	湖北	新疆	四川	江苏	上海
修订日期	2013 年 9 月 26 日	2014 年 7 月 23 日	2014 年 7 月 31 日	2015 年 1 月 10 日	2015 年 12 月 3 日	2016 年 9 月 30 日	2017 年 2 月 22 日

村委会组织法明文要求，省、自治区、直辖市的人大常委会根据本法，制定实施办法。在村委会组织法被修订之后，上述要求也就自然转化为：省、自治区、直辖市的人大常委会根据修订了的本法，修订实施办法。但村委会组织法并没有对实施办法的制定或修订出台提出时间要求。这成为各省实施办法修订出台时间不一，有的拖得时间很长，有的至今尚未出台的原因之一。

当然，各省实施办法修订出台时间的长短受到多方面因素的影响，有主管村民自治工作的政府部门的工作力度问题，有对这项立法工作与其他方面立法工作相比较重要性的认识问题等。但如果村委会组织法对实施办法的修订出台提出了时间要求，这些问题都不会成为问题。

---

① 以修订的时间先后排序。

也正由于村委会组织法对实施办法的修订出台没有时间要求，因此无法阻止青海、西藏特殊情况的发生。从 1999 年到 2017 年 11 月底①，青海在没有本省实施办法的情况下从事和推进村民自治工作。从 1998 年到 2012 年初，西藏在其内容有些已经过时的实施办法的规范下从事和推进村民自治工作。如果说青海、西藏的村民自治工作完全不受上述特殊情况的影响，应当是不可能的。其实，那些拖了很长时间才修订出台实施办法的省份，与青海、西藏相比，也不过是五十步与百步的关系而已。

还有一个情况应当考虑到。从 1987 年到 1998 年，再到 2010 年，村委会组织法基本上是每过十一二年的时间就修订一次。特别是 2017 年 10 月党的十九大修改了党章关于党的总支部委员会和支部委员会每届任期时间的规定，这使得修改村委会组织法关于村委会每届任期时间规定的可能性随之增大。②从 2010 年到现在，七年多的时间已经过去，有的省的实施办法尚未修订。再拖下去，很有可能出现村委会组织法再次修订开始甚或完成的情况，从全国看本轮实施办法的修订还留有尾巴。从这个角度讲，对实施办法的修订出台提出时间要求也是必要的。

二 为什么实施办法的地方特色不很突出、鲜明？

根据村委会组织法的规定，省、自治区、直辖市的人大常委会要结合本行政区域的实际情况，制定实施办法。按照《中华人民共和国立法法》（以下简称立法法）的说法，实施办法是为执行村委会组织法，需要根据本行政区

---

① 青海新的实施办法自 2017 年 12 月 1 日起施行。

② 在 2010 年村委会组织法修订草案的起草和讨论过程中，将村委会每届任期的时间由三年改为五年的呼声很大。由于当时党章关于总支部委员会和支部委员会每届任期时间的规定是两年或三年，将村委会每届任期的时间由三年改为五年会造成村党总支或党支部和村委会"两委"届期时间不统一，有碍"两委"交叉任职以及书记、主任"一肩挑"，这是 2010 年村委会组织法修订未改村委会每届任期时间的一个重要原因。党的十九大"回应基层呼声，着眼于增强基层党组织领导班子稳定性和工作连续性"，将党章"原三十条中总支部委员会、支部委员会每届任期两年或三年调整为每届任期三年至五年"。（新华社 2017 年 10 月 28 日电：就党的十九大通过的《中国共产党章程（修正案）》党的十九大秘书处负责人答记者问）这在一定程度上增大了下一步修改村委会组织法关于村委会每届任期时间规定的可能性。

域的实际情况作具体规定的事项,而作出的规定。① 各省实施办法正是本着这一精神制定和修订的,由此决定了实施办法作为地方性法规具有一定的地方特色。例如,内蒙古实施办法遍布"嘎查"这一特有的概念,包括"嘎查村""嘎查村民""嘎查村民委员会""嘎查村民会议""嘎查村民代表会议"等,一看便知是内蒙古的实施办法;西藏实施办法规定"村民代表按每一户推选一人"产生,充分体现了西藏地广人稀、建制村人口数量较少或很少的特点;新疆实施办法规定,村委会根据需要设立宗教事务委员会,村委会的职责包括抵御民族分裂主义和宗教极端思想渗透、协助政府依法管理宗教事务,乡镇政府应当对村委会宗教事务管理给予指导、支持和帮助,凸显宗教事务管理、抵御民族分裂主义和宗教极端思想在新疆的特殊重要性。

但总的说来,实施办法的地方特色不是很突出、鲜明。除个别例外,一部实施办法,人们不能或很难从其内容本身判断究竟是哪一个省份的实施办法。不同省份实施办法的规定尽管有不同的地方,但这些不同的地方与省份之间的地域差异关系并不显著,甚或就没有什么关系。例如,对于村委会的构成人数,海南规定1001人以上2500人以下的村一般设5人,2501人以上的村一般设7人,陕西规定一千人以上三千人以下的村设三至五人,三千人以上的村设五至七人;对于可以设立村民代表会议的户数前提,北京规定为100户以上的村,辽宁规定为150户以上的村,广东规定为200户以上的村;对于村民小组长办理公共事务和公益事业的职责,江苏规定的是协助村委会办理公共事务和兴办公益事业,广西、河北、湖北、湖南、宁夏、陕西、上海规定的是协助村委会办理本村公共事务和公益事业,甘肃规定的是协助村委会办理本组的公共事务和公益事业,北京、海南规定的是办理本组的公共事务和公益事业,等等,这些规定的不同与不同省份地域的差异(包括在此基础上经济、文化、社会等方面发展的差异)无关,完全是由不同的认识和不同的选择造成的,带有很大的主观性。

我国幅员广大,地域辽阔,不同的省份往往有着很大的差异,同一省份的不同地方也往往有着很大的差异,并且同一省份不同地方之间的差异并不

---

① 立法法第七十三条规定:"地方性法规可以就下列事项作出规定:(一)为执行法律、行政法规的规定,需要根据本行政区域的实际情况作具体规定的事项。"

一定小于不同省份之间的差异。因此，实施办法虽然是地方性法规，但却要以一般性的规定照顾到各自省份内部不同地方差异的情况。虽然不同省份农村和同一省份不同地方农村的情况千差万别，但从全国的情况看，整个农村的治理体系和结构、村民自治的组织和运作方式却高度统一，由此决定了各省实施办法彼此之间不可能有大的差异，决定了各省实施办法的地方特色不可能很突出和很鲜明。

三　实施办法贯彻"不抵触""一般不重复"原则的情况如何？

按照立法法的规定，实施办法不得与村委会组织法相抵触，不得违反村委会组织法的规定，对村委会组织法已经明确规定的内容，一般不作重复性规定。[①] 那么，29个已修订的实施办法贯彻"不抵触""一般不重复"原则的情况又如何呢？

29个已修订的实施办法应当是在其各自公布后的三十日内报全国人大常委会和国务院备案了的。迄今为止，无论是国务院等国家机关、全国人大专门委员会、全国人大常委会工作机构，还是社会团体、企业事业组织以及公民个人，都没有因认为哪一个实施办法与村委会组织法相抵触，而向全国人大常委会或制定机关书面提出进行审查的建议或书面提出审查意见。我们亦未发现，实施办法有违反村委会组织法的规定，与村委会组织法相抵触或相矛盾与冲突的情形。

实施办法与村委会组织法的规定不尽一致，不能认为违反了村委会组织法的规定或与村委会组织法相抵触。如2010年修订的村委会组织法删除了原法中关于村委会成员不脱离生产的规定，但据2010年修订的村委会组织法修订的实施办法，辽宁、福建仍然规定村委会成员不脱离生产；村委会组织法规定村委会可以分设若干村民小组，四川规定村委会分设若干村民小组；村

[①] 立法法第七十二、七十三条规定："省、自治区、直辖市的人民代表大会及其常务委员会根据本行政区域的具体情况和实际需要，在不同宪法、法律、行政法规相抵触的前提下，可以制定地方性法规。""制定地方性法规，对上位法已经明确规定的内容，一般不作重复性规定。"

委会组织法规定村民会议可以制定村民自治章程、村规民约，绝大多数实施办法的意思则是村民会议应当制定村民自治章程、村规民约。这些当然都谈不上实施办法与村委会组织法相抵触的问题。

不过，有一个个别省份实施办法与村委会组织法不一致的地方，值得特别拿出来予以讨论，这就是村委会组织法在2010年修订时修改了原法关于党在农村基层组织的条款，但辽宁、贵州在根据2010年修订的村委会组织法修订实施办法的时候，仍使用村委会组织法的旧条款而不用新条款①。大家知道，该条款在修订的过程中曾经有很大的争议，有一种意见认为不应当修改该条款，但全国人大常委会最终还是决定对该条款进行修改。辽宁、贵州无论是忽视或无视该条款的修改，还是对该条款的修改持抵制态度，都是不妥或不对的②。就思想认识来讲，对该条款的修改持保留意见，应当是允许的；但就立法行为来讲，修订实施办法应当依照修订了的村委会组织法，即便在思想上对该条款的修改有意见，行为上也必须服从，却是确定无疑的。于是，这就产生了一个问题：实施办法对村委会组织法的修改持抵制的态度，算不算与村委会组织法的规定相抵触？值得研究。

如果说在"不抵触"原则上，人们还比较容易达成共识，那么对"一般不重复"原则，人们就不那么容易把握和运用自如了。"制定地方性法规，对上位法已经明确规定的内容，一般不作重复性规定。"这是2015年3月15日十二届全国人大三次会议通过的《关于修改〈中华人民共和国立法法〉的决定》新增的条款。不过在此之前，全国人大常委会早就要求，实施性的地方性法规不要照抄上位法，原则上不应重复国家法律的规定。然而，从"原则

---

① 村委会组织法老的条款为："中国共产党在农村的基层组织，按照《中国共产党章程》进行工作，发挥领导核心作用；依照宪法和法律，支持和保障村民开展自治活动、直接行使民主权利。"新的规定为："中国共产党在农村的基层组织，按照《中国共产党章程》进行工作，发挥领导核心作用，领导和支持村民委员会行使职权；依照宪法和法律，支持和保障村民开展自治活动、直接行使民主权利。"

② 为什么辽宁、贵州这两个省不用新的规定而沿用老的条款？这一问题难以回答。查这两个省的立法资料，无论是提请省人大常委会审议的修订草案说明，还是根据省人大常委会审议意见对修订草案进行修改的报告，都没有提及村委会组织法修订了该条款，实施办法关于该条款的表述也要相应作改变的事情，好像完全无视村委会组织法关于党在农村的基层组织规定的变化。做改变其实很简单，村委会组织法改了，实施办法跟着改就是了，既用不着考虑，更用不着研究。倒是不改就应当掂量一番或者考虑很久了。然而由于缺乏材料，我们不知道这两个省的有关机构和人员究竟是怎么考虑的，更不能缺乏凭据地妄自猜测和推论。

上不重复"到"一般不重复",都有一个伸缩的余地;何为"一般",怎样才算"特殊",如何拿捏得当,既有认识判断的问题,也有操作艺术的问题,要想全国各省份达成完全一致的结论,难。例如,关于村委会定义的条款,尽管大多数省份认为属于"特殊应重复"的规定,但在福建、甘肃、湖南看来却属于"一般不重复"的规定。

就已修订的 29 个实施办法的情况看,有的重复规定的地方所在多有。例如安徽的实施办法,重复村委会组织法规定的条文有许多,包括:"村民委员会是村民自我管理、自我服务、自我教育的基层群众性自治组织,实行民主选举、民主决策、民主管理、民主监督";"村民委员会根据村民居住状况、人口数量,按照便于群众自治,有利于经济发展和社会管理的原则设立";"村民委员会的设立、撤销、范围调整,由乡、民族乡、镇人民政府提出,经村民会议讨论同意,报县级人民政府批准";"村民委员会可以根据村民居住状况、集体土地所有权关系等分设若干村民小组";"中国共产党在农村的基层组织,按照《中国共产党章程》进行工作,发挥领导核心作用,领导和支持村民委员会行使职权;依照宪法和法律,支持和保障村民开展自治活动、直接行使民主权利";"乡、民族乡、镇人民政府对村民委员会的工作给予指导、支持和帮助,但是不得干预依法属于村民自治范围内的事项";"村民委员会协助乡、民族乡、镇人民政府开展工作";"村民委员会由主任、副主任和委员共三至七人组成";"村民委员会成员中,应当有妇女成员";"多民族村民居住的村应当有人数较少的民族的成员";"村民委员会主任、副主任和委员,由村民直接选举产生";"村民委员会每届任期三年,届满应当及时举行换届选举";"村民委员会成员可以连选连任";"村民委员会成员可以兼任下属委员会的成员";"人口少的村的村民委员会可以不设下属委员会,由村民委员会成员分工负责人民调解、治安保卫、公共卫生与计划生育等工作";"村民会议由本村十八周岁以上的村民组成";"村民会议由村民委员会召集";"有十分之一以上的村民或者三分之一以上的村民代表提议,应当召集村民会议";"召集村民会议,应当提前十日通知村民";"人数较多或者居住分散的村,可以设立村民代表会议,讨论决定村民会议授权的事项";"村民代表会议由村民委员会成员和本村十八周岁以上的村民代表组成,村民代表应当占村民代表会议组成人员的五分之四以上,妇女村民代表应当占村民代表会议组成人员的三分之一以上";"村民代表由村民按每五户至十五户推选一人，或者由各村民小组推选若干人"；"村民代表的任期与村民委员会的任期相同"；"村民代表可以连选连任"，等等。实施办法与村委会组织法文字完全重复率接近30%，内容重复率超过50%。很难说所有这些重复规定都属于"特殊应重复"，都没有违反"一般不重复"的原则。

即便是重复规定较少或最少的实施办法，其重复规定的地方，也不一定完全符合"一般不重复"的原则。例如湖南实施办法重复村委会组织法规定的条文有："多民族居住的村应当有人数较少的民族的成员"；"村民代表应当占村民代表会议组成人员的五分之四以上，妇女村民代表应当占村民代表会议组成人员的三分之一以上"；"村民代表由村民按每五户至十五户推选一人，或者由各村民小组推选若干人"；"村民委员会成员以及由村民或者村集体承担误工补贴的聘用人员，应当接受村民会议或者村民代表会议对其履行职责情况的民主评议"；"村民委员会和村务监督委员会应当依法建立村务档案"；"村民委员会成员的任期和离任经济责任审计，由县级人民政府农村经营管理机构、财政部门或者乡镇人民政府负责组织"；"离任经济责任审计结果应当在下一届村民委员会选举之前公布"。要说这些条文有多特殊、多重要，非得村委会组织法规定了，实施办法还必须重复规定，好像也不是那么回事。

在起草实施办法修订草案的过程中，有的政府职能部门的工作人员认为，实施办法制定得越详尽越好，实施办法的条文只要有必要就不怕与村委会组织法的规定重复，最好人们手里有实施办法就不必再看村委会组织法了。这种意见当然值得商榷。实施办法是村委会组织法实施的办法，不能替代村委会组织法本身；再详尽的实施办法，都不可能把村委会组织法全部包括进去；有了实施办法，还是要看村委会组织法。因此我们认为，实施办法不仅应当一般不重复村委会组织法的规定，而且最好全部不重复村委会组织法的条文。

四　实施办法重点应当规定什么？

就目前的情况看，实施办法既有程序性的规定，也有实体性的规定，即便不是实体性的规定大大超过程序性的规定，也是实体性的规定实在太多。例如关于各类村民自治组织和人员职责的规定，有村委会的职责、村民会议的职责、村民代表的职责、村民小组会议的职责、村民小组长的职责、村务监督机构的职责等。不是说不应当规定这些职责，而是说力求全面、具体、详尽地规定这些职责，存在多方面的问题。

以村委会的职责为例，村委会组织法第二、四、五、七、八、九、十、二十一、二十六、二十九、三十、三十一、三十四、三十六条都直接、间接地规定或涉及村委会的职责。各省实施办法关于村委会职责的规定，有许多不过是将村委会组织法分散规定的村委会的职责集中整理在一个条目之中。从面上的情况看，如"召集村民会议和村民代表会议"（福建、广东、广西、贵州、湖北、江苏、内蒙古、山东、陕西、上海、四川、云南、重庆），就与村委会组织法第二十一、二十六条的规定相重复；又如村委会组织法第八条的规定，被福建、甘肃、广东、广西、贵州、海南、河北、河南、湖北、吉林、江苏、江西、辽宁、宁夏、山东、陕西、四川、天津、西藏、云南、重庆实施办法分别规定在二或三个款项上。从点上的情况看，如广东实施办法第九条对村委会主要职责的规定，第一款的内容部分地与村委会组织法第二十一、二十六条的规定相重复，第二、三、四款的内容部分地与村委会组织法第八条的规定相重复，第六、七、八、九款的内容部分地与村委会组织法第二、九条的规定相重复，其他省份实施办法的情况大多与广东类似。这是问题的一个方面，与村委会组织法的规定相重复。

问题的另一个方面，是与自身的规定相重叠。如福建、贵州、海南、河北、湖北、江苏、内蒙古、宁夏、山东、陕西、上海、四川、天津、西藏、云南、浙江、重庆把"办理本村的公共事务和公益事业"这个村委会的主要任务列为村委会的职责之一，就与各自所列村委会的许多其他具体职责相重叠，因为这些其他具体职责其实都属于广义的办理公共事务的范畴。

还有一个方面的问题，是对村委会组织法关于村委会职责的规定作字句的修改，化为实施办法关于村委会职责的规定。且不说实施办法是否可以变更村委会组织法的规定，即便可以，也有一个是否必要的问题。如村委会组织法第九条规定："村民委员会应当宣传宪法、法律、法规和国家的政策，教育和推动村民履行法律规定的义务、爱护公共财产，维护村民的合法权益，发展文化教育，普及科技知识，促进男女平等，做好计划生育工作，促进村与村之间的团结、互助，开展多种形式的社会主义精神文明建设活动。""村民委员会应当支持服务性、公益性、互助性社会组织依法开展活动，推动农村社区建设。""多民族村民居住的村，村民委员会应当教育和引导各民族村民增进团结、互相尊重、互相帮助。"北京实施办法在对其作字句修改之后，化为了三条："第九条村民委员会应当宣传贯彻宪法、法律、法规和国家的政策，维护村民的合法权益；教育和推动村民履行纳税、服兵役、拥军优属、抢险救灾、计划生育等法律规定的义务，爱护公共财产，开展爱国卫生运动。""第十一条村民委员会应当发展文化教育，开展健康有益的文体娱乐活动，提高村民思想道德素质和科学文化水平，树立社会主义新风尚，促进村和村之间的团结、互助，开展多种形式的社会主义精神文明建设活动。""第十三条村民委员会应当组织开展公益服务和便民利民服务，鼓励和引导村民建立服务性、公益性和互助性社会组织，并支持其依法开展活动，推动农村社区建设。"这里面删去了个别内容，"促进男女平等"，难言合适；增加了个别字词，将"村民委员会应当宣传宪法、法律、法规和国家的政策"修改为"村民委员会应当宣传贯彻宪法、法律、法规和国家的政策"，也不一定十分必要。村委会应当宣传宪法、法律、法规和国家的政策，固无疑问，但把贯彻宪法、法律、法规和国家的政策列为村委会的职责，则有可能归责过重。

类似村委会职责这样的大量实体性规定，不仅存在上述问题，而且意义实在有限，并不能对实施村委会组织法提供很多帮助。因此，实施办法重点应当作程序性的、具体操作方法的规定，即使作实体性的规定也应当注重具体化、操作化，这样实施办法才名副其实，真正为村委会组织法的实施办法。

五 实施办法可否在村委会组织法的基础上有创新和突破？

实施办法必须依照村委会组织法，不能与村委会组织法相抵触，这是没有疑义的。但这并不意味着实施办法不能在村委会组织法的基础上有所创新、有所突破，规定若干村委会组织法所没有规定的内容。

应当看到，现有的实施办法在这方面的尝试是有的。如村委会组织法只是规定"村民自治章程、村规民约以及村民会议或者村民代表会议的决定不得与宪法、法律、法规和国家的政策相抵触，不得有侵犯村民的人身权利、民主权利和合法财产权利的内容"，并未规定村民自治章程、村规民约应当和可以包括哪些内容，也未规定制定村民自治章程、村规民约的程序，更未规定村民自治章程、村规民约可否制定罚则，还未规定村民自治章程、村规民约以及村民会议或者村民代表会议的决定如有侵犯村民的人身权利、民主权利和合法财产权利的内容，造成了侵害的事实，是否应当赔偿。北京、山东、陕西、上海、四川、云南规定了村民自治章程、村规民约应当包括的内容；四川、广西、海南规定了制定村民自治章程、村规民约的程序；四川规定，村民自治章程、村规民约对村民违反村民自治的行为，可以规定批评教育、警告、责令改正、不良档案记录、取消相关荣誉评选资格、取消村组相关优惠待遇或福利等处罚措施；上海规定，村规民约可以规定惩罚措施。另外，浙江、重庆规定，村民自治章程、村规民约以及村民会议或者村民代表会议的决定侵犯村民的人身权利、民主权利和合法财产权利的，应当依法给予赔偿。又如村委会组织法只是规定"村民委员会成员以及由村民或者村集体承担误工补贴的聘用人员，应当接受村民会议或者村民代表会议对其履行职责情况的民主评议。民主评议每年至少进行一次，由村务监督机构主持"，未规定民主评议究竟应当怎样进行，具体应当依照什么样的程序。青海实施办法对此进行了一定的探索，规定民主评议的步骤为：评议告知，村务监督委员会在民主评议会议召开的十日前，将民主评议实施方案向村民公布，并书面告知被评议对象；述职述廉，召开村民会议或者村民代表会议，由被评议对象公开述职述廉，陈述履职情况；民主测评，在被评议对象公开述职述廉的基础上，广泛征求村民或者村民代表对被评议对象的意见，参与征求意见的十八周岁以上的本村村民应当过半数，或者本村村民代表不得少于三分之二；查阅资料，查阅与被评议对象工作相关的台账和资料；个别谈话，与被评议对象进行个别谈话，综合反馈民主评议情况；确定结果，根据民主评议情况确定评议结果；公开结果，在村民会议或者村民代表会议上宣布民主评议情况和评议结果，并通过村务公开栏等形式公开，接受村民监督；本人确认，将民主评议结果反馈被评议对象确认，并签署意见。

　　但也应当看到，实施办法在村委会组织法基础上的创新和突破还不够多，还有很大的空间和余地。对于村民会议、村民代表会议、村委会、村民小组会议的程序，似还可以进一步细化；对于村务监督机构监督村务事项的流程，似还可以进一步完善；对于村务监督机构与村委会意见不一时的争执，似还可以进一步健全解决机制；对于与宪法、法律、法规和国家的政策相抵触，有侵犯村民的人身权利、民主权利和合法财产权利内容的村民自治章程、村规民约以及村民会议或者村民代表会议的决定，除了由乡镇政府责令改正外，似还可以有其他的纠正措施；合法权益受到村委会或者村委会成员决定侵害的村民，除了可以申请人民法院撤销决定以外，似还可以寻求其他的救济途径，等等。

做好实施办法在村委会组织法基础上的创新和突破，既是实施村委会组织法的需要，也是促进村委会组织法进一步完善的需要；应立足于实际，着眼于问题解决和预防，以达到制度的健全和完善。

第十三章
各省村委会选举办法比较*

村委会组织法第十五条规定："具体选举办法由省、自治区、直辖市的人民代表大会常务委员会规定。"在 2010 年 10 月 28 日第十一届全国人民代表大会常务委员会第十七次会议通过了对《中华人民共和国村民委员会组织法》的修订①之后，截至 2019 年 9 月 27 日，全国 31 个省份均修订了各自的村委会选举办法，或修订了包含村委会选举办法的村委会组织法实施办法。

一 形式比较：修订时间、体例结构和条文数量

1. 修订时间

在 2010 年 10 月 28 日村委会组织法修订之后，最早修订选举办法的是广东，广东用一个月左右的时间便完成了对选举办法的修订。接着是山东、陕西、湖北、江西、安徽、山西、内蒙古、河南、河北，这 9 个省份均在一年内完成了对选举办法的修订。两年内完成的有天津、福建、西藏、浙江、宁夏、重庆、辽宁、贵州、北京、吉林 10 个省份，三年内完成的有云南、甘肃、湖南、广西 4 个省份，四年内完成的有青海、上海、新疆 3 个省份，五

---

* 本章以《各省村委会选举办法比较研究》为题，发表于《社会科学动态》2020 年第 1 期。

① 2018 年 12 月 29 日十三届全国人大常委会第七次会议再次通过了对村委会组织法的修订，但此次修订只是修改了关于村委会任期的条款，将村委会的任期由三年改为五年，未涉及村委会组织法其他的内容。

年内完成的为海南 1 个省份，六年内完成的为四川 1 个省份，七年内完成的为黑龙江 1 个省份，九年内完成的为江苏 1 个省份。

表 13-1　2010 年 10 月 28 日村委会组织法修订后各省修订选举办法的时间①

省份	广东	山东	陕西	湖北	江西	安徽	山西
修订日期	2010 年 12 月 1 日	2011 年 1 月 14 日	2011 年 5 月 20 日	2011 年 5 月 26 日	2011 年 5 月 27 日	2011 年 6 月 24 日	2011 年 7 月 28 日
省份	内蒙古	河南	河北	天津	福建	西藏	浙江
修订日期	2011 年 7 月 28 日	2011 年 7 月 29 日	2011 年 9 月 29 日	2011 年 11 月 18 日	2012 年 3 月 29 日	2012 年 3 月 30 日	2012 年 3 月 31 日
省份	宁夏	重庆	辽宁	贵州	北京	吉林	云南
修订日期	2012 年 6 月 20 日	2012 年 7 月 26 日	2012 年 7 月 27 日	2012 年 9 月 27 日	2012 年 9 月 28 日	2012 年 9 月 28 日	2013 年 3 月 28 日
省份	甘肃	湖南	广西	青海	上海	新疆	海南
修订日期	2013 年 5 月 29 日	2013 年 7 月 25 日	2013 年 9 月 26 日	2014 年 5 月 29 日	2014 年 6 月 19 日	2014 年 7 月 25 日	2015 年 5 月 27 日
省份	四川	黑龙江	江苏				
修订日期	2015 年 12 月 3 日	2017 年 4 月 7 日	2019 年 9 月 27 日				

从全国情况看，两年内完成选举办法修订的有 20 个省份，完成实施办法修订的只有 14 个省份；半数以上省份（陕西、内蒙古、河南、河北、福建、西藏、浙江、辽宁、贵州、北京、吉林、云南、甘肃、湖南、广西、四川）选举办法与实施办法是同时修订的；余下的绝大多数省份（广东、山东、湖北、江西、安徽、山西、天津、宁夏、重庆、青海、上海、新疆、黑龙江）是先修订选举办法，后修订实施办法②；只有海南、江苏 2 个省份是先修订实

---

① 以修订的时间先后排序。
② 先后间隔，广东为 1 年 10 个月，山东为 1 年 10 个月，湖北为 3 年 2 个月，江西为 4 个月，安徽为 2 年 1 个月，山西为 7 年以上，天津为 1 年，宁夏为 2 年 1 个月，重庆为 1 年 2 个月，青海为 3 年 4 个月，上海为 2 年 8 个月，新疆为 5 个月，黑龙江为 1 年以上。

施办法，后修订选举办法。这说明在大多数省份的立法者看来，选举办法的修订较实施办法的修订或者是同样重要，或者是更有急迫性。

2. 体例结构

总体上可以分为三种类型。一是没有单独的村委会选举办法，而是将村委会选举办法的内容包括在村委会组织法实施办法之中，内蒙古、河南、西藏即是如此。内蒙古实施办法"村民委员会的选举"章共有6节：第一节选举工作机构，第二节参加选举嘎查村民的登记，第三节候选人的产生，第四节选举程序，第五节选举无效、当选无效的确认和处理，第六节罢免、辞职和补选。西藏实施办法在"村民委员会的选举"章下未再分节。河南实施办法把村委会选举办法的内容规定为2章：村民选举委员会、村民委员会的选举。二是用条文式的形式规定村委会选举办法，采取这种形式的有福建、甘肃、上海。三是用章节式的形式规定村委会选举办法，除上述6个省份外，其他省份皆属此类①。撇开实施办法包括选举办法的情况不谈，各省已修订的选举办法采用章节式形式的比例，相比较已修订的实施办法采用章节式形式的比例，要高许多：选举办法为25：3，实施办法为17：10。这说明在大多数省份的立法者看来，选举办法更适宜或更应当采取章节式的形式。甘肃实施办法和选举办法皆采取了条文式，这不奇怪。福建、上海实施办法采取了章节式的形式，选举办法却采取了条文式的形式，则较为特别。

采取章节式的选举办法，设8章的是大多数，包括安徽、北京、广东、广西、海南、河北、黑龙江、湖北、江西、辽宁、宁夏、青海、山东、陕西、四川、天津、新疆、云南、浙江、重庆、江苏等21个省份。设9章的有2个省份：吉林、山西。设7章和设6章的分别有1个省份：贵州、湖南。全部都设"总则"为第一章。第二章的标题，除辽宁、山东为"选举机构"，四川为"选举工作机构及职责"外，其他省份（安徽、北京、广东、广西、海南、河北、黑龙江、湖北、江西、宁夏、青海、陕西、天津、新疆、云南、浙江、重庆、吉林、山西、贵州、湖南、江苏）皆为"选举工作机构"。多数（15个省份，包括安徽、贵州、湖南、河北、黑龙江、湖南、辽宁、青海、山西、陕西、天津、新疆、云南、浙江、江苏）以"选民登记"为第三章的标题，少数（10个省份）以"参加选举村民的登记"（北京、广东、宁夏、山东

---

① 四川法规的名称不叫"村民委员会选举办法"，而叫"村民委员会选举条例"。

或"参加选举的村民登记"(广西、湖北、吉林、江西、四川、重庆)为第三章的标题。以"候选人的产生"(安徽、北京、河北、黑龙江、江西、辽宁、山东、陕西、四川、云南、江苏),或"候选人产生"(广西、新疆),或"候选人的提出"(贵州),或"提名候选人"(海南、吉林、青海),或"候选人"(湖南),或"候选人和自荐人的产生"(浙江)为章的标题的有19个省份;在章的标题中未出现"候选人"的字样,而以"选举方式"(广东、湖北、宁夏、山西、天津、重庆)为章的标题的有6个省份。安徽、广东、广西、贵州、黑龙江、江西、辽宁、宁夏、青海、山西、四川、天津、新疆、云南、浙江、重庆、江苏以"选举程序"为章的标题,陕西以"选举程序和办法"为章的标题,北京、河北、湖南以"投票选举"为章的标题,海南以"正式选举"为章的标题,湖北以"投票与当选"为章的标题,吉林以"选举村民委员会成员"为章的标题,山东以"选举方式、方法和当选"为章的标题。全部都有"罢免和补选"章,只是各省份的标题不尽相同,天津为"罢免和补选",安徽、北京、贵州、河北、湖南、陕西、浙江为"罢免、辞职和(或与)补选",广东、黑龙江、辽宁、青海、山东、山西、四川、云南、江苏为"罢免、辞职、职务(自行)终止与(或和)补选",宁夏、重庆为"罢免、职务(自行)终止、辞职和(或与)补选",吉林为"村民委员会成员的罢免、职务终止、辞职和补选",广西、湖北为"辞职、职务(自行)终止、罢免与补选",海南为"职务终止、罢免、辞职与补选",江西为"辞职、罢免、职务终止和补选",新疆为"职务自行终止、辞职、罢免和补选"。除湖南外,都有"法律责任"章(广东、广西、贵州、海南、黑龙江、湖北、江西、宁夏、青海、陕西、四川、新疆、云南、浙江、重庆),或"监督管理"章(安徽、北京、河北、山东、天津),或"监督与处罚"章(辽宁),或"对违反本办法行为的处理"章(吉林),或"违反处理"章(山西),或"保障和监督"章(江苏)。吉林、山西较之大多数省份多设1章,是因为多设了1个"推选村民代表"或"村民代表的推选"章。除贵州、湖南外,都设有"附则"章。

3. 条文数量

2010年修订后的村委会组织法"村民委员会的选举"章,共有10条、1547字。各省据此修订的选举办法,除西藏外,无论条数还是字数,都大大超过了村委会组织法的规定。当然,与各省实施办法的情况一样,也是条文数量有多有少，全文字数各不相同。

全部已修订的选举办法（包括西藏、内蒙古、河南实施办法中的选举办法条文），条文数量相加，总数为1372条，平均为44条；如果不算西藏、内蒙古、河南实施办法中的选举办法条文，28个省份的选举办法条文数量相加，总数为1292条，平均为46条；都比已修订的实施办法的平均条数（38条）要多。各省自己比较，选举办法条文数多于实施办法条文数的有湖南、贵州、辽宁、河北、甘肃、天津、江西、宁夏、新疆、吉林、北京、海南、广西、云南、重庆、四川、青海、广东、陕西、江苏，选举办法条文数少于实施办法条文数的有安徽、福建、上海、浙江、山东、湖北。前者是多数，后者为少数。

各省选举办法，如果把实施办法包括选举办法的情况考虑在内，那么条文数最少的是西藏，只有5条；如果仅单纯计算选举办法法规的条文数量，那么条文最少的是贵州，30条；条文数最多的为山西，59条。单纯计算选举办法法规的条文数量，分段统计，条文数量30—39的有5个，40—49的有11个，50—59的有12个。

表13-2　　　　　　　各省选举办法的条文数量①

省份	西藏	贵州	安徽	湖南	上海	福建	内蒙古	河南	北京	广西
条数（个）	5	30	32	32	34	37	37	38	40	40
省份	山东	云南	辽宁	甘肃	浙江	江西	湖北	河北	陕西	新疆
条数（个）	41	42	43	45	46	46	47	48	48	50
省份	天津	四川	吉林	宁夏	青海	广东	海南	黑龙江	江苏	重庆
条数（个）	51	52	52	52	52	53	54	54	54	58
省份	山西									
条数（个）	59									

全部已修订的选举办法（包括西藏、内蒙古、河南实施办法中的选举办法字数），全文字数相加，总数为196451字，平均为6337字；如果不算西藏、内蒙古、河南实施办法中的选举办法字数，28个省份的选举办法字数相

---

① 由少到多排序。西藏、内蒙古、河南均为实施办法中选举办法的条数。

加，总数为 184419 字，平均为 6586 字；都比已修订的实施办法的平均字数（5929 字）要多。各省自己比较，选举办法字数多于实施办法字数的有湖南、甘肃、辽宁、天津、河北、宁夏、新疆、北京、贵州、江西、吉林、青海、浙江、海南、重庆、江苏，选举办法字数少于实施办法字数的有安徽、云南、福建、四川、陕西、广西、山东、上海、湖北、广东。也是前者是多数，后者为少数。

表 13-3　　　　　　　　各省选举办法的全文字数①

省份	西藏	湖南	辽宁	安徽	河南	上海	甘肃	贵州	北京	云南
字数（字）	963	3403	4597	4743	4950	5005	5071	5243	5278	5565
省份	福建	新疆	河北	内蒙古	山东	广西	陕西	四川	青海	浙江
字数（字）	5855	6038	6116	6119	6201	6340	6515	6590	6809	6858
省份	天津	宁夏	吉林	江西	广东	黑龙江	山西	湖北	江苏	海南
字数（字）	6868	7243	7265	7506	7665	7877	7930	8250	8499	9081
省份	重庆									
字数（字）	10008									

各省选举办法，如果把实施办法包括选举办法的情况考虑在内，那么字数最少的是西藏，不到 1 千字，只有 963 字；字数最多的是重庆，字数过万，10008 字；如果仅单纯计算选举办法法规的字数，那么字数最少的是湖南，3403 字。单纯计算选举办法法规的字数，分段统计，3 千多字的有 1 个，4 千多字的有 2 个，5 千多字的有 6 个，6 千多字的有 9 个，7 千多字的有 6 个，8 千多字的有 2 个，9 千多字的有 1 个，1 万多字的有 1 个。

二　内容比较：总则、机构、组织和程序

1. 总则

各省选举办法的总则，一般都包括立法目的、选举原则、村委会组成、

---

① 由少到多排序。西藏、内蒙古、河南均为实施办法中选举办法的字数。

村委会成员产生、组织实施、经费保障等内容,其中有差异的规定主要表现在村委会名额的确定方式、村委会选举经费的解决、村委会成员之间的任职回避、村委会提前或者延期换届等问题上。

村委会名额的确定方式。村委会组织法规定了村委会人数的范围,"村民委员会由主任、副主任和委员共三至七人组成",未规定如何确定村委会的具体名额。各省选举办法在此问题上规定的确定方式,大体可以分为五种:一是由村民选举委员会确定(安徽);二是由村民会议确定(河南);三是由村民会议或者村民代表会议决定(北京、福建、黑龙江、辽宁、青海、山东、山西、上海、四川、天津、新疆、重庆、江苏);四是由村民会议或者村民代表会议提出方案或意见,报乡镇政府批准或确定(甘肃、广东、河北);五是由乡镇政府提出建议,经村民会议或者村民代表会议讨论决定(贵州、湖北、吉林、内蒙古、宁夏、湖南[①])。[②]

村委会选举经费的解决。村委会组织法规定"村民委员会办理本村的公共事务和公益事业","村民委员会办理本村公益事业所需的经费,由村民会议通过筹资筹劳解决;经费确有困难的,由地方人民政府给予适当支持"。村委会组织法未明确村委会办理本村公共事务所需经费如何解决。村委会组织法还规定"村民委员会协助乡、民族乡、镇的人民政府开展工作","人民政府对村民委员会协助政府开展工作应当提供必要的条件;人民政府有关部门委托村民委员会开展工作需要经费的,由委托部门承担"。法律明确了政府提供公共服务(包括村委会协助政府提供公共服务)所需的经费由政府承担,但即便把政府提供公共服务算在村庄公共事务的范围内,村庄公共事务显然不限于政府提供公共服务,村民自治活动(村委会选举是其中一项重要内容)即不属于政府提供公共服务的村庄公共事务。因此,村委会组织法未明确村委会办理本村公共事务所需经费如何解决,也就未明确村委会选举经费如何

---

① 湖南选举办法规定:村民选举委员会"起草本村村民委员会换届选举办法,提请村民会议或者村民代表会议讨论通过","村民委员会选举办法"包括"村民委员会成员职数"。湖南实施办法规定:村民委员会"具体职数"由乡镇政府"根据村实际情况提出,经村民会议或者村民代表会议确定"。

② 广西、陕西实施办法规定由村民会议或者村民代表会议讨论决定;海南实施办法规定由乡镇政府提出建议,村民会议或者村民代表会议讨论决定;江西、西藏、云南、浙江无论是选举办法还是实施办法,都未对此问题做出规定。

解决。对此问题，少数省份选举办法与村委会组织法一样未做规定，辽宁、西藏、四川①即是如此；多数省份选举办法虽然做了规定，但规定各有不同。总体上可以分为两类：一类为政府承担；另一类为本村承担，政府补助。政府承担有三种情况：一是各级政府（甘肃②），二是县级以上政府（湖南、内蒙古③），三是县乡两级政府（重庆④）。本村承担有三种表述：一是由本村解决、负担、承担或在村级收入、经费中列支（安徽、北京、河南、黑龙江、青海、浙江、河南、湖北、江西），二是由村集体经济收益解决或在村集体经济收益中列支（广东、广西、海南、宁夏、山东、陕西、新疆、云南、江苏），三是在村办公经费或村级组织运转经费或村集体管理费中列支（河北、山西、吉林、天津）。政府补助有不同的层级：一是乡级政府（安徽、北京、上海、吉林、天津），二是乡级以上政府（海南、陕西），三是县乡两级政府（福建、广东、河北、黑龙江、湖北⑤、江西、宁夏、山西、浙江、江苏），四是县级政府（河南、青海、新疆），五是县级以上政府（云南），六是各级政府或未明确政府层级（贵州、广西、山东⑥）。此外，安徽、北京、广西、海南、河南、黑龙江、湖北、吉林、宁夏、青海、山东、山西、陕西、上海、天津、新疆、云南、江苏等省份规定政府补助以本村承担有困难、有不足或本村没有集体经济收益为前提，福建、广东、贵州、河北、江西、浙江等省份则未设这样的前提规定。广东、广西、黑龙江、湖北、吉林、宁夏、新疆等省（区）规定不得将选举经费摊派给村民或者选举经费不得向村民摊派，其他省份则未对此作明确规定。

---

① 四川虽然规定了"地方各级人民政府指导村民委员会选举工作的经费，按财政管理体制由财政列支"，但并没有规定村委会选举经费如何解决。

② 甘肃规定："村民委员会换届选举所需工作经费，由各级人民政府财政专项拨付。"

③ 湖南规定："村民委员会选举经费由县级以上人民政府根据实际情况统筹安排。"内蒙古规定："旗县级以上人民政府应当将嘎查村民委员会换届选举所需工作经费列入本级财政预算。"

④ 重庆规定："村民委员会的选举经费由区县（自治县）和乡、民族乡、镇两级人民政府共同负担。"

⑤ 湖北规定："村民委员会的选举工作经费在村级收入中列支。对经济困难的村，县乡财政给予补助；县乡财政困难的，上级财政给予补助。"

⑥ 贵州规定："村民委员会的选举经费，由地方各级财政给予补助。"广西规定："村民委员会的选举费用在村集体经济收益中支出；没有集体经济收益或者经济困难的，人民政府可以给予适当补助。"山东规定："村民委员会的选举经费由村的集体经济收益解决。没有集体经济收益或者经济困难的，可以由政府财政给予适当补助。"

村委会成员之间的任职回避。村委会组织法未规定村委会成员之间的任职回避，云南、西藏、天津、辽宁、安徽、湖南、河北、江西、福建、贵州、北京、广西等12个省份也没有规定村委会成员之间的任职回避；19个省份（比较而言为多数省份）规定了村委会成员之间的任职回避。重庆、四川、青海、内蒙古、黑龙江、海南、甘肃、陕西①规定村委会成员之间不得有近亲属关系；浙江、新疆、宁夏、吉林、河南、广东规定村委会成员之间不得有夫妻、父母子女、兄弟姐妹关系；上海、山西规定村委会成员之间不得有夫妻、直系亲属关系；山东规定村委会成员之间不得有夫妻、直系血亲、兄弟姐妹关系；湖北规定村委会成员之间不得有夫妻、父母子女关系；江苏规定村委会成员之间应当实行任职回避制度，应当回避的亲属关系由村具体选举办法规定。重庆、浙江、新疆、四川、山东、青海、内蒙古、吉林、湖北、黑龙江、河南、海南、广东、甘肃、江苏等省份均规定，投票选出的村委会成员之间如有本省选举办法或本村具体选举办法设定的应当回避的亲属关系的，只保留其中职务最高的一人的职务；职务相同，只保留得票最多的一人的职务。浙江、四川等省份还规定，如果职务相同且得票数相等，应当继续组织投票，以得票多的当选。此外，山东规定，因回避导致当选人数不足应选人数的，按照获得过半数选票多少的顺序依次递补；没有获得过半数选票的，应当就不足的名额另行选举。青海规定，第一次投票后，因任职回避导致当选人数不足的，按获得过半数选票多少的顺序依次递补。另行选举后，因任职回避导致当选人数不足的，按获得选票多少的顺序依次递补，但所得票数不得少于已投选票总数的三分之一。

村委会提前或者延期换届。村委会组织法规定：村委会"届满应当及时举行换届选举"。法律并未对何谓"及时"作明确、严格的限定，也未对能否提前或者延期换届选举作明确、严格的规定。大多数省份选举办法与村委会组织法相同，只有少数省份选举办法涉及此问题。天津的规定为村委会"届满后应当在三个月内举行换届选举"，四川的规定为"村民委员会任期届满后，应当按照县级村民委员会换届选举工作指导小组确定的日期进行换届选举"，山东的规定为"村民委员会的换届选举时间由省人民政府统一规定"，河南的规定为"村民委员会选举应当在省人民政府统一规定的期限内完成"。

---

① 陕西不是在选举办法，而是在实施办法中，规定了村委会成员之间的任职回避。

江苏规定"提前或者延期一般不得超过一年",甘肃、宁夏规定"提前或者延期选举的时间不超过六个月",四川规定"提前或者延期换届选举不得超过三个月",山东、天津规定"延期的时间不得超过六个月"。甘肃、新疆、天津、四川、山东、宁夏、广东、广西、湖北、江苏均规定,提前或者延期换届选举由县级政府批准;湖北、广西还规定,县级行政区域内所有村委会提前或者延期换届选举的,县级政府应当报请省级政府批准。

2. 选举工作机构

除辽宁、山东选举办法以"选举机构"作为章节的名称外,其他所有省份选举办法都不使用"选举机构"的名称,而是使用"选举工作机构"的名称;除辽宁选举办法中的"选举机构"、云南选举办法中的"选举工作机构"只规定了村民选举委员会之外,其他所有省份选举办法所说的选举机构或选举工作机构,都既包括政府成立的选举机构或选举工作机构,也包括村民成立的选举机构或选举工作机构。

关于政府成立的选举工作机构的规定有这样几个方面的问题。一是层级的问题。安徽、福建、甘肃、广东、湖北、湖南、江西、宁夏、青海、山西、陕西、江苏①规定县、乡两级设立选举工作机构,广西、海南、吉林②、上海、天津规定市(区)、县、乡三级设立选举工作机构,北京、贵州、河北、河南、黑龙江、内蒙古、山东、四川、新疆、浙江、重庆规定从省(自治区、直辖市)到市(区)、县、乡各级都设立选举工作机构。二是名称的问题。安徽、河北、河南、山东、山西、天津、新疆规定的是选举工作领导机构;福建、广东、广西、贵州、海南、黑龙江、湖北、湖南、吉林、江西、宁夏、青海、陕西、四川、浙江、重庆、江苏规定的是选举工作指导机构;北京规定的是市、区、县级为负责选举工作的机构,乡级为选举工作指导机构,上海规定的是区、县级为选举工作领导机构,乡级为选举工作指导机构。③ 三是职责的问题。河南、湖南、辽宁、云南未规定政府成立的选举工作机构的职

---

① 对于省、设区的市是否成立选举指导机构,江苏的规定是"可以根据需要成立"。
② 吉林的规定是"省以下各级人民政府成立村民委员会换届选举工作指导小组"。
③ 具体的名称有叫"选举工作领导机构"(安徽、河北、河南、山东)、"选举工作指导机构"(北京、海南、黑龙江、湖南、青海、浙江、重庆)的,也有叫"选举指导组"(福建、湖北)、"选举工作指导组"(贵州)、"选举工作指导小组"(广东、吉林、江西、宁夏、陕西、四川)、"选举工作指导委员会"(广西)的,还有称"选举工作领导组"(山西)、"选举工作领导小组"(天津)的。

责，北京、广东、山东只是对乡级选举工作机构的职责作了具体的规定，其他省份则是各自对不同层级的选举工作机构的职责作了不加区分的同样的规定。不同层级的选举工作机构的职责固然有大体相同的一面，但也有不尽一致的地方，作不加区分的同样的规定，不仅未能突出不同层级的选举工作机构工作的侧重点，而且容易流于大概，但若要具体，又有可能产生偏差和不妥或导致职责不清。如广东规定乡级选举工作机构的职责之一是"指导、协助村民委员会完成工作移交"，这当然很好，一点问题都没有，但广西不加区分地将"指导、协助村民委员会完成工作移交"列为各级选举工作机构的主要职责之一，显然不是十分妥当，市、县两级选举工作机构事实上是不可能直接协助村委会完成工作移交的。又如福建规定县、乡两级选举工作机构的职责之一是"确定村民委员会的选举日"，青海规定县、乡两级选举工作机构的职责之一是"制作参选证、选票、委托投票证及各类选举文书"，至少从法规字面的规定上我们无法判断"确定村民委员会的选举日"和"制作参选证、选票、委托投票证及各类选举文书"，到底是县级选举工作机构的职责，还是乡级选举工作机构的职责，抑或是县、乡两级选举工作机构共同的职责；如是县、乡两级选举工作机构共同的职责，到底这两级机构又如何共同履行职责。①

村民成立的选举工作机构即村民选举委员会。村委会组织法规定："村民委员会的选举，由村民选举委员会主持。村民选举委员会由主任和委员组成，由村民会议、村民代表会议或者各村民小组会议推选产生。村民选举委员会成员被提名为村民委员会成员候选人，应当退出村民选举委员会。村民选举委员会成员退出村民选举委员会或者因其他原因出缺的，按照原推选结果依

---

① 各省关于政府成立的选举工作机构职责的规定还有两个比较明显的差异：一是对于村委会选举的法律法规究竟是"宣传"还是"宣传贯彻或执行"，重庆、浙江、新疆、四川、上海、山西、内蒙古、吉林、湖北、黑龙江、河北、海南、广西、安徽、江苏规定的是"宣传"，天津、陕西、山东、青海、宁夏、江西、贵州、广东、甘肃、福建规定的是"宣传贯彻或执行"。二是对于参选证、选票、委托投票证及各类选举文书是否由政府成立的选举工作机构制作、规范或监督，安徽、北京、福建、甘肃、广西、贵州、河北、河南、黑龙江、湖南、吉林、江西、辽宁、山东、山西、陕西、上海、四川、新疆、云南没有作规定，广东规定由乡级选举工作机构规范，宁夏、内蒙古、浙江规定由政府成立的选举工作机构规范或监督（具体由哪一级规范未作明确规定），海南、青海、天津规定由政府成立的选举工作机构印制（具体由哪一级印制未作明确规定），湖北规定由政府成立的选举工作机构确定（具体由哪一级确定未作明确规定）。

次递补,也可以另行推选。"在村委会组织法规定的基础上,各省选举办法对村民选举委员会的人员组成、职责任务、履职期限等作了具体规定。首先是人员组成。有规定五至七人组成的(福建、甘肃、贵州、吉林、江西、宁夏、山西、重庆),有规定五至九人组成的(北京、海南、河北、黑龙江、内蒙古、青海、山东、陕西、天津、新疆),有规定七至九人组成的(广西、河南、辽宁、上海、四川、浙江),有规定五至十一人组成的(湖北、湖南、云南),也有规定七至十一人组成的(安徽、广东),还有规定由七、九或十一人组成的(江苏)。约半数省份明确规定了单数组成(安徽、广西、海南、黑龙江、湖南、吉林、江西、辽宁、宁夏、青海、山东、山西、天津、新疆、云南、江苏)。具体名额规定由乡级选举工作机构确定的有安徽,由村民代表会议确定的有福建,由村民会议或者村民代表会议确定的有广东、河北、湖北、云南、浙江。海南、河北、湖北、湖南、陕西、新疆、江苏等省份规定村民选举委员会应当有妇女成员,海南还规定多民族村民居住的村村民选举委员会应当有人数较少的民族的成员。吉林、江苏规定村民选举委员会成员之间不得有近亲属关系,天津规定夫妻、直系血亲、兄弟姐妹,不得同时担任村民选举委员会成员职务。广东、广西、海南、河北、湖北、宁夏、新疆、云南规定村民选举委员会设副主任职位,海南规定设副主任二人,云南规定设副主任一至二名。其次是推选产生。甘肃、广西、贵州、海南、河南、湖北、吉林、云南、新疆、内蒙古、江西、青海、山西、海南规定由上届或换届前的村委会主持或召集村民会议、村民代表会议或者各村民小组会议推选产生;吉林、青海、山西、云南规定上届村委会不能主持的,由乡级选举工作机构确定人员或主持者主持;海南规定村委会逾期不召开的,由乡级选举工作机构主持召开。陕西规定由乡级选举工作机构或者村委会召集村民会议、村民代表会议或者各村民小组会议推选产生。黑龙江、江苏规定由村党组织,宁夏规定由村党组织或者乡级选举工作机构,天津规定由村党组织必要时也可以由乡级选举工作机构,召开、召集或主持村民会议、村民代表会议或者各村民小组会议推选产生。山东、四川、天津、河南、江苏规定村民选举委员会主任由其成员推选产生,广东、重庆规定村民选举委员会成员的分工可以通过内部协商或者投票决定。再次是职务自行终止。一些省份规定,村民选举委员会成员在选举期间无故或者擅自或者无正当理由(内蒙古)两次(黑龙江、湖北、宁夏、广西、江苏)或者三次(福建、广东、重庆)不参加村民选举委员会会议的，其职务自行终止。海南规定村民选举委员会成员在选举期间被判处刑罚的或者被羁押正在受侦查、起诉、审判的，其职务自行终止。宁夏、重庆规定村民选举委员会成员自荐参选村委会成员或者登记报名参与村委会成员竞选的，其职务自行终止。江西规定村民选举委员会成员如是正式候选人的配偶、直系亲属，应当退出村民选举委员会。浙江规定村民选举委员会成员自荐竞选村委会职务的，应当退出村民选举委员会；村委会成员候选人或者自荐竞职的选民的配偶、父母子女、兄弟姐妹担任村民选举委员会成员的，应当退出村民选举委员会；村民选举委员会成员连续两次不参加会议或者参加会议但不参加表决，可以视为自动退出村民选举委员会。又次是职责任务。对于村民选举委员会的职责，除山东未作概括规定，福建用一句话作概括规定之外，其他各省均用列举分条的形式作了规定：海南规定了5条，甘肃、河南规定了8条，广东、湖南、云南规定了9条，安徽、贵州、辽宁、宁夏、山西规定了10条，北京、吉林、江西、青海、陕西、上海、天津、江苏规定了11条，广西、河北、湖北、内蒙古、四川规定了12条，黑龙江、新疆、浙江、重庆规定了13条。这其中的不同，详略之别自不待言，内容差异显而易见。如浙江、江苏将"选举工作方案"与"具体选举办法"区分开来，而其他省份均未作这一区分；多数省份（重庆、云南、天津、四川、上海、陕西、山西、宁夏、辽宁、黑龙江、河南、海南、贵州、广西、广东、甘肃、安徽、江苏）规定村民选举委员会拟定的选举工作方案或具体选举办法必须经村民会议或者村民代表会议讨论通过后方为有效，但也有些省份（浙江、新疆、青海、内蒙古、江西、吉林、湖南、湖北、河北、北京）规定村民选举委员会可以径直制定选举工作方案。再如广西、黑龙江、重庆把组织推选村务监督委员会成员列为村民选举委员会的职责，其他省份则未作这一规定。① 又如陕西、浙江、新疆规定印制选票是村民选举委员会的职责，广东、湖北、内蒙古、江苏规定准备选票是村民选举委员会的职责；青海规定村民选举委员会既不需要印制选票，也不需要准备选票，只负责领取选票。最后是履职期限。多数省份（安徽、北京、河北、吉林、江西、宁夏、青海、上海、新疆、云南、浙江、江苏）规定村民选举委员会履行职责，从组成之日起至完成村委会工作交接之日止；也有些省份（广西、

---

① 福建、陕西、云南实施办法规定，推选村务监督机构的会议由村民选举委员会召开或主持。

黑龙江、陕西、重庆）规定村民选举委员会履行职责，自推选产生之日起至村委会、村务监督委员会完成工作移交时止；还有的省份（贵州、天津）规定村民选举委员会行使职权从组成之日起，至新一届村委会召开第一次会议时止；还有的省份（湖北、辽宁）规定村民选举委员会的任期从推选产生之日起至本届村委会选举工作结束时止。

3. 选民登记或参加选举的村民登记

2010 年修订通过的村委会组织法未使用"选民"的概念，而是使用"参加选举的村民"的概念，立法者的主观意图很可能是希望将县乡人大代表选举与村委会选举作一明确的区分，将参加县乡人大选举的人称为"选民"，将参加村委会选举的人则称为"参加选举的村民"。相应地，村委会组织法不提"登记选民"，只说"登记参加选举的村民"。但立法者的这一想法即便在参与立法的人员那里也没有得到完全相同的理解、心领神会的认识和不折不扣的贯彻，这从全国人大常委会法工委国家法室、国务院法制办公室政法司、民政部政策法规司、民政部基层政权和社区建设司编著的《村民委员会组织法学习读本》混用"选民"的概念与"参加选举的村民"的概念，并多处多次使用"选民名单""选民登记"便可以看出①。因此，也就无怪乎各省选举办法在这一问题上的规定，有所谓"选民登记"与"参加选举的村民登记"的不同。不过此不同，同在村委会选举的语境中只是用语的不同，指的都是同一件事情，没有实际更没有实质的差异。

村委会组织法规定："年满十八周岁的村民，不分民族、种族、性别、职业、家庭出身、宗教信仰、教育程度、财产状况、居住期限，都有选举权和被选举权；但是，依照法律被剥夺政治权利的人除外。"这里有一个计算年龄的时间节点和证件依据的问题。关于时间节点，大多数省份（北京、福建、广东、广西、贵州、河北、河南、黑龙江、湖北、吉林、辽宁、内蒙古、青海、山东、山西、陕西、上海、四川、天津、新疆、云南、浙江、重庆、江苏）规定"村民的年龄计算到选举日为止"或者"计算年龄的时间，以选举日为准"或者"计算村民年龄的截止时间为本村的选举日"或者"参加选举村民的年龄计算以正式选举日为截止日期"，按此规定，在本村选举日之前以

---

① 参见全国人大常委会法工委国家法室、国务院法制办公室政法司、民政部政策法规司、民政部基层政权和社区建设司编著《村民委员会组织法学习读本》，中国社会出版社 2010 年版，第 48—51 页。

及本村选举日当天年满十八周岁的村民，只要未被依法剥夺政治权利，就都有选举权和被选举权。有两个省份（甘肃、江西）的规定较为宽松："村民年龄的计算从出生年月起至选举年月止。"据此规定，虽然日子未到，只要月份到了，年满十八周岁的村民就有了选举权和被选举权。有一个省份（安徽）规定较为严格：只有"在选举日前已满十八周岁的村民"才有选举权和被选举权。关于证件依据，大多数省份（安徽、福建、广西、贵州、海南、河南、黑龙江、湖北、吉林、江西、内蒙古、宁夏、青海、山西、四川、新疆、云南、浙江、重庆、江苏）规定"计算村民的年龄以身份证为依据；无身份证的，以户籍登记为依据"。有三个省份（河北、辽宁、天津）规定"村民的年龄以身份证或者户籍登记为准"。有两个省份（甘肃、上海）规定村民的出生年月或出生日期以户籍登记为依据。

　　村委会组织法规定："村民委员会选举前，应当对下列人员进行登记，列入参加选举的村民名单：（一）户籍在本村并且在本村居住的村民；（二）户籍在本村，不在本村居住，本人表示参加选举的村民；（三）户籍不在本村，在本村居住一年以上，本人申请参加选举，并且经村民会议或者村民代表会议同意参加选举的公民。"以此规定为基础，一些省份对登记参加村委会选举的人员对象作了扩大或者缩限的规定。在扩大方面，有五种情况：一是户籍不在本村，也未在本村居住一年以上，但在本村村级组织中任职或工作或者在本村从事村务工作一年以上，本人申请参加选举，经村民会议或者村民代表会议同意参加选举的人员（甘肃、江西、浙江、重庆、青海）；二是户籍不在本村，未在本村居住一年以上，也未在本村村级组织中任职或工作或者在本村从事村务工作一年以上，但系农村需要、自愿到农村工作和生活，竞选村民委员会成员，经本人申请并经本村村民会议或者村民代表会议讨论同意参加选举的各种人才（包括从机关选派到村任职人员、从其他村交流任职人员、大学生村官、具有大专以上学历或者中级以上专业技术职称的人员、国家机关和企事业单位提前离岗或者退休人员等）（安徽、海南、河南、吉林、新疆）；三是本人户籍不在本村，其配偶户籍在本村，结婚后居住在本村，申请在本村参加村委会选举，经村民选举委员会确认的村民（山西、上海）；四是户籍不在本村，也可能不在本村居住，但对本村集体经济依法享有权益，本人申请参加本村村委会选举，经村民选举委员会确认的原村民（上海）；五是原为本村农业户籍，现已转为非农业户籍，但仍在本村居住或者工作，并且未参加居委会选举,经村民会议或者村民代表会议同意参加选举的人员(北京)。在缩限方面,也有五种情况。一是精神病患者不能行使选举权利的(安徽、甘肃、广东、海南、河北、湖南、吉林、辽宁、宁夏、青海、陕西、四川、云南、重庆),痴呆人员或因智力残疾等原因无法行使选举权利的(河北、青海、宁夏、重庆);或者丧失行为能力的(北京);或者不能准确表达自己意志的(黑龙江);或者无民事行为能力人、限制民事行为能力人无法行使选举权利的(新疆),经村民选举委员会确认,不列入登记参加选举的村民名单①。二是本人表示(黑龙江、湖北、江苏)或者明确表示(甘肃、湖南、青海)或者书面表示(贵州、新疆)或者书面明确表示(广东、吉林、宁夏、重庆)或者以信函、邮件、短信等方式明确表示(云南)不参加选举的,经村民选举委员会确认,不列入参加选举的村民名单。三是登记期间不在本村居住,村民选举委员会依法告知后,在规定的期限内②不答复或未表示参加选举的,经村民选举委员会确认,不列入参加选举的村民名单(广东、贵州、海南、湖北、宁夏、青海、云南)。四是登记期间不在本村居住,经公告、电话、信函、电子信息等方式(北京、黑龙江、新疆、重庆、四川、江苏)或者通过其共同生活的亲属确认(湖南)无法与本人取得联系的,经村民选举委员会确认,不列入参加选举的村民名单。五是登记参加选举的村民不能回村参加投票选举,又未委托他人代为投票的(福建);或者村民外出,村民选举委员会联系后本人在选举日未能回村参加选举的,又没有书面委托他人代为投票的(四川);或者外出两年以上的村民,在选举日二十日前未参加选举登记,又未书面委托本村有选举权的近亲属代其行使选举权的(河北),经村民选举委员会确认,可以不计算在本届登记参加选举的村民总数内。③

---

① 海南规定:"精神病患者不能行使选举权利的,经县级以上医院证明,由村民选举委员会确认,不列入参加选举的村民名单。"河北规定:"无法行使选举权和被选举权的精神病患者和无法表达意志的痴呆人员,有医院证明或者征得监护人的同意,并经村民选举委员会确认,可不列入选民名单。"湖南规定:"精神病患者不能行使选举权利的,征得其监护人同意,并经村民选举委员会确认,不列入选民名单。"

② 贵州、湖北规定为十日以内。

③ 重庆规定:"有下列情形之一,经村民选举委员会确认,不列入参加选举的村民名单:(一)精神病患者、智力残疾者无法行使选举权和被选举权的;(二)本人书面明确表示不参加选举的;(三)登记期间不在本村居住,村民选举委员会无法与本人取得联系的。有前款第二项、第三项规定情形的村民,在投票前表示参加选举的,应当允许其参加选举。"

村委会组织法规定："登记参加选举的村民名单应当在选举日的二十日前由村民选举委员会公布。对登记参加选举的村民名单有异议的，应当自名单公布之日起五日内向村民选举委员会申诉，村民选举委员会应当自收到申诉之日起三日内作出处理决定，并公布处理结果。"一些省份对不服村民选举委员会处理决定的进一步处理程序作了规定，有两种不同的申诉途径：一是向村民选举委员会申诉（江西），二是向乡级选举工作机构申诉（广东、黑龙江、吉林、宁夏、重庆）。进而有三种处理方式。一是向村民选举委员会申诉，由村民会议或者村民代表会议讨论决定。江西规定："村民对处理决定不服的，村民选举委员会应当在选举日前提交村民会议或者村民代表会议讨论决定。"二是向乡级选举工作机构申诉，由乡级选举工作机构协调村民选举委员会处理。黑龙江规定："对处理决定不服的，应当在三日内向乡（镇）人民政府村民委员会换届选举工作指导机构提出书面申诉，乡（镇）人民政府村民委员会换届选举工作指导机构应当在三日内协调村民选举委员会处理。"三是向乡级选举工作机构申诉，由乡级选举工作机构作出处理决定。广东规定："村民对处理决定不服的，可以自收到告知书之日起三日内向乡、民族乡、镇村民委员会换届选举工作指导小组申诉，该指导小组应当在选举日七日前作出决定，书面答复申诉人，并告知该村村民选举委员会。"吉林规定："村民对处理决定不服的，可以自处理结果公布之日起三日内向乡、民族乡、镇的村民委员会换届选举工作指导小组申诉。乡、民族乡、镇的村民委员会换届选举工作指导小组应当自收到申诉之日起两日内作出处理决定。"宁夏规定："村民对村民选举委员会的处理决定不服的，可以自村民选举委员会公布处理结果之日起五日内向乡、镇村民委员会选举工作指导小组申诉，乡、镇村民委员会选举工作指导小组应当在三日内作出处理决定，书面答复申诉人，并告知该村民选举委员会。"重庆规定："对处理决定不服的，应当自收到决定之日三日内向乡、民族乡、镇村民委员会换届选举工作指导机构提出书面申诉，乡、民族乡、镇村民委员会换届选举工作指导机构应当自收到申诉之日起三日内作出处理决定，书面答复申诉人，并告知村民选举委员会。"对乡级选举工作机构的处理决定仍旧不服怎么办，有一个省份（重庆）对此作出了规定："对处理决定仍不服的，村民选举委员会应当在选举日前提交村民会议或者村民代表会议讨论决定。"

除上述规定之外，一些省份还对选民登记的时间和方式作了具体规定。

其一，选民登记日应当确定在选举日的二十五日前，选民登记工作应当在五日内完成（福建）。其二，选民登记可以采取以户口簿为依据进行登记的方式（山西），也可以采取选民到选民登记处登记与选举工作人员上门登记相结合的方式（山西、云南）。其三，选举前，村民选举委员会应当对上一届选民名单进行审核。对死亡、依照法律被剥夺政治权利的，应当从选民名单上除名。对新满十八周岁的、户口新迁入本村享有选举权和被选举权的、被剥夺政治权利期满后恢复政治权利的村民，应当予以登记（天津、四川）。其四，采取选民到选民登记处登记与选举工作人员上门登记相结合的方式的，不在本村居住的选民，可以委托其他选民进行登记（山西、云南）。其五，采取选民到选民登记处登记与选举工作人员上门登记相结合的方式的，不在本村居住的选民，通过公告或者告知其亲属等方式通知后，不在规定期限内登记或者委托其他选民登记的，视为放弃选举权，不计入选民人数（山西）。

4. 候选人提名产生和无候选人选举

在2010年村委会组织法修改讨论过程中，全国人大常委会一次审议稿和二次审议稿均有这样一个条款：村委会"候选人的资格条件由省、自治区、直辖市的人民代表大会常务委员会规定"。对此，我们在不同的场合多次表达了反对的意见。从当时省级村委会选举法规的规定情况看，对村委会成员候选人资格条件的规定可以分为两类，一类是从积极的肯定的方面规定资格条件。总括起来，这些条件包括：拥护中国共产党领导，热爱社会主义祖国；遵守和贯彻执行宪法、法律、法规和国家政策；带头履行村民义务，维护村民的合法权益；清正廉洁，办事公道；勤奋敬业，工作认真负责，热心为村民服务；作风民主、正派，熟悉村情，能够联系广大村民，有群众威信；身体健康，年富力强，有一定的科学文化知识水平和组织、管理及办事能力，懂经济，能完成国家任务和带领群众共同致富；不搞宗族派性，不搞封建迷信活动，等等。另一类是从消极的否定的方面规定资格条件。这又可以分为两种情况，一是直接规定什么样的人不得被提名为村委会成员候选人。如黑龙江规定：违反计划生育政策法规的，三年内不得被提名为村委会成员候选人。二是规定村委会成员出现了什么情况，其职务自行解除或终止。如黑龙江省规定："村民委员会成员有下列行为之一的，其职务自行终止：（一）被依法追究刑事责任的；（二）违反计划生育政策法规的；（三）连续三个月不履行或不能履行职务的。"重庆规定："村民委员会成员有下列情形之一的，其职务自行终止：（一）被依法追究刑事责任的；（二）被依法劳动教养的；（三）违反计划生育政策的……"天津、吉林、山东、湖北、内蒙古、河北、浙江、贵州、江苏、西藏、广东、黑龙江、安徽、陕西、江西、海南、湖南、云南、河南等省、自治区、直辖市规定：村委会成员在任期内被依法追究刑事责任或者劳动教养的，其职务自行解除或终止。这在一定的意义上可以说是间接地规定了村委会成员候选人的限制性资格条件。我们认为，村委会组织法不必和不应规定村委会成员"候选人的资格条件由省、自治区、直辖市的人民代表大会常务委员会规定"。因为第一，现行法和修订草案均已规定村委会选举的"具体选举办法""由省、自治区、直辖市的人民代表大会常务委员会规定"。村委会选举的具体选举办法，从逻辑上讲是能够包括，从实际上讲是许多已经包括候选人资格条件的规定的，没有必要在规定村委会选举的"具体选举办法""由省、自治区、直辖市的人民代表大会常务委员会规定"的同时，规定"候选人的资格条件由省、自治区、直辖市的人民代表大会常务委员会规定"。第二，如果说省级法规是从积极的肯定的方面规定村委会成员候选人的资格条件，那么修订草案已经有了这方面的内容（修订草案第十五条"村民提名候选人，应当从全体村民利益出发，推荐奉公守法、品行良好、公道正派、热心公益的村民为候选人"），在此基础上要省级法规再添加一些什么规定，实属多余。第三，如果说是从消极的否定的方面规定村委会成员候选人的资格条件，那么由各省、自治区、直辖市各行其是恐怕不太妥当，会造成同样的条件在不同的省、自治区、直辖市遭遇截然不同的对待的情况发生，倒不如由全国人大常委会在村委会组织法中作统一规定更为合理。虽然全国各省、自治区、直辖市之间有各种各样的差异，但就农村的情况来看，许多省、自治区、直辖市内部不同地方的差异并不比各省、自治区、直辖市之间的差异小。如果有了差异就要分别立法，那么只有一县一法、一乡一法，甚至一村一法了。就村委会候选人资格条件而言，如果一个省级单位可以规定判处刑罚的村民不得被提名为村委会成员候选人，那么其他的省级单位为什么不可以作同样的规定呢？各省、自治区、直辖市又有何充足的理由一定要在此问题上作不同的规定呢？第四，更进一步讲，无论是从积极的肯定的方面，还是从消极的否定的方面规定村委会成员候选人资格条件，都在一定程度上限制了法律关于"年满十八周岁的村民，不分民族、种族、性别、职业、家庭出身、宗教信仰、教育程度、财产状况、居住期限，都有选举权和被选举权；但是依照法律被剥夺政治权利的人除外"规定的适用，而对法律规定适用的限制最好（或只能）由法律自身作出，而不是（或不能）交给法规作出。所以，将村委会成员候选人资格条件授权省级人大常委会作出是不适当的。

在 2010 年村委会组织法修改的酝酿讨论过程中，修订草案中还曾经另有这样一个条款："候选人在提名时获得半数以上本届选民提名的，经村民会议或者村民代表会议讨论同意，自动当选。"当时我们提出应当深入研究、慎重考虑：根据观察、调查了解的情况，现在村委会选举中的贿选大多发生在候选人提名之时，由于法律法规对候选人提名没有严格的程序规范，因此金钱、财物与提名票的交易往往很容易进行。而在正式选举之时，秘密写票、无记名投票的规定，使得贿选目的的得逞遇到了技术障碍，一般选民完全可以拿了某人的钱但又不投此人的票。所以，候选人提名程序亟待规范；如果要规定候选人在提名时获得半数以上本届选民提名便自动当选，就更应当对候选人提名作严格的程序规范。建议规定："村民委员会主任、副主任、委员候选人由村民选举委员会以村民小组为单位召集选民集会，选民个人秘密填写候选人提名票、无记名投票的方式产生。""村民选举委员会应当在提名日的三日以前将提名的时间、地点告之本村全体选民。提名时，设立秘密写票处和公开投票箱。""提名村民委员会候选人应当按职务提名，每一选民提出的候选人数不得超过应选人数，否则该提名无效。""统计村民委员会候选人提名票，由村民选举委员会主持，集中进行，当场公布。"

2010 年通过修改的村委会组织法未将修订草案上述曾有的条款写进去，其关于村委会成员候选人的规定为："选举村民委员会，由登记参加选举的村民直接提名候选人。村民提名候选人，应当从全体村民利益出发，推荐奉公守法、品行良好、公道正派、热心公益、具有一定文化水平和工作能力的村民为候选人。候选人的名额应当多于应选名额。村民选举委员会应当组织候选人与村民见面，由候选人介绍履行职责的设想，回答村民提出的问题。"各省选举办法在此基础上对村委会成员候选人的提名和产生程序以及相关的一些问题作了规定。

提出候选人建议。这是村委会组织法和除江苏以外的各省都没有的特别规定，唯有江苏规定："乡镇党委、村党组织可以根据村具体选举办法规定的村民委员会成员的任职条件，提出候选人建议并公布。"当然，按照江苏的规定，候选人建议既不是候选人的提名，也不能取代候选人提名，村委会成员正式候选人的产生或确定，仍然要通过提名程序。

提名形式。大体上有两种规定的情况，一种是明确规定了以会议的形式提名，另一种是未明确规定以会议的形式提名。明确规定了以会议形式提名的有：安徽、北京、甘肃、广东、海南、河北、河南、湖北、江西、辽宁、内蒙古、宁夏、陕西、天津、新疆、重庆。这中间又有一些具体细节规定的不同。安徽、甘肃、广东、河南、湖北、宁夏、陕西、重庆规定既可以召集全村过半数登记参加选举的村民提名的形式提名，也可以村民小组为单位召集过半数登记参加选举的村民提名的形式提名。河北、新疆规定可以由村民选举委员会召集超过本村过半数的选民参加投票，也可以由各村民小组分别召集超过本组三分之二的选民参加投票。北京、江西、辽宁、内蒙古、海南、天津未明确规定村民小组会议的提名形式，北京规定"村民选举委员会应当组织召开候选人提名会议，投票产生候选人。提名会议应当有参加选举的村民过半数参加"。江西规定"村民委员会成员候选人，由村民选举委员会集中召集登记参加选举的村民填写提名票产生"。辽宁规定"村民委员会成员候选人通过村民选举委员会召集选民集中填写提名票的方式产生"。内蒙古规定村委会成员候选人，由村民选举委员会组织登记参加选举的村民直接提名，通过预选产生，预选时应当召集过半数登记参加选举的村民投票。海南规定以选民大会的形式提名，人数较多或者居住分散、交通不便的村，选民大会可以分片召开。天津规定提名村委会成员候选人应当召开选民会议公开进行。未明确规定以会议形式提名的有：福建、青海、广西、贵州、黑龙江、湖南、吉林、山东、上海、四川、西藏、云南、浙江。这些省份基本上沿用了村委会组织法的表述："选举村民委员会，由登记参加选举的村民直接提名候选人。"不过在文字上略有差异，在内容上也不尽相同：福建、四川、西藏规定村委会成员候选人由登记参加选举的村民以单独或者联合的方式直接提名；青海规定"提名可以采取个人提名、联合提名的方式进行"；云南规定"提名可以采取单独、联名或者自我提名的方式进行"；湖南规定"具体提名方式由本村村民委员会换届选举办法确定"；浙江规定"村民委员会成员正式候选人按下列方式产生：（一）由过半数选民参加投票提名的，按得票多少直接确定正式候选人；（二）由选民提名初步候选人的，经过半数选民参加投票预选，按得票多少确定正式候选人"。

差额数目。这里所谓的差额数目，是村委会选举中正式候选人与应选人数之间的差额。新疆、吉林、江苏重复了村委会组织法的规定：村委会成员候选人的名额应当多于应选名额。山东规定经预选确定的候选人名额，应当多于应选名额二至三人。湖北、湖南规定村委会主任、副主任和委员候选人数应当分别比应选名额至少多一人。北京、安徽规定村委会主任、副主任和委员候选人数应分别比应选人数多一至二人。贵州、河南、江西、内蒙古、宁夏、陕西、天津、云南、重庆规定主任、副主任的候选人应当比应选人数多一人，委员的候选人人数应当比应选人数多一至二人。福建、甘肃、广东、广西、海南、黑龙江、辽宁、青海、上海、四川、浙江规定村委会主任、副主任的候选人人数应当分别比应选名额多一人，委员的候选人人数应当比应选名额多一至三人。

候选人的资格条件。[①] 有这样几种规定情形：一是未作规定（包括不重复村委会组织法的规定），甘肃、湖南、上海、云南等即是如此。二是仅从积极的肯定的方面规定村委会成员候选人的资格条件。具体又有不同的表现方式，有的是文字上完全重复村委会组织法的规定，广西、河南、江西、辽宁、山东、山西、陕西、四川、浙江、江苏等即是如此。有的是意思与村委会组织法的规定相同，只在文字上做了一定的变化，包括安徽、贵州、河北、宁夏、山西、湖北、福建等，如安徽规定"村民委员会成员候选人应具备下列条件：（一）遵守宪法、法律、法规和国家的政策；（二）廉洁奉公，公道正派，热心为村民服务；（三）有较强的工作能力，能带领村民共同致富；（四）身体健康，能胜任工作"。还有的是在村委会组织法规定的基础上增加了一定的内容，如青海、内蒙古增加了"维护民族团结"；西藏增加了"维护祖国统一和民族团结，反对分裂"；新疆增加了"政治坚定，维护祖国统一、民族团结和社会稳定，反对民族分裂、反对暴力恐怖、反对宗教极端和非法宗教活动"；广东、重庆增加了"具有初中以上学历"；黑龙江增加了"一般应当具有初中以上学历"。[②] 三是从积极的肯定的方面规定村委会成员候选人的资格条件外，另从消极的否定的方面规定村委会成员候选人的资格条件。如北京规定："具

[①] 与候选人资格条件相关的一个问题是候选人的资格审查。明确规定村民选举委员会对候选人进行资格审查的有：安徽、福建、甘肃、广东、湖北、吉林、江西、宁夏、新疆、云南、重庆。

[②] 规定学历条件的还有海南，海南规定"一般具有初中以上文化程度"。

有《中华人民共和国村民委员会组织法》第十八条规定情形的，不提名为村民委员会成员候选人。前款规定以外的严重违反法律、法规，或者被依法限制人身自由客观上不能履行村民委员会成员职责的村民，经村民会议或者村民代表会议决定，不提名为村民委员会成员候选人。"海南规定：选举日前三年内没有被判处刑罚，或者被羁押正在受侦查、起诉、审判；选举日前三年内没有违反计划生育法律、法规超计划生育；现任村党组织和村民委员会成员在选前审计中未发现存在严重违法违纪问题；现任村党组织和村民委员会成员在任期三年内，年度考核或者民主评议没有两次被评为不称职。此外，浙江规定：村委会换届选举时，省村委会选举工作指导机构可以提出候选人的具体条件和审查程序，村选举办法应当明确候选人的具体条件和审查程序。江西规定：村委会成员候选人的具体资格条件，可以由县（市、区）和乡、民族乡、镇村委会选举工作指导小组提出指导意见，经村民会议或者村民代表会议根据本村情况讨论确定。安徽、内蒙古规定：对候选人的具体要求或其他要求，村民会议可以根据本村情况在选举办法或选举方案中作出规定。山西、天津规定：村民选举委员会结合本村的实际情况以及村民委员会的工作需要，可以拟订村委会成员候选人的具体条件，提请村民会议或者村民代表会议讨论通过。

正式候选人的确定。如果提名候选人人数多于规定的正式候选人人数，就有一个如何确定正式候选人的问题。多数省份（北京、安徽、甘肃、广东、海南、河北、河南、湖北、吉林、江西、辽宁、内蒙古、宁夏、青海、山西、上海、天津、新疆、云南、重庆、江苏）规定按照提名多少的顺序确定正式候选人。有些省份（福建、广西、黑龙江、山东、陕西）规定通过预选确定正式候选人。这中间，陕西规定预选应当召集村民会议；广西规定预选应当召开村民会议或者村民代表会议；福建规定预选可以召开全体登记参加选举的村民或者每户派一名登记参加选举的村民的代表参加的预选大会，也可以召开村民代表会议。有的省份（四川）规定既可以通过预选确定正式候选人，也可以将所有的提名候选人都列为正式候选人："决定不预选或者提名为村民委员会成员候选人的人数符合规定差额数的，被提名的候选人即为正式候选人。"还有的省份规定综合考虑多方面因素确定正式候选人，如湖南规定村民选举委员会根据提名情况、候选人条件和差额数确定候选人名单；贵州规定经充分酝酿、讨论、协商，由村民选举委员会根据较多数选民的意见，确定正式候选人。

候选人与村民见面。村委会组织法未规定村委会成员候选人可以进行竞选活动或者竞争性选举活动,只规定了村民选举委员会应当组织候选人与村民见面,由候选人介绍履行职责的设想,回答村民提出的问题。除少数省份(贵州、吉林、江西、辽宁、青海、山西、西藏、浙江)外,大多数省份都重复规定了村委会组织法规定的内容,并且其中的大多数省份在村委会组织法规定的基础上或多或少添加了一些内容。添加"向村民介绍候选人情况"的有北京、福建、广西、海南、河南、黑龙江、湖北、湖南、宁夏、天津,添加"选举前或正式选举前或投票选举前"的有山东、海南、黑龙江、陕西、四川,添加"选举日前"的有北京、福建、广东、上海、新疆,添加"在指定的场所"的有甘肃、广东、云南、重庆,添加"不得违反法律、法规和国家政策"的有河北、山东、重庆、黑龙江,添加"不得诋毁他人"或"不得对其他候选人进行人身攻击"或"不得侵犯他人的合法权益"的有河北、云南、重庆、黑龙江,添加"不得承诺拒绝协助乡镇人民政府依法开展工作"的有山东,添加"以书面的形式"或"文稿应送村民选举委员会备案"的有湖北、黑龙江,添加"禁止候选人或者候选人指使的人私下拉票"的有海南。另外,黑龙江规定:禁止候选人及他人使用金钱、有价证券、实物或者提供各种消费活动拉选票,指使他人贿赂村民或者选举工作人员,许诺当选后为投票人谋求不正当利益,以及可能影响选举结果的其他贿选行为。江苏规定:候选人及其他有关人员不得使用金钱、有价证券、实物或者提供各种消费活动拉票,指使他人贿赂村民或者选举工作人员,许诺当选后为特定投票人谋取利益,有可能影响选举结果的其他拉票贿选行为。海南、黑龙江、山西、天津、重庆的规定中有"竞选"的字眼。

无候选人选举。尽管在村委会组织法中找不到直接的依据,但仍然有部分省份(广东、海南、黑龙江、湖北、吉林、内蒙古、宁夏、陕西、天津、浙江、重庆、江苏)规定了可以采取无候选人或者不提名候选人的选举方式。这里面有些省份设置了采取无候选人选举方式的前提条件:湖北的规定是有条件的地方也可以采取无候选人的选举方式,陕西的规定是经过三分之二以上的选民同意可以采取无候选人的选举方式,黑龙江、宁夏、重庆的规定是经过村民会议或者村民代表会议讨论通过可以采取无候选人的选举方式,内蒙古的规定是经村民选举委员会申请乡镇政府同意也可以采取无候选人的选举方式，江苏的规定是村民没有提名候选人的，村民选举委员会可以按照国家和省有关规定召开选民大会直接投票选举。有些省份对村民的自荐参选作了规定，广东、湖北、吉林、内蒙古、宁夏、重庆规定：有意愿参选村委会成员的村民，应当向村民选举委员会书面提出参选意愿或提交自荐材料，村民选举委员会对有参选意愿的村民或自荐人进行资格审查后，公布参选人或自荐人名单。天津、浙江亦有类似的规定，不过使用的概念不尽相同，天津用的是"选民竞选"，浙江用的是"选民自荐竞职"，并且没有"资格审查"的文字表达。此外，广东、湖北、内蒙古、宁夏、重庆明文规定：采取无候选人选举方式的，在选举日直接进行投票选举。

5. 选举投票

村委会组织法关于选举投票的规定较为概括，各省村委会选举办法在村委会组织法的基础上作了更加具体或弥补细节的规定。

选举大会、投票站和流动票箱。[①] 大多数省份（北京、福建、甘肃、广西、贵州、海南、河南、黑龙江、湖北、吉林、江西、辽宁、内蒙古、宁夏、青海、山东、山西、陕西、上海、四川、天津、新疆、云南、浙江、重庆、江苏）规定，应当召开选举大会或者设立选举会场或中心会场进行投票选举。这中间，除宁夏未规定可以另设投票站外，其他省份都规定了在人数较多、居住分散的村，对于距离选举中心会场较远的村民可以设立分会场或投票站供村民投票选举。有几个省份（安徽、广东、河北、湖南）规定，既可以选举大会的形式进行投票选举，也可以投票站的形式进行投票选举。安徽、河北的规定基本一致：一般应召开选举大会集中投票，也可以设中心投票站和若干个投票分站，由登记参加选举的村民在规定的时间内到指定的投票站投票。广东、湖南的规定大体相同：可以采取召开选举大会的方式，也可以采取设立投票站的方式。河北、吉林、宁夏、山东、上海、四川、云南、重庆等省份没有规定可以使用流动票箱，其他规定可以设立流动票箱的省份，对流动票箱的使用也规定了不尽相同的一些限制条件：必须通过村民会议或者村民代表会议讨论决定，必须报乡镇村委会换届选举指导小组批准，只有老、弱、病、残不能到现场投票的登记参加选举的村民才能通过流动票箱投票等。

秘密写票与代写选票。按照村委会组织法的规定，选举实行无记名投票

---

① 西藏对此问题未作规定。

的方法。选举时,应当设立秘密写票处。因此,保证无记名投票和设立秘密写票处是全国所有省份村委会选举办法共通的要求。然而,并不是所有的省份都要求登记参加选举的村民必须到秘密写票处写票,大多数省份没有作此要求(其中,有的省份关于登记参加选举的村民单独填写选票的规定①,要求的是秘密写票,而不是要求必须到秘密写票处写票),只有几个省份对登记参加选举的村民必须到秘密写票处写票作了严格的规定。安徽规定:"登记参加选举的村民凭选民证领取选票,由登记参加选举的村民本人到秘密写票处填写选票,然后投票。"广东规定:"登记参加选举的村民和代写人进入秘密写票处写票,其他人不得围观"。河北规定:"选民凭《选民证》依次领取选票,由选民本人到秘密写票处填写选票,然后投票。"新疆规定:"登记参加选举的村民凭参选证和委托书领取选票,到秘密写票处单独填写,任何人不得围观、干扰。"无论是否要求登记参加选举的村民必须到秘密写票处写票,广东、江西、重庆等省份关于任何人不得亮票或者暴露选票、拍摄选票或者在选票上做记号的规定,特别强调了秘密写票的重要性甚或原则性。由此可以看出,从保障选举人独立自由意志表达的角度来说,秘密写票是选举人的权利;从防止选举人出卖自己的选举权利、防止贿选的角度来说,秘密写票也是选举人的义务。秘密写票要求登记参加选举的村民即便不到秘密写票处写票也要单独填写选票,但在登记参加选举的村民是文盲或者因残疾不能填写选票的情况下,又应当允许他人为其代写选票。除湖南、西藏、山东②外的大多数省份对此都作了规定,不过规定的内容不尽相同。江苏规定:可以要求公共代写人代为填写。河北、河南、内蒙古、宁夏、海南、上海、四川规定:可以由他人或委托他人代写。北京、浙江规定:可以委托代书人代写。安徽规定:由本人请信任的人代填选票,任何组织和个人不得指定人员代填选票。黑龙江、湖北、辽宁、新疆、重庆规定:可以委托除候选人、参选人以外的其他人代写。天津规定:可以委托除正式候选人、竞选人和村民选举委员会成员之外的人员代写。甘肃、贵州、陕西规定:可以委托公共代写人

---

① 重庆规定:"登记参加选举的村民凭选民证或者委托投票证领取选票,并单独写,其他人不得围观、干扰。"江西规定:"登记参加选举的村民根据自己的意愿单独填写选票,其他人不得围观、干扰。"

② 湖南、西藏完全没有规定这一方面的内容,山东的规定为"选票由登记参加选举的村民本人填写"。

员代写，也可以委托其他人代写。吉林、江西、广东、广西、云南规定：可以委托公共代写人或者除候选人以外的人代写。福建规定：可以委托除候选人以外的本村登记参加选举的近亲属或者村民选举委员会指定的人员代写。青海规定：可以由近亲属代写；没有近亲属的，可以委托其他选民代写；村民选举委员会也可以确定代书员代写。山西规定：可以委托公共代笔人或者候选人以外的直系亲属选民代为填写。黑龙江、吉林规定：代写委托要经村民选举委员会确认或审核同意。海南规定：受委托代写人只能为一人代写。黑龙江规定：每个登记参加选举的村民最多只能为三人代写选票。山西规定：受委托人最多只能接受三位选民的委托，并不得将选票再委托给其他选民代为填写。北京、福建、甘肃、广东、河北、黑龙江、湖北、江西、辽宁、宁夏、青海、山西、陕西、四川、天津、新疆、云南、重庆均规定：代写人不得违背被委托人的意愿。青海还规定：代写人不得泄露选民的意愿。福建规定：在规定的场所代写。广东、新疆规定：在秘密写票处代写。

委托投票。[①] 无论是1987年通过的试行的村委会组织法，还是1998年通过的正式实施的村委会组织法，都无委托投票的规定，尽管根据这两部法律制定的省级村委会选举办法普遍都规定有委托投票。2010年村委会组织法修订新增了委托投票的条款："登记参加选举的村民，选举期间外出不能参加投票的，可以书面委托本村有选举权的近亲属代为投票。村民选举委员会应当公布委托人和受委托人的名单。"这一规定使得委托投票法律化了。各省村委会选举办法据此修订了各自关于委托投票的规定。这些规定的共同点和不同之处主要表现在以下方面。首先是委托主体。多数省份选举办法与村委会组织法相同，规定的是选举期间外出不能参加投票的登记参加选举的村民，但也有不少省份选举办法的规定与村委会组织法的规定不完全一致。贵州、陕西、西藏规定的是"不能参加投票的选民"，湖南规定的是"不能直接投票的选民"，河北、重庆规定的是"不能到场直接投票的选民"，四川规定的是"在选举期间不能直接领票、投票的登记参加选举的村民"，宁夏规定的是"因故不能参加投票的村民"，河南规定的是"因故不能直接投票的选民"，

[①] 这里讲的"委托投票"，是指正式选举村委会成员时的委托投票。一般认为委托投票不适用于提名村委会成员候选人时的投票。安徽、辽宁、陕西、天津、浙江明确规定提名村委会候选人不得委托他人投票。

吉林、山西、上海、天津、云南、江苏规定的是"因外出或者健康等其他特殊原因不能参加投票的登记参加选举的村民或选民"。其次是受委托主体。多数省份选举办法与村委会组织法相同，规定的是本村有选举权的近亲属，但也有几个省份选举办法的规定与村委会组织法的规定不完全一致。甘肃、黑龙江规定的是"本村有选举权的村民"；湖北、江西、青海规定的是"本村有选举权的近亲属"，如"在本村没有近亲属的"，则为"有选举权的其他村民"；云南规定的是"本村有选举权的近亲属或者其他村民"。湖南、浙江规定近亲属的范围包括配偶、父母、子女、兄弟姐妹、祖父母、外祖父母、孙子女、外孙子女。北京、广西、贵州、黑龙江、湖北、吉林、天津、浙江规定：村委会成员候选人、参选人或竞选人不得或不能接受委托。江西、新疆规定：村委会候选人不得接受近亲属以外有选举权的村民的委托。山东、西藏规定：村委会成员候选人和村民选举委员会成员不得接受委托。再次是委托手续的形式、办理的时间和村民选举委员会确认的公告。关于委托手续的形式，有几个省份对书面委托的形式作了拓展性的规定，黑龙江规定可以利用视频等可确信的方式，湖北规定可以通过书信、手机短信、电子邮件等形式，湖南规定可以采用书信、传真、短信、电子邮件等本村村民委员会换届选举办法认可的形式，云南规定可以以信函、邮件、短信等方式。关于委托投票手续办理的时间，广东规定应当自登记参加选举的村民名单公布之日起六日内办理，贵州、湖北规定自登记参加选举的村民名单公布之日起的七日内办理，北京、河北、河南、天津、新疆规定应当在投票选举日前办理，吉林规定应于选举日的二日前办理，甘肃、江西、内蒙古、山西、浙江规定应于选举日的三日前办理，山东、上海、重庆、福建、江苏规定应于选举日的五日前办理，云南规定应于选举日的十五日前办理。宁夏规定不得在投票现场临时委托，上海、重庆规定禁止投票现场临时委托的行为。关于村民选举委员会确认的公告及其时间。安徽、北京、河北、内蒙古、山西、天津、西藏规定村民选举委员会应当公布委托人和受委托人的名单，陕西、四川规定村民选举委员会应当在投票选举前公布委托人和被委托人名单，河南、吉林、青海、新疆、浙江规定村民选举委员会应当在选举日前公布委托人和受委托人的名单，福建、甘肃、广西、上海、重庆、江苏规定村民选举委员会应当在选举日的二日前公布委托人和受委托人的名单，海南、辽宁规定村民选举委员会应当在选举日的三日前公布委托人和受委托人的名单，贵州、湖北、宁夏规定村民选举委员会应当在选举日的五日前公布委托人和受委托人的名单，云南规定村民选举委员会应当在选举日的十日前公布委托人和受委托人的名单。在此问题上，山东、广东、江西的规定要经过推算才较为明确。山东的规定是："委托投票或者接受委托投票的，应当在选举日的五日前到村民选举委员会办理。村民选举委员会应当公布委托人和受委托人的名单。对名单有异议的，应当在选举日的二日前提出，村民选举委员会应当及时复核并作出处理。"广东的规定为："委托投票应当自登记参加选举的村民名单公布之日起六日内到村民选举委员会办理，村民选举委员会应当对委托投票的村民进行审核，并在两日内在村民委员会和各村民小组所在地予以公告。"江西的规定与广东类似："委托投票应当在选举日的三日前到村民选举委员会办理，村民选举委员会应当对委托投票的证明材料进行核实，并在两日内公布委托人和受委托人的名单。"另外，广西、吉林、湖北规定村民的委托投票申请在委托投票名单公布后不得变更或者撤回。最后是接受委托的限制。包括接受委托的人数限制和接受委托的行为限制。关于接受委托的人数限制，村委会组织法没有规定，除甘肃、云南外，绝大多数省份都规定了接受委托人数的上限。规定接受委托不得超过五人的有湖南、江苏，规定接受委托不得超过三人的有安徽、北京、广东、广西、贵州、河南、黑龙江、吉林、江西、辽宁、内蒙古、宁夏、青海、陕西、山西、上海、四川、天津、西藏、新疆、重庆、浙江，规定接受委托不得超过二人的有福建、河北、湖北、山东，规定接受委托不得超过一人的是海南。关于接受委托的行为限制。甘肃、广西、湖北、湖南、吉林、江西、辽宁、重庆规定受委托人不得违背委托人的意愿或意志，福建、青海、浙江规定受委托人不得违背、泄露委托人的意愿，北京、四川、天津、江苏规定受委托人应当按照委托人的意愿填写选票和投票，江西、上海、新疆、浙江规定接受委托投票的村民不得再委托其他村民投票。

选举结果的确定。按照村委会组织法的规定，确定选举结果总的原则是："选举村民委员会，有登记参加选举的村民过半数投票，选举有效；候选人获得参加投票的村民过半数的选票，始得当选。"在此基础上，各省选举办法作了或多或少进一步的具体规定，共同的地方总括起来有以下方面。每次选举所投的票数等于或少于投票人数的，选举有效；多于投票人数的，选举无效。每一选票所选人数等于或者少于应选人数的，选票有效；多于应选人数或者选举同一人担任两项以上职位的，选票无效。选票填写的内容全部无法辨认和全部不按规定符号填写的选票无效；部分无法辨认和部分不按规定符号填写的选票，可以辨认和按规定符号填写的部分有效，无法辨认和不按规定符号填写的部分无效。获得过半数选票的候选人人数多于应选名额时，以得票多者当选。如遇票数相同，无法确定当选人时，应当就得票相同的候选人再次投票，以得票多者当选。差异的地方主要是：对于如何确定参加投票的村民数的问题，有的规定，参加投票的村民数按照发出的选票数计算；有的规定，参加投票的村民人数按照收回的选票数计算。对于如遇票数相同，无法确定当选人时，什么时间就得票相同的候选人再次投票的问题，有的规定是当场，有的规定是当日或者次日，也有的规定是三日内，还有的规定是当场或者三日内。

另行选举。村委会组织法规定："当选人数不足应选名额的，不足的名额另行选举。另行选举的，第一次投票未当选的人员得票多的为候选人，候选人以得票多的当选，但是所得票数不得少于已投选票总数的三分之一。"各省选举办法关于另行选举的规定，大多直接沿用村委会组织法的规定，或者在村委会组织法规定的基础上增添一些内容，但也有个别与村委会组织法不一致或完全相同的情况。首先是关于另行选举的概念。村委会组织法规定得很清楚，另行选举是当选人数不足应选人数时对不足名额的选举。但是河南省选举办法却规定："村民委员会选举不能产生当选人的，应当另行选举；不能足额产生当选人的，应当对不足的名额进行补选。"把另行选举严格限制在未能产生任何当选人时的情况下，把对当选人数不足应选人数时对不足名额的选举称之为补选，这与村委会组织法和其他省份选举办法关于另行选举和补选概念的界定不尽相同。其次是关于是否在当选人数不足应选名额时都对不足名额另行选举。大多数省份规定，只要是当选人数不足应选名额，都要对不足名额另行选举。海南、内蒙古、上海、山东、天津等的规定则比较特殊。海南的规定是"当选村民委员会成员的人数少于三人的，应当在十五日内就空缺的职位另行选举"。"当选村民委员会成员的人数已足三人，但少于应选人数，主任职位无人当选的，应当按照前款规定另行选举；如果主任职位已有人当选，副主任或者委员缺额的，是否另行选举，由村民选举委员会提请村民会议或者村民代表会议决定。"内蒙古的规定是"当选人数不足三人，不能组成新一届嘎查村民委员会，不足的名额应当另行差额选举"。上海的规定是"当选村民委员会成员的人数少于应选名额时，当选人数达到三人的，不足的名额是否暂缺，由村民会议或者村民代表会议决定；当选人数未达到三人的，不足的名额，应当在三十日内另行选举"。山东的规定是"当选人数达到三人以上并且有妇女当选的，经村民会议或者村民代表会议同意，可以不再另行选举"。天津的规定是"经村民会议或者村民代表会议讨论同意，也可以不另行选举"。再次是什么时间另行选举。宁夏、云南规定当日或者次日，吉林规定五日内，天津规定七日内，甘肃、江西规定十日内，四川规定当场或者十日内，北京、福建规定十五日内，河北、黑龙江、江苏、青海、山东规定三十日内，内蒙古规定当场或者一个月内，浙江规定当日或者三十日内，湖北规定"当选人数少于三人的，不足的名额应当在选举日之后的十五日内选出。当选人数已达三人或者三人以上的，可以组成新一届村民委员会，不足名额暂缺，在选举日之后的三个月内选出"。最后是经过另行选举当选人数仍不足应选名额是否还要就不足名额另行选举的问题。这主要有三种不同的情况。第一种情况是当选人数未达三人以上。多数省份虽未直接明文规定，但透过其他条文的意思可以看出，应当再次另行选举；也有的省份直接明文规定了应当再次另行选举，如广西规定"当选人数不足三人不能组成新一届村民委员会的，应当在十日之内召开村民会议就不足的名额另行选举"。但也有规定可以不再次另行选举的，如山东规定"经过两次选举，当选人数仍未达到三人的，是否继续进行另行选举，由村民会议或者村民代表会议决定"。第二种情况是当选人数已达三人以上。有些省份明确规定可以空缺，或者是否再次另行选举由村民会议或者村民代表会议决定，如重庆、浙江、广东、江苏等省份即是如此。第三种情况是主任未选出。有的地方规定的意思是，主任未选出就要再次另行选举，如北京规定"另行选举后，当选人数超过三人并已选出村民委员会主任，但仍不足应选名额时，经村民会议或者村民代表会议决定，可以不再另行选举"。江苏规定"暂时空缺主任名额的，应当在首次选举日后的两个月内完成选举工作"。但有的地方并未明确要求再次另行选举，如浙江规定"经另行选举，应选职位仍未选足，但村民委员会成员已选足三人，不足职位可以空缺。主任未选出的，由副主任主持工作。主任、副主任都未选出的，由村民代表会议在当选的委员中推选一人主持工作"。

当选证书。除北京、甘肃、海南、湖南、青海、陕西、上海、四川、西藏、新疆、浙江外，其他省份都对颁发当选证书作了规定，不过具体的规定各有不同。首先是由谁颁发。河南、吉林、辽宁、山西、云南规定，由村民选举委员会颁发；安徽、广西、湖北、江苏、内蒙古规定，由乡级政府或者街道办事处颁发；福建、广东、贵州、天津规定，由县级政府民政部门颁发；河北、黑龙江、江西、山东、四川、重庆规定，由乡级政府和县级政府民政部门颁发。其次是选举结果出来后什么时间颁发。河南、吉林、辽宁、山西、云南规定，当场颁发；山东规定，五日内颁发；广西规定，七日内颁发；广东规定，十日内颁发；黑龙江规定，最迟十五日内颁发。① 最后是当选证书由谁印制。安徽、福建、黑龙江、吉林规定，由省统一印制；河北、湖北、江苏、江西、天津、重庆规定，由省级政府统一印制；广西、贵州、内蒙古、山东规定，由省级政府民政部门统一印制；云南规定，当选证书的式样全省应当统一；广东规定，统一印制，但并没有明确由谁统一印制。

6. 罢免、职务自行终止或终止、辞职和补选

罢免、职务自行终止或终止和辞职皆可造成村委会成员出缺，一旦村委会成员出缺就需要补选。补选是选举办法的一个必要的组成办法。

罢免。村委会组织法关于罢免的规定有两款："本村五分之一以上有选举权的村民或者三分之一以上的村民代表联名，可以提出罢免村民委员会成员的要求，并说明要求罢免的理由。被提出罢免的村民委员会成员有权提出申辩意见。""罢免村民委员会成员，须有登记参加选举的村民过半数投票，并须经投票的村民过半数通过。"在此基础上，省级选举办法进一步明确了如下问题的行为规则。第一，罢免要求以什么形式提出。除福建、河南、湖南、上海、西藏外，大多数省份均明文规定，罢免要求以书面的形式提出。第二，罢免要求应当向谁提出。福建、广西、河南、吉林、江西、辽宁、内蒙古、青海、四川、新疆、浙江规定的是向村委会提出，安徽、贵州、河北、湖北、宁夏、山东、山西、天津规定的是向村委会和乡镇政府提出，陕西、重庆规定的是向村委会或者乡镇政府提出，黑龙江、云南规定的是向村务监督委员会提出，北京规定的是向村委会和村务监督委员会提出，海南规定的是向村民会议提出。第三，乡镇政府可否提出罢免建议和向谁提出罢免建议。北京、广东、贵州、海南、湖北、吉林、江苏、宁夏、青海、上海、新疆、云南、重庆等省份规定，乡镇政府可以提出罢免建议。北京、贵州、海南、湖北、吉林、江苏、宁夏、上海、重庆规定的是向村委会提出，青海规定的是向村

---

① 其他省份对颁发的时间没有十分明确的规定。

民会议提出，云南规定的是向村民监督委员会提出。第四，乡镇政府提出罢免建议的对象为谁。海南规定的是有严重违法行为的村委会成员；北京规定的是严重违反国家法律、法规受到处罚的村委会成员；新疆规定的是违反法律、法规和国家政策或者无正当理由不参加村委会工作的村委会成员；上海规定的是连续三个月以上不履行职责，或者违反法律、法规造成人员重大伤亡或者集体经济重大损失，或者滥用职权、牟取私利，损害集体经济利益，引起村民严重不满的村委会成员；宁夏规定的是以权谋私，或者违反法律法规政策规定计划外生育，或者无正当理由连续二个月或者一年内累计三个月以上不参加村委会工作，或者有其他不认真履行职责的情况的村委会成员；江苏规定的是以权谋私，在村民中造成较坏影响，或者玩忽职守、失职渎职，造成村民利益重大损失，或者连续两个月无正当理由不参加村委会工作，或者有其他违法违纪行为不适合再担任村委会成员的村委会成员；广东、贵州、青海、重庆、云南、湖北①、吉林②规定的是违反法律、法规和国家政策，不适合继续担任村委会成员，或者失职渎职造成村民利益重大损失，或者连续三个月以上无正当理由不参加村委会工作的村委会成员。第五，就罢免要求或者罢免建议的投票表决应当在多长的时间段内进行，逾期未进行怎么办。大多数省份规定，投票表决应当在接到罢免要求或者罢免建议之日起三十日内或者一个月内进行；但也有规定二十日内（山西、云南）、两个月内（江苏）、三个月内（四川）进行的。如果逾期未进行，安徽、黑龙江、吉林、重庆、江西规定由乡镇政府督促进行；贵州、海南、内蒙古、青海、山东、山西、天津、云南、浙江规定可以由乡镇政府直接组织进行；北京、上海规定先由乡镇政府督促进行，如果经督促仍未进行，则由乡镇政府直接组织投票表决。第六，罢免村委会成员能否使用流动票箱，能否委托投票。青海、山西、天津明确规定不能使用流动票箱，福建、广东、贵州、青海、山西、天津规定不得实行委托投票。广西规定可以实行委托投票："对外出的村民，村民委员会应当在罢免投票日前二十日内向其发出通知；在投票日不能回村参加投票的，可以事前以委托书的形式委托本村有选举权的近亲属投票。每位

---

① 违反国家政策，未被云南、湖北规定为提出罢免建议的对象情形之一。
② 连续三个月以上无正当理由不参加村委会工作，未被吉林规定为提出罢免建议的对象情形之一。

村民接受的委托不得超过三人。"第七，罢免未获通过，多长时间内不能以同一事实和理由再次提出罢免要求。甘肃、湖北、四川规定的是六个月内，广东、山东、浙江、重庆规定的是一年内，北京规定的是届期内。①

职务自行终止或终止。村委会组织法分别在两个地方规定了村委会成员职务自行终止或终止的情形，一是"村民委员会成员丧失行为能力或者被判处刑罚的，其职务自行终止"；另一是"村民委员会成员连续两次被评议不称职的，其职务终止"。在此基础上，一些省份增加了若干情形：一是死亡的（广东、广西、海南、湖北、吉林、江苏、江西、宁夏、上海、西藏、新疆、重庆），二是宣告死亡的（西藏），三是宣告失踪的（西藏、新疆、云南、重庆），四是丧失履行职责条件的（河南），五是违反计划生育法律、法规超计划或计划外生育的（广东、湖北、江西、山东），六是未经村委会同意连续三个月不履行职责的（广西、江西）或者无正当理由连续三个月不履行职务的（吉林、山西、天津）或者连续三个月以上不履行职责的（海南）或者无正当理由连续六个月不履行职责的（河南），七是不履行本村村民义务的（河南），八是被依法采取强制性教育措施的（山东、重庆、贵州、山西），九是参与民族分裂、暴力恐怖、宗教极端活动或者包庇、纵容民族分裂、暴力恐怖、宗教极端行为的（新疆），十是具有法律、法规以及规章规定的其他情形的（河南、西藏、新疆）。

辞职。辞职申请应当书面提出，这是各个省份共同的要求。但辞职申请向谁提出以及由谁决定是否接受辞职申请，各个省份则有不同的规定。北京、甘肃、广东、广西、河北、河南、黑龙江、湖北、吉林、江苏、内蒙古、青海、山东、四川、新疆、浙江、重庆规定向村委会提出，贵州、宁夏规定向村民会议提出，海南、湖南、辽宁、上海、天津规定向村民会议或者村民代表会议提出。大多数省份规定由村民会议或者村民代表会议讨论决定，青海规定由村委会决定，云南规定由村委会和村务监督委员会讨论通过。江西的规定比较独特："村民委员会成员请求辞职的，应当向村民会议或者村民代表会议提出书面辞呈，并由其决定是否接受辞职；在村民会议或者村民代表会议闭会期间，可以向村民委员会提交书面辞呈，由村民委员会在十五日内决

---

① 北京规定的原文为："罢免未获通过的，届期内以同一事实和理由再次提出罢免要求的，村民委员会可以不再核查处理，但应当说明理由。"

定是否接受辞职。"

　　补选。村委会组织法规定："村民委员会成员出缺，可以由村民会议或者村民代表会议进行补选。"各省选举办法对补选的规定主要涉及这样几个方面的问题。第一，只要出现缺额，是应当补选还是可以补选。安徽、福建、黑龙江、湖北、湖南、宁夏、陕西、四川等规定的是应当，北京、甘肃、广东、广西、河北、河南、吉林、江苏、山东、天津、新疆、浙江、重庆等规定的是可以。规定可以的省份有些（如甘肃、广东等）规定，村委会成员不足三人时，应当在一个月内进行补选；已足三人但仍缺额的，是否补选，由村委会提出意见，经村民会议或者村民代表会议讨论决定。第二，在缺额出现后多长时间内进行补选。安徽、黑龙江、湖北、湖南、内蒙古、四川、天津规定三个月内，广西规定九十天内，福建规定两个月内，山东规定六十天内。第三，是由村民会议还是村民代表会议进行补选。大多数省份延续村委会组织法的规定由村民会议或者村民代表会议进行补选，但有些省份作了更进一步的规定。如安徽规定，通过召开村民会议或者村民代表会议提名产生候选人，选举投票由村民会议进行。① 又如甘肃规定，"补选主任、副主任由村民会议进行，补选委员可以由村民代表会议进行"。

---

① 安徽规定的原文是："补选由过半数的登记参加选举的村民投票，选举有效。候选人获得参加投票的村民过半数的选票，始得当选。"

第十四章

健全基层群众自治制度与"两委"组织法的修订*

党的十九届四中全会通过的《中共中央关于坚持和完善中国特色社会主义制度　推进国家治理体系和治理能力现代化若干重大问题的决定》要求："健全充满活力的基层群众自治制度。健全基层党组织领导的基层群众自治机制，在城乡社区治理、基层公共事务和公益事业中广泛实行群众自我管理、自我服务、自我教育、自我监督，拓宽人民群众反映意见和建议的渠道，着力推进基层直接民主制度化、规范化、程序化。"基层群众自治制度包括城市居民自治制度和农村村民自治制度，城市居民委员会组织法和村民委员会组织法（简称"两委"组织法）构成城市居民自治制度和农村村民自治制度的基本法律框架，健全基层群众自治制度与"两委"组织法的完善之间有着密不可分的关系。

根据2018年9月确定的十三届全国人大常委会立法规划，城市居民委员会组织法的修改和村民委员会组织法的修改，都被列入需要抓紧工作、条件成熟时提请审议的项目；根据民政部2019年立法工作计划，修订《中华人民共和国城市居民委员会组织法》被列为修订草案送审稿拟报送国务院的项目。

本章以健全基层群众自治制度为立足点和出发点，对"两委"组织法的修订提出如下建议。

---

* 本章以《健全基层群众自治制度与"两委"组织法的修订》为题，发表于《江汉论坛》2020年第2期。

一 以城乡融合发展统筹"两委"组织法的修订

从20世纪80年代至今,我国一直对城市和农村基层群众性自治组织采取分别立法的方式,适用城市的是城市居民委员会组织法,适用农村的是村民委员会组织法。这种城乡二元分治的立法方式是城乡二元结构在基层社会治理方面的表现,其正面的作用是能够适应二元结构下城乡的现实状态,但其负面的效应是固化了基层社会治理方面的城乡二元结构。过去修法,也是"两委"组织法分别进行,没有做到或很难做到统筹兼顾,没有做到或很难做到消除差异。

将现行的"两委"组织法文本放在一起作对照,不用仔细阅读就可以看出二者在许多问题的规定上都有很大的不同或差异。同样是规范基层群众性自治组织的法律,差别之所以这样大,一方面与二元结构下城市和农村经济、政治、文化、社会各方面状态有很大不同之客观因素有关,另一方面也与较长一段时间城乡分治的政策导向有关。

现在情况已经发生了很大的变化。40多年的改革开放及其未来进一步发展使城乡二元结构逐渐消解并行将消除,城乡融合发展已成为大势所趋和努力方向。党的十九大提出建立健全城乡融合发展体制机制和政策体系。《中共中央 国务院关于实施乡村振兴战略的意见》把建立健全城乡融合发展体制机制,既作为实施乡村振兴战略的总体要求,也作为实施乡村振兴战略的基本原则。

如果说发展是全面发展,不仅是经济发展,而且包括政治、文化、社会等各方面发展,那么城乡融合发展也应当是全面的融合发展,不仅是经济融合发展,而且包括政治、文化、社会等各方面融合发展,其中包括基层社会治理的融合发展。城乡基层社会治理的融合发展,呼唤"两委"组织法逐渐消除差异,并最终走向一体。

华中师范大学政治与国际关系学院项继权教授、山东农业大学公共管理学院陈国申教授等学者提出,现在即应制定城乡统一适用的《中华人民共和国城乡居民委员会组织法》,以取代"两委"组织法。这一意见较为超前,现在实行的可能性不是太大。我国的改革是渐进式改革,是逐步推进的。我国法律的修改也是渐进的，既有赖于社会发展的客观进程，也有待于人们认识的变化发展。城乡融合发展是一个时间较长的过程，不可能一蹴而就，适应这一过程的法律修改也应当顺其自然、水到渠成。

因此，目前最好的选择，不是马上就废除"两委"组织法，制定城乡统一适用的《中华人民共和国城乡居民委员会组织法》，而是将"两委"组织法的修订放在一起同步进行、兼顾考虑。这样做，既可以观照当前城乡融合发展的现实和城乡进一步融合发展的趋势，也可以为将来制定城乡统一适用的基层群众性自治组织法打基础、做准备。

以城乡融合发展统筹"两委"组织法的修订，应当努力和适当消除城市居民委员会组织法和村民委员会组织法之间的差异，并且力促两部法律交融互补，能一致的尽量一致，能互补的尽量互补。例如，关于村（居）民会议和村（居）民代表会议组成的规定，关于村（居）民委员会成员换届选举的规定，关于民主决策、民主管理、民主协商、民主监督程序的规定等，都可以尽量一致起来。又如，在规定基层政权与基层群众性自治组织关系时，城市居民委员会组织法已经提到了村民委员会，村民委员会组织法也应当提到街道办事处，因为现在城乡接合部的很多村民委员会所面对的基层政权并不是乡镇政府，而是街道办事处。

二　以健全党组织领导的村（居）民自治体系统帅"两委"组织法的修订

"两委"组织法均诞生于20世纪80年代，村民委员会组织法（试行）制定出台于1987年，城市居民委员会组织法制定出台于1989年。当时，占主导地位的观点是强调党政分开，强调党的领导是政治领导。在此背景下，制定之初的"两委"组织法，均没有规定党的领导的条款。虽然在以后的两次（1998年、2010年）修订中，村民委员会组织法加入了党的领导的条款，先是规定了党在农村的基层组织发挥领导核心作用，后是明确了党在农村的基层组织领导和支持村民委员会行使职权，但在整个体系结构上对党在农村的基层组织如何进行领导和如何加强领导，规定并不是十分明确、清楚和充分。城市居民委员会组织法则因一直未作全面修订而没有加入党的领导的条款。

党的十九大报告把坚持党对一切工作的领导作为新时代坚持和发展中国特色社会主义基本方略的第一条。《中共中央 国务院关于实施乡村振兴战略的意见》要求：健全和创新村党组织领导的充满活力的村民自治机制，推动村党组织书记通过选举担任村民委员会主任。《中共中央国务院关于建立健全城乡融合发展体制机制和政策体系的意见》进一步要求：强化农村基层党组织领导作用，全面推行村党组织书记通过法定程序担任村民委员会主任。中共中央办公厅、国务院办公厅《关于加强和改进乡村治理的指导意见》具体要求：村党组织书记应当通过法定程序担任村民委员会主任，村"两委"班子成员应当交叉任职；健全村级重要事项、重大问题由村党组织研究讨论机制。中央办公厅《关于加强和改进城市基层党的建设工作的意见》也要求：健全党组织领导下的社区居民自治机制，全面推行社区党组织书记通过法定程序担任社区居民委员会主任、"两委"班子成员交叉任职。

是否应当和究竟如何将上述政策要求上升为法律或通过法律规定的形式明确和固定下来，颇值得研究。即便不是将政策规定直接转化为法律规定，也有一个现有的法律程序能否很好地适应政策要求的问题。

例如，全面推行村党组织书记通过法定程序担任村民委员会主任、村"两委"班子成员交叉任职，就要求对现行的法律规定进行重新审视。现行的村民委员会组织法规定"村民委员会主任、副主任和委员，由村民直接选举产生。任何组织或者个人不得指定、委派或者撤换村民委员会成员"。"选举村民委员会，由登记参加选举的村民直接提名候选人。"如果说村民委员会直接选举的原则不能改变，那么只允许村民直接提名村民委员会成员候选人的规定是否也不能修订呢？

在我们观察到的最近一些村民委员会选举的实际操作过程中，为了达到把村党组织负责人选举成村民委员会主任和村"两委"班子成员交叉任职的目的，通常是由村民选举委员会直接出面讲政策、做工作，要求村民提名村党组织负责人为村民委员会主任候选人和村党组织的委员为村民委员会成员候选人。这样做，似涉嫌违反选举主持机构中立的原则，也容易给人造成选民的选举自由受到限制的印象。

我们认为，既然要全面推行村党组织书记通过法定程序担任村民委员会主任、村"两委"班子成员交叉任职，就最好能在法律程序上规定村党组织可以提名村民委员会成员候选人特别是主任候选人。大家知道，村民委员会成员候选人"海选"直接提名是农民群众的创造，也是村民委员会选举的一个特色，但完全排除党组织提名并不一定十分妥当。从世界各国的情况看，政党在政治选举中提名本党的成员成为候选人是常态和通例。对于我们这个"党政军民学，东西南北中，党是领导一切的"社会主义国家，党组织应当既能够提名各级人大、政府等国家机构的成员和领导候选人，也可以提名基层群众性自治组织村民委员会和居民委员会成员候选人。在村民委员会和居民委员会选举中，应当允许两种提名方式并存：中共党组织提名和选民提名，既坚持和强化党的领导，也维护和保证选民选举自由。

如果说坚持和强化党的领导是"两委"组织法修订应当重点考虑的一个方面，那么"两委"组织法修订应当重点考虑的另一个方面则是完善村（居）民自治体系。很早就曾经有人针对村民委员会组织法存在的问题指出，按照宪法的规定，村民建立村民委员会，实行村民自治，但村民自治从一开始就是在村民委员会组织法的名义下进行的，从试行法到正式法，一直存在着立法宗旨与立法条文、名称事实上的背离；从制度安排上看，"四个民主"构成了村民自治的有机整体，缺一不可，但村民委员会组织法把大量的条文和文字用于规范村民委员会组织本身，民主选举的内容虽然相对较为突出，但也比较原则，另外三个民主的内容显得很单薄。[①] 2010 年修法，村民委员会组织法的面貌得到很大的改善。随着时间的推移、形势的变化，修订村民委员会组织法的任务又摆在了人们面前，如何进一步完善村民自治体系，仍然是修订中应当重点考虑的问题。

城市居民委员会组织法的修订更是要在完善居民自治体系上下功夫。城市居民委员会组织法自 1989 年制定出台后，除居民委员会任期的规定在 2018 年作了修改以外，其他的规定一直沿用至今，未作修订。相比较现行的村民委员会组织法，一是条款较少，村民委员会组织法 41 条，城市居民委员会组织法只有 23 条；二是结构不同，村民委员会组织法为章节式，城市居民委员会组织法为条款式；三是在所包括的内容上、在具体的规定上有很大的差异，用完善的居民自治体系的标准来衡量，有较大的修改空间。因应完善居民自

[①] 参见唐鸣《关于完善村民自治法律体系的两个基本问题》，《法商研究》2006 年第 2 期。

治体系的需要，其结构应当调整，内容应当增加，条款应当作较大幅度的修订。例如，城市居民委员会组织法关于"居民委员会主任、副主任和委员，由本居住地区全体有选举权的居民或者由每户派代表选举产生；根据居民意见，也可以由每个居民小组选举代表二至三人选举产生"的规定，于规定之初就很不合理且有违宪之嫌，在当前城镇化发展和城乡融合的大背景下更显得亟待修改。①

三　以规范化的要求促进"两委"组织法的修订

规范化是法律作为社会规范自身性质的内在要求，既包括对法律所要规定事项的要求，如"规范村级组织协助政府工作事项"，也包括对法律文本本身概念、用语、逻辑等的要求，涉及面非常广。这里我们仅举几个例子，谈谈"两委"组织法概念的规范化问题。

一是"参加选举的村民"的概念。2010年修订通过的村民委员会组织法未使用"选民"的概念，而使用的是"参加选举的村民"的概念，立法者的主观意图很可能是希望将县乡人民代表大会代表选举与村民委员会选举作一明确的区分，将参加县乡人民代表大会代表选举的人称为"选民"，对参加村民委员会选举的人则称为"参加选举的村民"。相应地，村民委员会组织法不提"登记选民"，只说"登记参加选举的村民"。但立法者的这一想法即便在参与立法的人员那里也没有得到完全相同的理解、心领神会的认识和不折不扣的贯彻，这从全国人大常委会法工委国家法室、国务院法制办公室政法司、民政部政策法规司、民政部基层政权和社区建设司编著的《村民委员会组织法学习读本》混用"选民"的概念与"参加选举的村民"的概念，并多处多次使用"选民名单""选民登记"便可以看出。② 因此，也就无怪乎各省村民委员会选举办法在这一问题上的规定，有所谓"选民登记"与"参加选举的

---

① 参见唐鸣《城镇化背景下与基层民主的发展——对居委会组织法修改的一点意见》，《探索与争鸣》2013年第11期。

② 参见全国人大常委会法工委国家法室、国务院法制办公室政法司、民政部政策法规司、民政部基层政权和社区建设司编著《村民委员会组织法学习读本》，中国社会出版社2010年版，第48—51页。

村民登记"的不同。值得一提的是，使用"选民"概念的省份还比较多，包括天津、青海、河北、陕西、河南、福建、湖南、云南、浙江、山西、贵州、四川、辽宁等。不过"选民"与"参加选举的村民"概念的不同，同在村民委员会选举的语境中只是用语的不同，指的都是同一个对象或主体，没有实质的差异。2019年中央1号文件要求"推动全国村'两委'换届与县乡换届同步进行"，在村民委员会换届选举与县乡人民代表大会代表换届选举同步进行的情况下，究竟是统一使用"选民"的概念统一进行"选民登记"，还是分别使用"选民"的概念和"参加选举的村民"的概念，分别进行"选民登记"和"参加选举的村民登记"，便会成为一个问题。我们的意见，还是使用"选民"的概念为好，如果一定要强调村民委员会选举与县乡人民代表大会代表选举的不同，分别称之为参加村民委员会选举的选民和参加县乡人民代表大会代表选举的选民便是。

二是"社区"的概念。我国基层政权下基层建制单位的名称，各地有所不同。台湾乡下设村，区、镇、市下设里，2018年台湾共有7795个村、里，大体上是农村叫村，城市叫里。香港为村或邨，传统叫村，新建称邨。大陆农村现在都叫村，城市则五花八门，没有统一称呼：有叫里、弄、巷的；也有称村的，如华中师范大学的家属住宅区就分别称为桂子山东村、西村和北村；还有名为胡同、小区的，目前一个较为普遍的趋势是称之为社区。"社区"本是一个外来的学术概念，将其作为区域划分、地理位置和基层政权下基层建制单位的名称，颇为奇怪和不妥。因为即便在英美法德这些西方国家，在现代"社区"概念的起源国，也并没有将这样一个学术概念作为区域划分、地理位置和基层政权下基层建制单位的名称。我们现在谈到乡镇之下的基层建制单位时，通常称其为建制村或行政村；在谈到城市街道之下的基层建制单位时，通常称其为社区。首先，社区与村并不是对应的概念，社区并非城市所专有，因为既有城市社区，也有农村社区，城市搞社区建设、社区治理，农村同样搞社区建设、社区治理。硬要把城市基层政权下基层建制单位统一称为"社区"，以区别于农村基层政权下基层建制单位"村"，自己就把自己给弄糊涂了。其次，既然农村基层政权下基层建制单位可以有一个大家都接受的中国名称，城市基层政权下基层建制单位为什么就非得用"社区"这样一个西方名称来称呼呢？难道我们就完全想不出一个中国的名称来称呼自己城市基层政权下的基层建制单位吗？是不是可以通过适当的方式征求各个方面的意见，在达成共识的基础上，于城市居民委员会组织法中明确规定城市基层政权下基层建制单位统一的名称呢？当然，如果短时间内达不成共识，想不出一个统一的名称，也不妨允许差异继续存在，既有某某胡同居民委员会，也有某某里弄居民委员会，或者是某某小区居民委员会，甚或是某某广场居民委员会。

三是"村"的概念。尽管人们对把农村基层政权下的基层建制单位称之为"村"有共识，但对究竟是什么"村"却存在分歧。这事还得从村民委员会组织法关于"村民委员会"概念的使用说起。村民委员会组织法在两种不同的意义上使用"村民委员会"这一概念①，除在大多数场合指由村民选举产生的村民自治事务的日常管理机构外，还在一些场合指由一定地域的村民组成的自治共同体或乡镇以下的区域划分和基层建制单位、设立村民委员会的村。在同一法律甚至同一法律条款中，用同一概念同时指称性质完全不同的两种事物，很容易使人产生混乱和误解，是立法上的一大缺憾。② 而要消除这一概念上的混乱，就要确定以什么名称或概念称呼乡镇以下的区域划分和基层建制单位或设立村民委员会的村为好。主要有两个可能的选择："行政村"或"建制村"。我们认为，虽然"行政村"一词在日常生活和政策法规中使用得最为广泛和普遍，但将其上升为一个法律概念却不太妥当，因为"行政村"的概念不符合宪法和村民委员会组织法的规定，不符合现行的"乡政村治"的体制。而"建制村"的概念，既契合宪法和村民委员会组织法的规定，也可以明确地表明，设立村民委员会的村是乡镇以下的区域划分单位，是法定的建制单位，设立村民委员会是在农村基层进行现代国家建构的一项重要内容，设立村民委员会的村是农村基层政权下的基层建制单位。因此，只有将设立村民委员会的村称为"建制村"才最为恰当。③

---

① 参见全国人大常委会法制工作委员会国家法行政法室、国务院法制办公室政法劳动社会保障法制司、民政部基层政权和社区建设司编著《村民委员会组织法学习读本》，中国民主法制出版社 1998 年版，第 81 页；国务院法制办公室政法司编，本书编写组编著《村民委员会组织法讲话》，中国法制出版社 1999 年版，第 21 页。

② 参见崔智友《中国村民自治的法学思考》，《中国社会科学》2001 年第 3 期。

③ 参见唐鸣、徐增阳《什么村民？什么村？》，《河南师范大学学报》（哲学社会科学版）2010 年第 3 期。

四　将信息化的内容纳入"两委"组织法的修订

互联网信息技术的发展，已经和正在极大地改变人们的经济生活、社会生活、文化生活，并悄然对人们的政治生活发生影响，将会使人们的政治生活发生深刻的变化。习近平总书记在多次重要讲话中强调要利用好互联网和网络信息技术，提升社会治理的智能化水平。党的十九大报告明确提出要"提高社会治理社会化、法治化、智能化、专业化水平"。党的十九届四中全会决定在谈加强和创新社会治理，完善社会治理体系，讲社会治理体系的内容时，除提到党委领导、政府负责、民主协商、社会协同、公众参与、法治保障外，还专门提到了科技支撑。

近年来，村（居）民会议难以甚或无法召开，村民代表会议因村民会议无法召开而得不到合法授权，选举投票"双过半"困难重重，委托投票乱象频发，凡此种种，在现有的法律框架内很难或不容易找到有效的解决办法，而借助于互联网信息技术、智能手机的普及以及适当程序的创制运用，有望使这些问题得以破解。这方面的个别尝试已在有的地方初步进行。

例如，在2018年湖北省村（社区）"两委"换届选举中，咸宁市出台了《村（社区）"两委"换届选举省级试点远程投票方案》，并在该市马桥镇潜山村进行了试点。通过技术手段，破解距离障碍，使外出务工人员不回村就能够直接参加选举，同时使秘密写票、无记名投票在远程投票的情况下也能够得到严格执行和顺利实现，确保选举程序规范、选举结果公正，取得了很好的效果。

现在的问题是，由于法律对互联网信息技术在村（居）民自治领域的应用尚缺乏明确的肯定性的规定，相关的试点还很少，取得的经验还不多。也正因如此，建议在"两委"组织法的修订中让法律"网开一面"，允许条件具备和技术成熟的地方先行先试，利用互联网开村（居）民会议、进行村（居）民协商、进行村（居）社区公共议题的表决、进行村（居）民委员会换届选举投票等。从试点开始，逐步推开。

毋庸讳言，人们对互联网信息技术应用于基层民主政治生活领域很可能存有疑虑，担心会造成混乱、引起纠纷。这种顾虑尽管有道理、可理解，但应打消。基层民主政治生活固然有其自身的特点，但并不因此比日常经济生活更复杂、更多样。互联网信息技术在我国日常经济生活中大规模、高频率的成功应用，完全可以为其在基层民主政治生活领域的尝试应用提供启示和借鉴。人们既然可以放心使用付款码支付，也大可放心进行网上投票和网上开会，保障基层民主政治生活的公平、公正和公开，技术不是问题和障碍。既然城乡老百姓都能够普遍娴熟地用手机从事经济交易，那么就不应怀疑其能够通过手机上网进行城乡村（居）民自治，城乡居民通过互联网参与基层民主政治生活，能力也不是问题和障碍。

我们认为，这方面的探索虽然极具挑战，但也极具创新性，很有可能使我国的基层民主特别是基层直接民主在实践和实现形态上产生飞跃，走在世界的前列。所以应当大胆地试，审慎地做，稳步地推。

第十五章

基层社会治理现代化、城乡一体化与"两委"组织法的修订[*]

2019年10月31日中国共产党第十九届中央委员会第四次全体会议通过的《中共中央关于坚持和完善中国特色社会主义制度 推进国家治理体系和治理能力现代化若干重大问题的决定》（以下简称《决定》）既是整体规划国家治理体系和治理能力现代化的纲领，也是具体指导基层社会治理体系和治理能力现代化的指南。贯彻《决定》精神，推进基层社会治理现代化，应加速推进基层社会治理城乡一体化。

一 基层社会治理城乡一体化与基层社会治理现代化

《决定》不仅对推进国家治理体系和治理能力现代化的目标任务作了规定，而且对完成任务的时间作了安排："到我们党成立一百年时，在各方面制度更加成熟更加定型上取得明显成效；到二〇三五年，各方面制度更加完善，基本实现国家治理体系和治理能力现代化；到新中国成立一百年时，全面实现国家治理体系和治理能力现代化，使中国特色社会主义制度更加巩固、优越性充分展现。"明确了3个时间节点：第一个时间节点，2021年，各方面制度更加成熟更加定型；第二个时间节点，2035年，各方面制度更加完善，基

---

[*] 本章以《基层治理现代化、城乡一体化与"两委"组织法的修订》为题，发表于《江汉论坛》2021年第6期。

本实现国家治理体系和治理能力现代化；第三个时间节点，2049年，全面实现国家治理体系和治理能力现代化。照此规定，各方面制度更加成熟更加定型，只是国家治理体系和治理能力现代化取得明显成效；各方面制度更加完善，也只是基本实现国家治理体系和治理能力现代化；只有在各方面制度更加成熟更加定型、各方面制度更加完善之后，再经过15年左右时间的努力和发展，中国特色社会主义制度更加巩固、优越性充分展现，才算全面实现国家治理体系和治理能力现代化。

《决定》对推进基层社会治理体系和治理能力现代化作了具体部署："构建基层社会治理新格局。完善群众参与基层社会治理的制度化渠道。健全党组织领导的自治、法治、德治相结合的城乡基层治理体系，健全社区管理和服务机制，推行网格化管理和服务，发挥群团组织、社会组织作用，发挥行业协会商会自律功能，实现政府治理和社会调节、居民自治良性互动，夯实基层社会治理基础。加快推进市域社会治理现代化。推动社会治理和服务重心向基层下移，把更多资源下沉到基层，更好提供精准化、精细化服务。注重发挥家庭家教家风在基层社会治理中的重要作用。加强边疆治理，推进兴边富民。"根据《决定》规定的推进国家治理体系和治理能力现代化的总体目标，在基层社会治理领域，也应当是2021年，制度更加成熟更加定型；2035年，制度更加完善，基本实现治理体系和治理能力现代化；2049年，全面实现治理体系和治理能力现代化。

值得注意的是，在党的十九届四中全会之前和党的十九大之前不久，中央曾发布过两个关于基层社会治理的文件，分别对推进基层社会治理体系和治理能力现代化的总体目标及其时间节点作了规定。一个是党的十九大之前、2017年5月发布的《中共中央　国务院关于加强和完善城乡社区治理的意见》（以下简称前一份《意见》），该意见规定的总体目标及其时间节点是："到2020年，基本形成基层党组织领导、基层政府主导的多方参与、共同治理的城乡社区治理体系，城乡社区治理体制更加完善，城乡社区治理能力显著提升，城乡社区公共服务、公共管理、公共安全得到有效保障。再过5到10年，城乡社区治理体制更加成熟定型，城乡社区治理能力更为精准全面，为夯实党的执政根基、巩固基层政权提供有力支撑，为推进国家治理体系和治理能力现代化奠定坚实基础。"另一个是党的十九届四中全会之前、2019年6月，中共中央办公厅、国务院办公厅印发了《关于加强和改进乡村治理的指导意见》（以下简称后一份《意见》），该意见规定的总体目标及其时间节点是："到 2020 年，现代乡村治理的制度框架和政策体系基本形成，农村基层党组织更好发挥战斗堡垒作用，以党组织为领导的农村基层组织建设明显加强，村民自治实践进一步深化，村级议事协商制度进一步健全，乡村治理体系进一步完善。到 2035 年，乡村公共服务、公共管理、公共安全保障水平显著提高，党组织领导的自治、法治、德治相结合的乡村治理体系更加完善，乡村社会治理有效、充满活力、和谐有序，乡村治理体系和治理能力基本实现现代化。"

将这两份《意见》与《决定》作比较，似可见两个明显的不同。一个不同是：《决定》与前一份《意见》规定的"更加成熟定型"与"更加完善"的先后时间不一样。《决定》规定的是 2021 年，制度更加成熟更加定型；2035 年，制度更加完善；更加成熟定型在前，更加完善在后。《意见》规定的是 2020 年，体制更加完善；再过 5 到 10 年，体制更加成熟定型；更加完善在前，更加成熟定型在后。另一个不同是：《决定》与后一份意见在基层社会治理领域使用的中心概念不一样。《决定》使用的中心概念是"基层社会治理"，同时使用了"市域社会治理"的概念。《意见》使用的中心概念是"乡村治理"，同时使用了"乡村社会治理"的概念。如果说前一个不同或者只是语言表述上的差异，那么后一个不同则有可能意味着思想观念上的变化。

有学者指出，长期以来将社会治理区分为城市治理与乡村治理的观念和在两个方面实行不同制度的做法，与国家治理现代化的要求是南辕北辙的。社会治理的这种二元结构，会导致经济效率降低、社会平等缺失以及社会稳定程度减弱。《决定》以国家治理现代化的新理念，从城乡一体的视野提出了"加快推进市域社会治理现代化"的要求，通篇没有特别使用"村庄"或"村民委员会"这类涉及乡村治理且被应用多年的概念，而代之以"社区"这个更具一般性意义的居民点概念，形成了城乡社会治理一体化的政策语境，表明了要通过城乡一体化或城乡融合发展机制实现社会治理现代化。[①]

如果说《决定》提法和表述的变化反映了思想观念上的变化，那么这一变化在 2020 年 10 月 29 日党的十九届五中全会通过《中共中央关于制定国民

---

① 参见党国英《论城乡社会治理一体化的必要性与实现路径——关于实现"市域社会治理现代化"的思考》，《中国农村经济》2020 年第 2 期。

经济和社会发展第十四个五年规划和二〇三五年远景目标的建议》（以下简称《建议》）和 2021 年 3 月 11 日十三届全国人大四次会议批准的《"十四五"规划和 2035 年远景目标纲要》（以下简称《纲要》）中继续得到了延展和体现。《建议》在谈"加强和创新社会治理"各方面内容时，不是分别单独部署城镇社会治理、乡村社会治理或城市基层治理、农村基层治理，而是统一讲"城乡基层治理""城乡社区治理""基层社会治理"和"市域社会治理"。《纲要》谈"构建基层社会治理新格局"时，也没有分别将"城市基层社会治理""农村基层社会治理"分开来谈，而是统一讲健全"城乡基层社会治理体系""基层社会治理框架"等。

当然，城乡基层社会治理一体化的政策语境，并不是说城乡基层在经济、文化、社会和观念上完全一样，或者城乡基层管理和服务的内容和方式完全一样，而是强调城乡基层体制上、组织上、财政上、服务上以及公民权利上应该一体化，尽管在具体的服务内容、管理方法以及组织功能上可能存在不同的需求和差别，但基本制度、组织体制、公共服务以及财政投入和居民权益上应一视同仁、一体化。城乡基层社会治理一体化的政策语境，也不是说不能使用"乡村治理"的概念了。正如有学者说："确立乡村治理的基本定位，把它转变为一个大的区域性的政府工作概念，而不再是一个制度类型的概念。'乡村治理'这个概念可以有，但只应把它看做统一的城乡社会治理在乡村地区的具体展开。"[①]

《决定》《建议》和《纲要》基层社会治理城乡一体化的政策语境和通过城乡一体化实现基层社会治理现代化的政策导向，体现了这样一个认识和判断：基层社会治理的城乡分治，不符合、不利于国家治理的现代化，不符合、不利于基层社会治理的现代化。一方面，基层社会治理的城乡分治，与整个国家经济政治社会的现代化发展及其特征和要求不相适应。经济的市场化及其一体化，政治的民主发展和公民的平等与平权，社会的城镇化与城乡一体化和融合，政府公共服务以及公共财政投入的均等化，已经打破并要求进一步打破传统的城乡有别的经济、政治、社会体制及管治方式。另一方面，基层社会治理的城乡分治，本质上是建立在城乡二元结构基础上的体制和管理

[①] 党国英：《论城乡社会治理一体化的必要性与实现路径——关于实现"市域社会治理现代化"的思考》，《中国农村经济》2020 年第 2 期。

与服务方式，也是城乡二元结构的一种表现。城乡二元结构与曾经的计划经济体制紧密相连，而与现代的市场经济体制相互冲突。不彻底消除城乡二元结构，以市场经济为基础的现代化总体目标不可能达成。彻底消除城乡二元结构，同时意味着要彻底消除建立在其上并且作为其体现的基层社会治理的城乡分治。只有推进城乡一体化才能够推进基层社会治理、国家治理体系和治理能力现代化，只有实现城乡一体化才能够实现基层社会治理、国家治理体系和治理能力现代化。而在构建基层社会治理新格局的过程中，必须对现有的基层社会治理的法律框架作大的变动、内容作大的修改。

二 基层社会治理城乡分治与基层社会治理城乡一体化

众所周知，目前我国有两部建构和规范基层社会治理的基本法律，一部是《中华人民共和国城市居民委员会组织法》（以下简称居委会组织法），一部是《中华人民共和国村民委员会组织法》（以下简称村委会组织法），城市基层社会治理适用的是居委会组织法，农村基层社会治理适用的是村委会组织法。

追溯前身，居委会组织法的历史较之村委会组织法要长很多，前者的前身是1954年12月31日一届全国人大常委会第4次会议通过的城市居委会组织条例，后者的前身是1987年11月24日六届全国人大常委会第23次会议通过的村委会组织法（试行），二者相距33年。从制定通过的时间来看，居委会组织法较之村委会组织法也要早不少，前者在1989年12月26日由七届全国人大常委会第11次会议通过，后者在1998年11月4日由九届全国人大常委会第5次会议通过，二者有9年的时间差。2010年10月28日十一届全国人大常委会第17次会议对村委会组织法作过一次较大幅度的修订，居委会组织法则除了2018年12月29日十三届全国人大常委会第7次会议通过的《关于修改〈中华人民共和国村民委员会组织法〉〈中华人民共和国城市居民委员会组织法〉的决定》将村委会和居委会的任期都改为5年之外，内容一直没有作修改。

上述情况表明，我国对城市和农村基层群众性自治组织一直采取分别立法的方式，从法律的制定到法律的修订都是如此。这种城乡分治的立法方式是城乡二元结构在基层社会治理方面的表现，其正面的作用是能够适应二元结构下城乡基层社会的现实状态，其负面的效应是固化了基层社会治理方面的城乡二元结构。①

将现行的"两委"组织法文本放在一起作对照，可以看出二者之间，无论在形式上还是在内容上，都存在着很大的不同或差异。形式上，居委会组织法为条文式结构，村委会组织法为章节式结构；前者总共23个条文，全文2300字左右；后者总共41个条文，全文6000字左右。内容上，二者区别的主要表现在以下几个方面。

一是民主选举。居委会组织法仅用1个条文对居委会的选举作了很简略的规定，村委会组织法用1个章节10个条文对村委会选举作了较为全面的规定，涉及选举方式、选举机构、选民登记、提名方式、投票方式、结果认定、罢免补选、工作移交等广泛的内容。居委会组织法未规定候选人的产生方式，村委会组织法规定由登记参加选举的村民直接提名候选人。居委会组织法规定选举居委会主任、副主任和委员，有三种选举方式：本居住地区全体有选举权的居民选举、每户派代表选举和由每个居民小组选举代表二至三人选举；村委会组织法规定村委会主任、副主任和委员，由村民直接选举产生，并且规定任何组织或者个人不得指定、委派或者撤换村委会成员。

二是民主决策。居委会组织法规定，居委会的设立、撤销、规模调整，由不设区的市、市辖区的人民政府决定，不需要居民会议讨论通过；村委会组织法规定，村委会的设立、撤销、范围调整，由乡、民族乡、镇的人民政府提出，报县级人民政府批准，中间要经村民会议讨论同意。居委会组织法仅用2个条文对居民会议的有关问题作了规定，村委会组织法则用1个章节8个条文对村民会议、村民代表会议、村民小组会议的有关问题作了较为全面的规定。居委会组织法未规定居民代表会议，而把由每个居民小组选举代表二至三人过半数参加的居民会议，与由全体十八周岁以上的居民过半数参加的居民会议和每户派代表过半数参加的居民会议并列，作为第三种居民会议的形式。村委会组织法规定村民会议的形式只有两种：本村十八周岁以上村

---

① 参见唐鸣、朱可心《健全基层群众自治制度与"两委"组织法的修订》，《江汉论坛》2020年第2期。

民过半数参加的村民会议和本村三分之二以上的户代表参加的村民会议。另外专门规定了村民代表会议：村民代表会议由村委会成员和村民代表组成，村民代表应当占村民代表会议组成人员的五分之四以上，村民代表由村民按每五户至十五户推选一人，或者由各村民小组推选若干人。居委会组织法只是笼统地规定涉及全体居民利益的重要问题，居委会必须提请居民会议讨论决定；村委会组织法则具体规定了村民会议、村民代表会议和村民小组会议的职权，特别是许多集体土地、集体经济问题事项的决策，诸如土地承包经营方案，宅基地的使用方案，征地补偿费的使用、分配方案，村集体经济项目的立项、承包方案，从村集体经济所得收益的使用，以借贷、租赁或者其他方式处分村集体财产，属于村民小组的集体所有的土地、企业和其他财产的经营管理等。

三是民主管理。居委会组织法规定居委会的职责任务涉及经济方面的较为简单：居委会管理本居委会的财产，任何部门和单位不得侵犯居委会的财产所有权。村委会组织法规定村委会的职责任务涉及经济方面的则较为繁多，包括：支持和组织村民依法发展各种形式的合作经济和其他经济，承担本村生产的服务和协调工作，促进农村生产建设和经济发展；管理本村属于村农民集体所有的土地和其他财产；尊重并支持集体经济组织依法独立进行经济活动的自主权，维护以家庭承包经营为基础、统分结合的双层经营体制，保障集体经济组织和村民、承包经营户、联户或者合伙的合法财产权和其他合法权益等。

四是民主监督。居委会组织法只是规定居委会筹集办理本居住地区公益事业所需费用的收支账目，应当及时公开，接受居民监督；村委会组织法则对村务公开制度作了较为全面的规定，并且规定了应当设立专门的村务监督机构进行村务监督。

五是经费来源。居委会组织法规定，居委会的工作经费和来源，居委会成员的生活补贴费的范围、标准和来源，由不设区的市、市辖区的人民政府或者上级人民政府规定并拨付；经居民会议同意，可以从居委会的经济收入中给予适当补助，并且规定居委会的办公用房，由当地人民政府统筹解决。村委会组织法则规定，对村委会成员，根据工作情况，给予适当补贴；人民政府对村委会协助政府开展工作应当提供必要的条件；人民政府有关部门委托村委会开展工作需要经费的，由委托部门承担；村委会办理本村公益事业所需的经费，由村民会议通过筹资筹劳解决；经费确有困难的，由地方人民政府给予适当支持。村委会组织法未规定村委会的办公用房由政府解决,也未规定村委会办理本村公共事务所需经费如何解决。

六是成员性质。居委会组织法规定,在居委会的选举中,年满十八周岁的本居住地区居民,只要未被依照法律剥夺政治权利,都有选举权和被选举权。村委会组织法的规定表面上与此没有什么区别:在村委会的选举中,年满十八周岁的村民,只要未被依照法律剥夺政治权利,都有选举权和被选举权。关键是一个使用的是居民的概念,另一个使用的是村民的概念。其实关键也不是居民、村民概念的不同,而是一个没有规定户籍,另一个规定了户籍。居委会组织法没有出现户籍的概念,村委会组织法则多次提到了户籍:"村民委员会选举前,应当对下列人员进行登记,列入参加选举的村民名单:(一)户籍在本村并且在本村居住的村民;(二)户籍在本村,不在本村居住,本人表示参加选举的村民;(三)户籍不在本村,在本村居住一年以上,本人申请参加选举,并且经村民会议或者村民代表会议同意参加选举的公民。"其实关键也不是户籍概念的问题,而是有本村户籍的是本村的村民,没有本村户籍的则是一般的公民。更为关键的也不是本村村民与一般公民的区别,而是村民、本村村民意味着是本村集体经济组织的成员,可以行使本村集体经济组织成员的权利并享受由此带来的利益。

从上述规定的不同,可以清楚地看出:城市居民自治共同体仅仅是一个基层社区共同体或社会生活共同体,农村村民自治共同体除了是一个基层社区共同体或社会生活共同体外,还是一个集体经济共同体。组织的"政社合一"或"政经合一",成员的相对封闭,是农村基层社会治理有别于城市基层社会治理的显著特征。村委会既是村庄的公共管理机构,同时在许多地方或绝大多数地方也是集体经济组织的代表和集体土地所有权的行使者。集体经济的成员权在相当大程度上排斥了非集体经济成员的社区社会生活参与权。[1]

---

[1] 除了法律规定、制度结构上的不同外,农村基层社会治理与城市基层社会治理在治理单元上也存在很大的差异,这既表现在聚居程度、地域面积上,也表现在人口数量上。一般地说,城市社区人口聚居程度高,农村社区人口聚居程度低;城市社区的居民住宅区或者紧密相连,或者相隔不太远,农村村落间很多有耕地水塘山林等阻隔,因而城市基层社会治理单元的地域面积相对较小,农村基层社会治理单元的地域面积相对较大;城市居委会平均人口较多,农村村委会平均人口较少。2019年底,全国居委会的数量是 11.0 万个,村委会的数量是 53.3 万个;全国城镇人口为 84843 万人,乡村人口为 55162 万人;据此粗略计算,全国每个居委会的平均人口为 7713 人,每个村委会的平均人口为 1035 人;平均单位人口规模,农村村委会为城市居委会的 1/7—1/8。

因此，要改变基层社会治理城乡分治的状态，实现基层社会治理城乡一体化，首先是要实行村委会与农村集体经济组织的"政社分离""政经分离"，在农村集体经济产权制度改革的基础上，使村委会不再充当集体经济组织的代表和集体土地所有权的行使者，成为单纯的村庄公共管理机构；使农村村民自治共同体不再是集体经济共同体，变为在性质上与城市居民自治共同体相同的单纯的基层社区共同体或社会生活共同体；使农村社区成为与城市社区一样相对开放的地域和人口空间，使城乡不同社区的成员可以因居住地的变化而相互流动，达至以人为本的城乡融合和城乡一体。[①] 其次是要在与此同时，消除基层社会治理法律规定上的不同，从而消除基层社会治理城乡一体化体制上的障碍。

从目前的动向看，上述过程尚未展开，难以一蹴而就。但从基层社会治理现代化和城乡一体化的任务要求来看，又时间紧迫、时日无多。按照《决定》明确的时间节点，2035 年要基本实现国家治理体系和治理能力现代化，如果我们承认没有基层社会治理体系和治理能力现代化就没有国家治理体系和治理能力现代化，承认没有基层社会治理的城乡一体化就没有基层社会治理的现代化，那么我们就必须清醒明确地意识到，无论是村委会与农村集体经济组织"政社分离""政经分离"的进行，还是表现基层社会治理城乡分治的彼此有很大差异的村委会组织法和居委会组织法的废止，以及城乡统一适用的中华人民共和国社区居委会组织法或者居民自治法的制定，都应当在 2035 年左右完成。在未来 15 年左右的时间里，一方面应当加速实施农村集体土地产权制度改革、农村集体经济改革和农村与城市基层社会治理体制改革，另一方面应当加速进行基层社会治理领域法律的废、改、立。

三 基层社会治理城乡一体化与"两委"组织法修订

如果说 2035 年左右必须出台统一适用城乡的社区居委会组织法或者居民自治法，那么现在就应当立即加快"两委"组织法的修订进程。若非如此，

[①] "要强化制度供给，打通城乡要素市场化配置体制机制障碍，推动城乡要素平等交换、双向流动。"（胡春华：《加快农业农村现代化》，《人民日报》2020 年 12 月 1 日第 6 版）

在不远的将来，很有可能会面临法律修订刚刚完成就要被废止的尴尬境地。

毋庸讳言，从过去的情况看，居委会组织法的修订进程一直十分缓慢，乃至止步不前，甚至转圈退步。从全国人大常委会的立法规划看，早在超过15年前，居委会组织法的修订即已列入十届全国人大常委会的立法规划，且被列为条件比较成熟、任期内拟提请审议的"第一类项目"。然而，不仅十届全国人大常委会未能在任期内提请审议居委会组织法的修订，十一届、十二届全国人大常委会也未能在任期内提请审议居委会组织法的修订。2018年9月确定的十三届全国人大常委会立法规划，虽然把居委会组织法的修订列入其中，但却"退而求其次"，将其列为需要抓紧工作、条件成熟时提请审议的"第二类项目"。从民政部的具体工作和立法计划情况看，也是早在超过15年前，民政部即已启动修订居委会组织法的进程。2004年1月有报道称，民政部已形成居委会组织法的修订意见稿，正在作进一步修改，并将适时提请全国人大常委会会议审议[1]；2005年1月有报道说，民政部已形成居委会组织法的修订草案送审稿[2]；2011年7月有报道说，民政部宣布，正式启动居委会组织法的修订工作，并向社会各界征求立法意见和建议[3]；2015年2月又有报道讲，民政部已经形成居委会组织法修订草案稿，适时将报送国务院审议[4]。民政部2018年立法计划，把修订居委会组织法列为抓紧研究论证的项目；2019年立法工作计划，把修订居委会组织法列为修订草案送审稿拟报送国务院的项目；2020年立法工作计划，又把居委会组织法修订转而列为需要抓紧研究论证的项目。从现在的情况看，居委会组织法的修订草案送审稿尚在民政部酝酿，还未报送到国务院，至全国人大常委会的正式审议讨论通过还有较长的距离。虽然2018年确定的十三届全国人大常委会立法规划把村委会组织法修改也列入了与居委会组织法修改同样的"第二类项目"，但民政部并没有正式将村委会组织法修改列入2018年、2019年和2020年的各年度立法工作计划。

---

[1] 参见《居委会组织法修订意见稿已形成》，https://www.chinacourt.org/article/detail/2004/01/id/100721.shtml，2004年1月15日。

[2] 参见《城市居委会组织法将修订》，《中国青年报》2005年1月28日第A3版。

[3] 参见《居委会组织法启动修订 或将设民监督机构》，《新京报》2011年7月1日第A36版。

[4] 参见《代表建议修订居委会组织法 民政部已经形成修订草案稿》，《法制日报》2015年2月12日第3版。

上述"十分缓慢""止步不前""转圈退步"或未正式启动的"两委"组织法修法状态,自有其多方面复杂的原因,但无论原因是什么,面对《决定》确定的国家治理体系和治理能力现代化、基层社会治理体系和治理能力现代化的目标任务及时间要求,这样一种状态都再也不能继续下去了。要么,立即提速并在近期完成"两委"组织法的修订;要么,干脆停止目前正在进行的"两委"组织法的修订酝酿,直接开始制定统一适用城乡的社区居委会组织法或者居民自治法的准备。反正已经经过了 15 年以上的时间,居委会组织法的修订还在路上;到目前为止,村委会组织法的修订还未正式起步,或者不如再等一段时间,在客观和主观条件均已成熟之时,于 2035 年前直接制定出台统一适用城乡的社区居委会组织法或者居民自治法。这并不是不可以考虑的一种选择。当然,这是退而求其次的做法,加速"两委"组织法的修订应当还是比较现实可行的首选。①

在这样一种形势和任务要求下的"两委"组织法的修订,应当朝着消除基层社会治理城乡分治、推进基层社会治理城乡一体化的方向积极努力。主要包括三方面。

第一,适应和推动村委会与农村集体经济组织"政社分离""政经分离"的改革,让政治的归政治、经济的归经济,剥离村民自治组织原所赋有的农村集体经济组织的权能,使村民会议、村民代表会议、村委会和村民小组会议等成为与农村集体经济组织并存但有区别的村民自治组织。正如有学者所说:"在《民法典》第 96 条已经明确把农民集体经济组织规定为特别法人之后,《村民委员会组织法》第 24 条规定由村民委员会代行集体组织权利的做法确实不妥。""在乡村治理的法制建设中,首先应该解决村民自治组织与农民集体经济组织相区分的问题。"② 为此,村委会组织法关于村委会管理本村属于村农民集体所有的土地和其他财产的规定;关于从村集体经济所得收益的使用,土地承包经营方案,村集体经济项目的立项、承包方案,征地补偿费的使用、分配方案,以借贷、租赁或者其他方式处分村集体财产都必须经

---

① 据新华社 2020 年 12 月 7 日电,"修改城市居民委员会组织法和村民委员会组织法"被列入中共中央日前印发的《法治社会建设实施纲要(2020—2025 年)》。

② 孙宪忠:《从〈民法典〉看乡村治理中急需关注的十个法治问题》,《中州学刊》2021 年第 2 期。

村民会议讨论决定方可办理的规定等，都应当修改或删除。村委会组织法不再管农村集体经济组织的事，有关农村集体经济的一应事宜均由拟议中的农村集体经济组织法进行规范和规定。① 也正因为此，村委会组织法的修订应与农村集体经济组织法的制定协调配合进行，农村集体经济组织法的立法进程也应加速。

第二，统一居委会和村委会换届选举的程序和方法，从选民登记、候选人产生到投票选举均适用城乡无差别的同一规范。选民登记原则上以经常居住地为选民登记地。候选人产生采取本人自荐报名、选民"海选"提名和中共党组织提名相结合的方式。② 居委会投票选举不再采用户代表选举和居民小组代表选举的方法，保留和实行与村委会投票选举同样的选民一人一票直接投票选举的方法。城市居民的文化水平和民主素养无论如何都不能说比农村居民低，就此而言，城市居委会选举长期采用与农村村委会选举不同的户代表选举或居民小组代表选举的方法，并没有充分地站得住脚的理由。近些年来有学者以中国农村的"家户制"传统和土地家庭承包、农户家庭经营为由，主张农村村委会选举由选民个人投票选举改为选民家庭户代表投票选举，其理由也颇为可疑。这种意见假定农民家庭户内各个成员之间在村委会选举问题上投票意向一定是一致的，然而此假定并不成立，尽管投票意向一致的情况居多，但不能排除投票意向不一致情况的存在，农村家庭户内"兄弟阋墙"的事并不鲜见；这种意见强调土地家庭承包、农户家庭经营所决定的农户家庭经济利益的一致性，但家庭经济利益的一致并不必然导致家庭成员之间政治观点完全相同，无论城乡、中外，皆是如此；这种意见推崇传统，但漫长帝制时期的中国农村从来没有过民主选举，又谈何传统；这种意见主张家庭户代表参加选举，既与基层直接选举的原则相冲突，也无法提出家庭户代表产生的规范方法。按照这种意见，村委会的选举采取家庭户代表投票选举的方式，那么农村的县乡人大代表的选举是否也应当采取这种方式呢？更进一步讲，这种意见强调城乡分野，与基层社会治理城乡一体化和现代化的要求

---

① 据报道，2020年6月，农村集体经济组织法起草领导小组第一次全体会议已在京召开，正式启动起草农村集体经济组织法相关工作。http://www.gov.cn/xinwen/2020-06/11/content_5518598.htm，2020年6月11日。

② 参见唐鸣、朱可心《健全基层群众自治制度与"两委"组织法的修订》，《江汉论坛》2020年第2期。

是完全背道而驰的。

第三，消除社区民主决策、民主管理和民主监督规范形式的城乡差别。取消户代表组成的村民会议形式，城乡都实行18周岁以上未剥夺政治权利的村（居）民参加的村（居）民会议的形式。取消居民小组代表组成的居民会议形式，城乡都实行村（居）民代表和村（居）委会成员参加的村（居）民代表会议形式。村委会不再行使农村集体经济组织的权能，而成为与居委会一样单纯的社区公共管理机构。在城市社区普遍建立与农村社区村务监督委员会一样的居务监督委员会。可能有人会对取消居民小组代表组成的居民会议形式提出疑问，认为在城市社区居民平均人数接近8000人的情况下举行居民会议是不切实际的幻想，因为绝大多数社区都不可能有容纳几千个居民聚集在一起召开会议的场地，让社区18周岁以上未剥夺政治权利的居民半数以上来参加会议，别说没有地方坐，甚至有可能站都没有地方站。此疑问固然有部分道理，但是，原来所谓居民小组代表组成的"居民会议"，名为"居民会议"，实为居民代表会议，并不是真正意义的居民会议；通过群众自治实行基层直接民主，是党和国家建立基层群众自治制度的初心，立足于推进基层直接民主制度化、规范化、程序化，健全基层群众自治制度是《决定》的要求①，召开居民会议正是其题中应有之义；智能手机的普及、智慧社区的建设、网络通信的畅通和技术的运用，使得居民会议的网上召开、社区议题的网上表决完全可行、十分便捷，既可望又可即，从而使人员数量、场地规模都不再成为召开居民会议不可逾越的障碍，而这也正是国家治理能力、基层社会治理能力现代化的一个重要表现。

总之，"两委"组织法的修订，应当努力减少村委会组织法与居委会组织法规定内容的差异，为基层社会治理城乡一体化减少障碍乃至铺平道路，更为15年左右的时间制定出台城乡统一适用的居民委员会组织法或者居民自治法做好准备，为2035年制度更加完善、基本实现基层社会治理体系和治理能力现代化、国家治理体系和治理能力现代化打好基础。

---

① 参见唐鸣《健全群众自治制度 推进基层直接民主》，《湖北民族大学学报》（哲学社会科学版）2020年第1期。

后　记

　　近年来，我的一个主要研究领域是村民自治法治建设，围绕着如何规范村治以及如何完善村治规范撰写了一些文章。现将其中部分篇目取名《规范村治与村治规范》汇集成册。期望与学界关注此研究领域的学者作观点交流，为有关部门和机构提供资料参考，为自己进一步的研究做准备。

　　全书大体可以分为四个部分。从第一章到第四章为第一部分，重点围绕村民自治的范围而展开；从第五章到第八章为第二部分，主要是村委会选举中的有关问题；第九章和第十章为第三部分，涉及村庄直接民主、民主决策的一般和个别；从第十一章到第十五章，聚焦村民自治的法律法规建设。就具体篇目而言，有的偏重规范村治，有的偏重村治规范。

　　本书所收文章，均已在学术期刊上公开发表，本次收入除添加或修改小标题及个别字句外，未作其他改动。这样做固然是为了保持"历史的真实"，记述有关规定的发展，但更重要的是，虽然随着法律法规的修改，有的文章引用的法条已有变化，但文章研究的问题仍然存在，提出的观点仍然具有一定的现实参考价值。

　　在本书出版之际，我要向当初提供文章发表和转载机会的刊物及编辑表示衷心的感谢，他们是：《江汉论坛》《社会科学动态》的刘龙伏、李涛，《华中师范大学学报》（哲学社会科学版）的王敬尧，《中国农村观察》的小凡、秦彩凤，《当代世界社会主义问题》的王建民、金淑霞，《河南师范大学学报》（哲学社会科学版）的王荣阁、张家鹿，人大报刊复印资料《中国政治》的刘芳。当然，我更要向为本书提供出版机会的中国社会科学出版社及编辑李立表示衷心的感谢。